하버드 논리학 강의

성공을 이끄는 논리적 사고의 힘

하버드 논리학 강의

HARVARD

무천강 지음 | 이지은 엮음

BOOK AGIT

여는 말

    '논리학'이라고 하면 현실에서 멀찍이 떨어진 형이상학적 존재라고 생각하는 사람들이 많다. 논리는 눈으로 보고 손으로 만질 수 있는 구체적인 사물과 다르다. 심오한 이치를 담고 있는 데다, 수많은 공식과 규칙 등 추상적인 계산을 동원해야 하는 전문적인 표현법과 훈련 방식 때문에 논리를 따분한 이야기로 치부하기도 한다.

    사람들은 우리의 삶이 논리와 아무런 관련도 없다고 생각한다. 논리를 잘 알지 못해도 사는 데는 아무런 지장도 없는 것처럼 보이지만, 이 모든 건 논리에 대한 사람들의 오해다. 논리와 인류의 이성적 사유와의 관계는 마치 공기와 생명과 같다. 공기가 보이지 않고 만질 수도 없다고 해서 생명을 지탱하는 공기의 중요성을 부정할 수 없는 것과도 같은 이치라 하겠다. 공기 속에 오랫동안 지내다 보면 그 존재를 망각하듯, 이미 습관으로 자리 잡은 이성적 사유 때문에 우리는 논리의 힘을 종종 잊곤 한다. 하지만 인류가 태어날 때부터 지닌 논리적 사고력은 인간과 동물을 구분하는 중요한 잣대 중 하나다.

의식 유무와 관계없이 인간의 행위에서 개인의 논리적 능력을 느낄 수 있다. 예를 들어 말하거나 글을 쓸 때 간단명료한 표현, 조리 있는 구성을 고민한다. 생산노동을 할 때는 합리적인 프로세스와 효율 향상을 염두하고, 과학을 연구할 때면 자료 수집, 정보 획득, 결론 도출을 위한 합리적인 단계와 정확한 방법을 찾으려 노력한다. 심지어 흔한 게임이나 놀이에서도 논리를 중심으로 하는 게임의 룰을 정확히 이해해야 즐거움을 제대로 느낄 수 있다.

하버드대학교 교수이자 심리학자인 장 피아제(Jean William Fritz Piaget)는 IQ를 편집능력과 언어능력을 핵심으로, 통합방식을 사용하는 능력이라고 정의했다. IQ를 높이려면 먼저 논리적 능력을 강화해야 한다. 계산, 추리 능력을 가리키는 논리적 능력은 사물에 대한 유비, 대비, 인과 등 각종 관계의 민감도 및 수리적 계산과 추리 등을 통해 구체화 되는 사고능력을 가리킨다. 미국의 싱크 탱크라고 불리는 하버드대학교에서는 논리적 능력의 양성을 무척 중요하게 평가한다.

하버드대학교는 특히 교사의 자질을 엄격히 따지는 것으로 유명하다. 모든 교사는 해박한 지식, 각종 사례에 대한 이해는 물론, 뛰어난 논리분석, 요점 정리 및 커리큘럼 운영 등에서 출중한 능력을 지녀야 한다. 그중에서도 논리적 분석 능력은 교사의 자질을 심사하는 중요한 잣대로 불린다. 그밖에 세계 각국의 고등학생이 하버드대학교에 입학하고 장학금을 받으려면 SAT 시험을 통과해야 하는데, 이

시험에서는 학생의 사고력을 집중적으로 평가한다. 이러한 사실을 통해 하버드대학교가 세계에서 가장 유명한 대학교로 자리 잡을 수 있었던 비결을 찾을 수 있다. 즉 교수가 학생에게 얼마나 다양한 지식을 가르쳤느냐가 아니라, 그들이 학생들에게 뛰어난 사고력을 가르쳐 주는 데 집중하고 있다는 것이다. 그리고 하버드대학교와 교수들은 사고력은 훈련을 통해 양성되고 강화될 수 있다고 말한다.

하버드대학교에서는 다양한 주제의 토론회가 삼삼오오 모여 열띤 논쟁을 벌이는 모습을 어렵지 않게 발견할 수 있다. 이들은 학생의 추리 및 사고력, 비판적 사고력 등 다양한 능력을 트레이닝하고 강화하는 데 목적이 있다고 말한다. 그 밖에도 하버드대학교 캠퍼스에서는 재미있는 논리 퀴즈를 쉽게 접할 수 있다. 생선 두 마리만 구울 수 있는 크기의 프라이팬이 하나 있다. 생선 한 면을 익히는 데 1분 걸린다고 하면 세 마리 전체를 익히는 데 몇 분의 시간이 필요할까?

하버드 학생의 대답을 살펴보자. 생선 A, B, C 세 마리가 손질한 뒤 첫 번째 1분 동안 A의 앞면, B의 앞면을 굽는다. 두 번째 1분에는 B를 프라이팬에서 꺼내고 C를 넣는다. 이때는 A의 뒷면, C의 앞면을 굽는다. 그리고 마지막 1분이 되면 A를 꺼낸 뒤 B를 넣는다. 이번에는 B의 뒷면, C의 뒷면을 굽는다. 이렇게 해서 생선 A, B, C를 3분 안에 모두 구웠다. 당신의 답은 무엇인가? 위의 물음에 대한 사람들의 답변은 모두 다를 것이다. 저마다의 생각과 해석이 있기 때문이다. 하지만 가장 명료하고 정확한 답은 논리적 사고력이 강한 사람에게서 나오는 경우가 많다.

　결론적으로 말해서 뛰어난 사고력의 소유자는 어디서든 강한 존재감을 드러내기 마련이다. 이제부터 하버드대학교 교수, 학생들과 함께 하버드의 논리세계를 탐험하며 남과 다른 삶을 누릴 수 있는 방법을 찾아보자.

차례

논리학과 사람됨의 이치

명확한 개념과 사고의 논리

적절한 판단과 세상살이의 논리

논리적 추리와 행복 논리

논리적 논증과 사귐의 논리

논리 규칙과 투자, 게임이론

논리학과 사람됨의 이치

논리는 눈으로 볼 수 있고 손으로 만질 수 있는 구체적인 사물과 다르다. 그래서 '논리'를 잘 알지 못해도 사는 데는 아무런 지장도 없는 것처럼 보인다. 누군가는 논리를 철학자 혹은 수학자 고유의 산물이라고 여기기도 한다. 신비롭다고 말할 정도로 심오한 이치를 담고 있다고 생각하기 때문이다. 그런가 하면 혹자는 수많은 공식과 규칙 등 추상적인 계산을 동원해야 하는 전문적인 표현법과 훈련 방식 때문에 논리를 따분한 이야기로 치부하기도 한다. 하지만 이 모든 건 논리에 대한 사람들의 오해에 불과하다. 사실 일과 삶 곳곳에서 사람들은 저마다의 논리적 능력을 발휘하며 살아간다. 논리적 사고를 위한 과정은 일종의 '두뇌력 향상 게임'이라고 하겠다. 복잡하고 심오한 내용을 한눈에 알아볼 수 있도록 간단명료하게 정리(定理)하는 동시에 사람들의 이해력을 끌어올리는 작용을 발휘하기 때문이다.

또한 사람은 태어난 순간 모두 사람이지만 사람됨의 이치, 즉 논리와 방법을 알지 못한 채 제대로 된 사람이 되기란 무척 어렵다. 사람, 그것도 좋은 사람이 되어야 올바르게 행동할 수 있고 삶의 가치를 충분히 구현함으로써 멀리 나아갈 수 있다. 이것이 바로 사람됨의 이치다.

삶에 녹아든 논리

'논리'라는 두 글자만 들어도 많은 사람이 셜록 홈즈가 등장하는 탐정소설이나 원고와 피고가 치열하게 싸우는 법정을 떠올리곤 한다. 한마디로 말해서 그들에게 논리는 현실과는 동떨어진 다른 세상 이야기일 뿐이다. 실제로 논리는 진위를 분간하기 어려운 사건에서 자신의 가치를 100% 드러낸다.

미국의 16대 대통령인 에이브러햄 링컨(Abraham Lincoln)은 정치에 입문하기 전에 유명한 변호사로 활동했다. 링컨은 수많은 사건을 처리하며 명성을 날렸는데, 그중에는 사람들이 논리의 중요성을 깨달은 사건도 포함되어 있다.

링컨이 변호할 피고인의 이름은 암스트롱. 어린 나이에 강도살인죄를 저질렀다는 이유로 기소된 상태였다. 링컨은 소년의 무죄를 입중하기 위해 관련된 모든 자료를 샅샅이 살핀 끝에 10월 18일 어두운 밤, 달빛 아래서 피고가 범죄를 저지르는 광경을 목격했다는 증인의 증언이 이번 사건을 해결할 열쇠임을 확인할 수 있었다.

사건 현장을 직접 찾으며 발품을 판 끝에 링컨은 증인의 증언에 신빙성이 없다는 사실을 발견했지만 재심이 열릴 때까지 입을 굳게 다물었다. 그리고 재심이 열리던 날, 링컨은 증인이 증인석에 서자 예전에 그가 구술한 진술서를 꺼내 들고 차분히 질문을 던지기 시작했다.

"당신이 이번 사건의 증인입니까?"

"예, 암스트롱이 10월 18일 밤에 피해자를 총으로 쏴 죽이는 장면을 제 두 눈으로 똑똑히 봤습니다." 아무 생각 없이 말을 쏟아내는 증인을 향해 링컨은 맹세할 수 있겠냐고 물었다.

"암요, 제가 그날 본 사람은 암스트롱이 확실합니다!"

"그렇군요. 확실하다고 맹세할 정도인 걸 보니 피고의 얼굴을 똑똑히 보셨나 보군요."

"맞아요. 그날 전 수풀 더미 뒤에 있었지만, 나무 아래서 암스트롱이 피해자에게 총을 쏘는 모습을 분명히 볼 수 있었죠. 왜냐하면 그날 밤에는 달빛이 유난히 밝았거든요."

증인의 눈을 가만히 쳐다보던 링컨이 흥미롭다는 듯 입을 열었다. "어떻게 그렇게 확신하는 겁니까?"

링컨의 추궁에 증인은 재빨리 시선을 돌리며 대답했다. "그러니까…… 사건 현장에서 20~30미터 정도 떨어져 있던 터라 암스트롱의 얼굴을 똑똑히 볼 수 있었습니다."

"정말 밤 11시에 본 건가요?"

"예! 사건 현장을 목격하고 허겁지겁 집으로 돌아와 보니 집 안의 시계가 11시 15분을 가리키고 있었습니다."

재판장에 출석한 배심원과 방청객들은 링컨이 새로운 단서를 제시하지 못한 채 기존의 증언을 확인하는 질문만 던지는 것을 보며 재판 결과를 쉽게 예측할 수 있었다. 누구도 뒤집을 수 없는 증언이 소년의 범죄 사실을 강력하게 뒷받침하고 있으니, 변수가 없는 한 소년에게는 유죄 판결이 날 것이 분명했다. 그 순간, 링컨이 큰 목소리로 변론을 쏟아내기 시작했다.

"지금 증인석에 앉은 증인이 거짓말을 하고 있다고 여러분에게 똑똑히 말씀드릴 수 있습니다. 증인은 10월 18일 밤 11시에 피고의 얼굴을 자신의 두 눈으로 똑똑히 봤다고 증언했지만 한 가지 사실을 놓쳤습니다. 증인이 피고의 얼굴을 봤다던 10월 18일에는 상현달이 떴습니다. 밤 11시라면 달은 이미 진 상태일 텐데 달빛이 유난히 밝았다고요? 시간을 잘못 기억하고 있다고 해도 증인의 말은 사실이 아닙니다. 왜냐고요? 늦은 밤의 상현달은 서쪽에서 동쪽을 향해진다는 걸 여러분도 아실 겁니다. 다시 말해서 달빛이 서쪽에서 동쪽을 비춘다는 뜻이죠. 그런데 지금 증인은 동쪽의 수풀 더미에 숨어서 서쪽 나무 아래, 달빛에 비친 피고인의 얼굴을 봤다고 합니다. 달빛이 비치지 않아 아무것도 보이지 않는 곳에서 어떻게 피고인의 얼굴을 봤다는 겁니까!" 링컨의 변호에 사람들은 손뼉을 치며 크게 환호했고 증인석에 앉은 증인은 꿀 먹은 벙어리가 되고 말았다. 링컨의 활약에 힘입어 피고는 무죄가 입증되면서 자유의 몸이 되었다.

위의 사건에서 링컨은 뛰어난 논리적 사고력을 마음껏 발휘했다. 합리적으로 보이는 증거에서 불합리한 사실을 발견한 링컨은 증인의 증언에 빈틈이 있다는 것을 발견하고도 즉시 반격에 나서지 않았다. 오히려 상대가 경계심을 풀고 스스로 더 많은 빈틈을 드러낼 때까지 차분히 기회를 기다렸다. 그런 점에서 논리는 마치 퍼즐을 맞추는 것과 같다. 어떤 조각을 놓느냐에 따라 다음 조각의 모양과 위치가 결정된다. 당신의 증거가 신뢰할 만한가에 따라 상대가 옳다는 것을 증명할 수도, 혹은 상대가 틀렸다는 것을 증명할 수도 있다. 그렇기에 신뢰 여부를 판단하려면 날카로운 안목과 생각할 줄 아는 두뇌가 반드시 뒷받침되어야 한다.

위대한 물리학자인 아인슈타인(Albert Einstein)은 베를린 훔볼트대학교에서 교편을 잡고 학생들을 가르치기도 했다. 어느 날, 아인슈타인은 수업에 참여한 학생들에게 굴뚝을 치우는 두 청소부에 관해 한 가지 문제를 냈다. "청소를 마친 청소부들이 한 명씩 굴뚝 밖으로 기어 나오기 시작했는데, 한 명은 깨끗하고 다른 한 명은 시커먼 먼지를 뒤집어쓴 상태였다네. 두 사람 중에서 누가 먼저 목욕했을 것 같은가?"

말이 끝나기 무섭게 한 학생이 손을 번쩍 들어 먼지투성이인 청소부가 먼저 씻었을 것이라고 대답했다.

"차분히 잘 생각해 보게나. 만일 자네들이 그중 한 명이었다면 상대방의 얼굴을 보고 무슨 생각이 가장 먼저 들었을 것 같나?"

정적을 깨고 한 학생이 잽싸게 손을 들었다. "알겠습니다. 먼지를 뒤집어쓴 동료의 얼굴을 보고 자신도 더러운 줄 알고 깨끗한 청소부가 먼저 씻으려 했을 겁니다. 반대로 먼지를 뒤집어쓴 청소부는 자신이 깨끗한 줄 알고 나중에 씻었을 겁니다."

모두가 일리 있는 대답이라고 고개를 끄덕였지만, 아인슈타인은 끝끝내 정답을 들려주지 않은 채 차분히 입을 열었다. "두 사람 모두 같은 굴뚝에서 기어 나왔는데 왜 한 사람은 깨끗하고 나머지 한 사람은 먼지를 뒤집어쓰고 있는지 생각해 본 적 있나?"

우리는 삶 곳곳에 녹아든 논리, 즉 현실적인 논리적 사고와 경험을 귀납적으로 정리함으로써 정확한 사고를 위한 형식과 규율을 도출할 수 있다. 이 과정을 논리적 과학이라고 부른다. 이처럼 논리는 현실에서 동떨어진 심오한 학문이나 눈으로 직접 보거나 손으로 만질 수 없는 추상적인 대상이 아니라, 우리의 일상과 직장 곳곳에서 언제든지 접할 수 있는 존재라 하겠다. 다만 논리에 대해 사람마다 서로 다른 반응을 보이는 것은 논리적 사고를 할 수 있는가 없는가의 차이에서 비롯되었을 뿐이다. 논리적 사고를 스스로 자각할 수 있다면 보다 현명한 사고와 정확한 발언, 날카로운 분석력을 연마함으로써 사고의 효율과 업무 수준을 한 단계 높일 수 있을 것이다.

논리학의 흐름

영어의 Logic은 그리스어에서 비롯된 것으로, 원래 이성, 사유, 언사(言辭) 등을 의미한다. 논리는 일종의 과학으로 형식논리, 수리논리, 변증 논리로 분류된다. 그중에서 오랜 역사를 자랑하는 형식논리는 2천여 년 전에 그리스, 인도, 중국에서 탄생했다.

고대 그리스의 철학자 아리스토텔레스는 고대 유럽에서 논리학을 창시한 인물이다. 그의 저서《오르가논》은 논리 연구의 성과를 총망라한 것으로, 후세에 큰 영향을 미치어 아리스토텔레스를 '논리학의 아버지'라고 부른다. 오늘날 우리가 일반적으로 배우는 논리학 역시 아리스토텔레스가 제시한 이론에서 비롯됐다.

다양한 종교가 있는 인도의 수많은 종파는 자신의 이론을 입증하기 위해 치열한 경쟁을 벌였다. 바로 그 과정에서 논리학은 논증을 뒷받침하는 역할을 담당하며 크게 발전했다. 그래서 인도에서는 논리학을 논리의 논증을 연구하는 학문이라 하여 '인명학(因明學)'이라고 부르기도 한다.

중국의 고대 학자 혜시(惠施), 공손룡(公孫龍), 묵자(墨子), 한비자(韓非子) 등은 철학자이자 동시에 논리학자였다. 묵자의 제자는 선대의 연구 성과를 집대성해 중국 역사상 최초의 논리학 경전인 《묵경》을 세상에 소개하며 수준 높은 논리체계를 선보였다.

논리 사학자들은 세계 논리사에서 중요한 위치를 차지하고 있는 고대 그리스, 고대 인도, 고대 중국을 논리학의 3대 발원지라고 부른다.

수리 논리학은 전통적인 형식의 논리를 토대로 발전한 논리 과학이다. 17세기부터 일부 과학자를 중심으로 수학적 방법을 사용한 논리 연구가 시도되었다. 독일의 수학자 라이프니츠(Gottfried Wilhelm Leibniz)는 수리 논리학에 대한 구상을 가장 먼저 제시한 인물로, 훗날 수리 논리학의 창시자로 평가된다.

수리논리는 인공의 언어, 즉 부호와 공식을 사용해 논리적 사고형식을 체계적으로 확장했다고 해서 부호 논리 또는 현대 논리로 불리기도 한다. 수리논리는 300년이라는 짧은 역사를 지녔지만, 현대 과학기술, 특히 컴퓨터의 발전에 크게 기여했다. 그 결과, 중요한 '학제(學際) 과학'으로서 다양한 과학기술과 생산, 관리부서에서 광범위하게 응용되고 있다. 이처럼 수리논리는 현대의 과학기술 발전에 중요한 역할을 담당하고 있다.

변증 논리는 말 그대로 변증법적 사고 법칙을 연구하는 논리 과학
이다. 엥겔스, 레닌은 한목소리로 변증 논리에 관한 연구의 중요성을
강조하며, 변증 논리 과학이라는 관점을 제시하기도 했다. 이후로 논
리에 관한 현대인의 연구 역시 꾸준히 이루어지면서 논리는 이를테
면 양상논리(Modal logic), 시제논리(Temporal logic), 다치논리 등 다양한
방향으로 확장되고 있다. 최근 몇 년 동안 논리를 각 과학 영역에 응
용한 덕분에 논리 응용과학 역시 크게 발전했다. 그 결과 법률 논리,
의학 논리, 교육 논리 등이 탄생할 수 있었다.

현상을 통해 본질을
꿰뚫어 보는 능력

    과학 영역은 일반적으로 자연과학, 사회과학, 사유과학으로 분류된다. 이를테면 수학, 철학 등을 두 개의 독립된 부문으로 간주했을 때, 과학의 3대 영역은 각각 다섯 부문으로 분류된다. 저마다의 영역을 확보했다는 점에서 개별적인 과학에는 각기 특정한 연구 대상이 있다고 추정할 수 있다.

    예를 들어 수학은 수량 관계와 공간 형식을 연구하는 과학이며, 화학은 물질의 구성, 구조, 성질과 변화의 법칙을 연구하는 과학이다. 사학은 인류 역사를 연구하고, 논리학은 인간의 사유를 연구 대상으로 삼는 과학이다. 하지만 논리는 사유의 모든 걸 연구하는 것이 아니라, 논리 형식이라는 분야에서 사유를 연구할 뿐이다.

그렇다면 사유란 무엇인가? 쉽게 이야기해서 인간의 인식 과정에서 존재하는 이성적 단계를 가리킨다. 즉 현실에 대한 인간의 간접성, 개괄성을 반영한 결과다. 인간의 인식과정은 감각적 인식과 이성적 인식으로 이루어져 있다. 감각적 인식 단계에서 인간은 감각, 지각, 표상을 통해 사물의 외부적 특징을 인식하고, 이성적 단계에서는 개념, 판단, 추리 등의 사유 형식을 통해 사물의 본질, 사물의 내연관계를 파악한다. 요컨대 인간의 인식과정에서 질적인 '비약'이 이루어지는 셈이다. 해당 단계를 가리키는 또 다른 표현인 사유 단계는 사물의 본질과 규칙을 간접, 개괄적으로 반영한다는 특징이 있다.

국기에 대한 우리의 인식 과정을 예로 들어 살펴보자. 먼저 우리의 눈에 가장 먼저 들어오는 국기의 형태, 색상, 도안 등은 모두 감각기관을 통해 느끼는 감각적 인식이다. 이는 국기의 외부적 특징만을 반영한 것이다. 이러한 감각적 지식을 한데 모아 국기가 국가를 대표하는 의미를 지녔다는 사실을 이해하면 인간의 머릿속에는 국기에 대한 개념이 자리 잡는다. 예를 들어 사람들은 태극기를 보며 대한민국을, 성조기를 보며 미국을 떠올린다. 이때의 인식은 더 이상 감각적 단계에서 개별적, 직접적으로 반영되는 것이 아니라, 사물의 내재적 본질을 인식하는 것이다. 즉 이성적 인식 단계에 접어들면 사물에 대한 간접적, 개괄적 인식을 통해 개념이 형성된다. 우리가 어디에 있든지 국기를 볼 때마다 우리의 사유 속에는 국가라는 개념이 생겨난다. 요컨대 우리의 머릿속에 개념이 들어있는 한, 언제 어디서든 사물을 인식할 수 있다.

개념 형성은 사람의 인식이 이성적 단계에 진입하는 첫 번째 단계로서, 사유 과정의 가장 기본형식이기도 하다. 개념을 토대로 우리는 판단과 추리라는 한 단계 높은 수준을 구성할 수 있다. 예를 들어,

무릇 국기는 모두 국가의 상징이다.
이 깃발은 국기다.
그러므로 이 깃발은 국가의 상징이다.

위의 세 가지 문장은 모두 '국기'와 기타 개념으로 구성된 판단이다. 세 문장에서 우리는 첫 번째, 두 번째 문장을 통해 세 번째 문장을 추리할 수 있다. 그러므로 사유 과정은 인간이 감각적 인식을 토대로 개념, 판단과 추리로써 추진하는 인식 활동이라 하겠다. 개념, 판단, 추리 등의 사유 형식을 연구 대상으로 삼는 논리는 이러한 사유 형식을 사용해 사유를 정확히 표현하는 방법을 연구한다.

논리학이 사유 형식을 연구할 때는 구체적인 개별적 사유 형식을 들어 연구하는 것이 아니라, 동일한 부문의 구체적인 사유 형식에서 발견되는 공통적인 형식의 구조, 다시 말해서 사유의 논리형식을 귀납하는 것이다. 그렇다면 사유의 논리형식이란 무엇인가? 먼저 다음의 문장을 살펴보자.

모든 일꾼은 모두 노동자다.
모든 사무실은 모두 건축물이다.
모든 소설은 모두 문학 작품이다.

사유 형식이라는 관점에서 보자면 위의 문장은 모두 판단에 속한다. 비록 각 문장이 서로 다른 내용을 반영하고 있지만 동일한 부문에 속하는 공통된 형식, 즉 '모든 ~ 모두 ~이다'는 구조를 지니고 있다. 논리적으로 이처럼 공통되는, 변하지 않는 부분을 '논리적 상항', 변할 수 있는 부분을 '논리적 변항'이라고 부른다. 위의 사례에서 '모든', '모두'가 전자에 속한다. 후자에 속하는 알파벳 'S'와 'P'는 반영하려는 대상과 그 속성을 대표한다. 논리적 상항과 논리적 변항을 하나로 합치면 '모든 S는 모두 P이다'라는, 판단을 유도하는 공통된 논리 형식의 구조가 탄생한다. 논리 형식의 성질과 특징, 기타 판단 형식과의 관계를 분석함으로써 사람들에게 분석한 판단을 정확히 사용해 논리에 맞는 사고를 표현하도록 알려주는 것이 바로 사유의 정의다.

논리적 사고에는 일반적으로 상식에 맞지 않는 사유 역시 논리에 맞지 않는다는 일정한 규칙이 있다. 예를 들어 상술한 논리 형식에서 논리적 변항의 위치를 바꾸면 다음과 같은 결과를 얻을 수 있다.

모든 노동자는 모두 일꾼이다.
모든 건축물은 모두 사무실이다.
모든 문학 작품은 모두 소설이다.

위의 주장이 모두 틀렸다는 사실을 우리는 단숨에 알아차릴 수 있다. 이처럼 논리는 사람들에게 사유의 논리 형식에서 '모든 S는 모두 P이다'라는 주장이 '모든 P는 모두 S이다'라는 뜻은 아니라는 사실을 알려준다.

새로운 지식의 습득 방법

　논리의 근본적인 임무는 정확한 사유의 형식과 규칙을 종결하는 것으로, 인간이 객관적인 세계를 인식하고 거기서 새로운 지식을 획득할 수 있도록 돕는 사유의 도구로 활용될 수 있다. 새로운 모든 지식은 이미 알고 있는 지식을 바탕으로 논리적 추리를 운용했을 때 얻을 수 있는 결과다. 다음의 예시를 통해 추리라는 논리 형식을 살펴보자.

　모든 일꾼은 모두 노동자다,
　모든 광부는 모두 일꾼이다,
　그러므로 모든 광부는 모두 노동자다.

모든 서비스업 종사자는 모두 문명화된 언어를 사용해야 한다,

모든 상점의 판매원은 모두 서비스업 종사자다,

그러므로 모든 상점의 판매원은 모두 문명화된 언어를 사용해야 한다.

위의 두 문단은 사유 형식의 구조라는 측면에서 보면 모두 추리에 속한다. 비록 각각의 내용은 다르지만 이들 사이에는 공통된 형식 구조가 존재한다. 즉,

모든 M은 모두 P이다,

모든 S는 모두 M이다,

그러므로 모든 S는 P이다.

독자의 이해를 돕는 뜻에서 우리가 일상생활에서 겪는 상황을 예로 들어 설명해 보겠다. 어느 날 새벽, 공장 관리자가 다급한 표정으로 전기수리공 앨런을 찾고 있었다. 그도 그럴 것이 공장의 중요한 전력 시스템이 고장 났기 때문이었다. 많은 사람이 앨런을 본 적 없다고 대답했지만, 그의 동료인 해리는 뭔가를 알고 있다는 듯 앨런의 공구함을 가리키며 입을 열었다. "앨런은 오늘 분명 출근했습니다. 공구함의 자물쇠가 풀려있는 것 보셨나요? 어제 퇴근할 때 앨런이 공구함에 자물쇠를 채우는 걸 봤거든요."

해리의 말에 일리가 있다고 판단한 관리자는 앨런의 공구함 옆에서 초조한 표정으로 기다리기 시작했다. 잠시 뒤, 공장 안으로 걸어 들어오는 앨런의 모습이 보였다. 앨런이 공장에 출근했는지 하지 않

았는지 많은 사람이 알지 못하는 상황에서 해리는 앨런이 출근했다는 사실을 어떻게 알았을까? 논리 추리를 통해 새로운 인식을 획득했기 때문이다. 즉,

앨런이 출근했어야, 그의 공구함을 채운 자물쇠가 풀릴 수 있다.
앨런의 자물쇠는 풀려있다.
그러므로 앨런은 오늘 출근했다.

이처럼 논리적 추리 능력은 우리가 일상생활에서 겪는 소소한 문제를 손쉽게 해결해 준다. 과학 발전이라는 측면에서 바라본, 과학 연구 분야의 모든 연상 또는 깨달음에는 모두 논리적 추리가 포함되어 있다. 또한 추리는 종종 과학적 발견의 선구자가 되기도 한다. 실제로 과학사에서 이러한 사례는 손쉽게 찾아볼 수 있다.

영국 출신의 의사 제너(Edward Jenner)는 소젖을 짜는 여인과 천연두에 걸린 소에게서 종두법을 발견했다. 제너는 소의 고름을 만진 여인이 우두에 걸렸지만, 병이 완치된 뒤로는 천연두에 걸리지 않는다는 것을 알아냈다. 그는 연상을 통해 사람에게 우두를 접종하면 천연두에 걸리지 않는다는 사실을 추리해 냈다. 그 후 제너는 무려 30년이라는 시간 동안 실험을 반복한 끝에 자신의 주장을 입증하는 성과를 거뒀다. 이를 계기로 인류는 종두법을 통해 천연두의 위협에서 벗어날 수 있었다. 논리라는 관점에서 보자면, 제너의 발견은 유추와 추리를 통해 사고한 결과라 하겠다.

수많은 중대한 과학적 발견은 모두 과학 실험을 통해 충분한 사실

과 데이터를 확보한 뒤 정확한 논리적 추리를 거쳐 획득한 것이다. 가령 러시아의 화학자 멘델레예프가 발견한 '원소주기율'은 당시 이미 발견된 화학원소 63종의 각종 성질을 귀납해서 발견한 과학 법칙이다. 여기서 그가 빌린 사유의 도구가 바로 귀납적 추리다.

가장 효과적으로 결론을 도출할 수 있는 여러 이론 중에서도 유클리드(Euclid) 기하학만 한 것도 없다. 유클리드의 기하학에 등장하는 모든 정리(定理)는 모두 이미 알고 있는 공리(公理) 또는 이미 입증된 정리라는 토대 위에서 단계적으로 연역적 추리를 거쳐 도출된 결론이다. 이러한 일련의 과정을 거쳐 엄격한 논리체계가 구축된다. 물리학자인 아인슈타인은 유클리드 기하학을 논리시스템의 기적이라고 극찬했다. "해당 논리시스템은 모든 명제가 절대적으로 의심할 수 없을 정도로, 엄격하고 점진적으로 발전해 왔다."

위의 사례는 일상생활 또는 과학 연구 분야에서 논리가 객관적인 사물을 인식하고, 새로운 지식을 획득할 수 있는 효과적인 사유의 도구라는 사실을 설명한다. 사회 각 분야에서 등장하는 새로운 성과의 획득, 기존 한계의 돌파 모두 우연한 결과가 아니다. 반드시 갖춰야 하는 객관적 요소 외에도 인간의 주관적인 요소가 중요하게 작용한다. 인간의 논리 사유 능력을 한 단계 끌어올리고 실제 업무 과정에서 스스로 논리를 응용한다면 인간의 창조적 사고를 발전시키는 데 큰 도움이 될 것이다. 또한 다양한 업무의 효율을 높이는 데도 중요한 일익을 담당할 것이다.

비논리적인 표현 방식에서
벗어나라

　'논리'에는 다양한 의미가 있는 탓에, 대화나 문장에서 쉽게 찾아볼 수 있음에도 항상 하나의 의미로 정의할 수 없다. 왜냐면 '논리'라는 단어는 어떠한 언어적 환경에 놓였느냐에 따라 다양한 의미로 쓰일 수 있기 때문이다. 예를 들어,

1. 새로운 사물의 등장은 필연적으로 기존 사물을 대체하게 된다. 이러한 과정은 논리에 맞다.
2. 그의 말은 무척 논리적이다.
3. '인체 예술을 보는 것은 사상적으로 불건전하다.', 이 말은 무척 이상한 논리다.
4. 모두 논리를 배워야 한다.

첫 번째 문장에서 말하는 '논리'는 객관적 사물의 발전 규칙을 의미한다. 이를테면 역사적 논리, 생활의 논리 등이 그러하다. 두 번째 문장의 '논리'는 우리가 말하는 문장의 논리, 논리적인 결론, 연설의 논리적 역량 등처럼 사유의 규칙을 말한다. 세 번째 등장하는 '논리'는 특수한 표현으로, 주로 강도의 논리, 패도의 논리 경우에 사용된다. 마지막의 '논리'는 논리라는 학문 자체를 가리킨다. 예를 들어 '논리를 보급해야 한다.', '논리는 배우기 어렵지 않다.', '논리 시험에 참가했다.' 등의 경우가 여기에 해당한다.

논리는 사람들이 사물을 인식하는 중요한 사상적 도구이자, 표현과 논증을 구현하는 사유의 도구로써, 표현과 논증은 말하기와 쓰기를 통해 구현된다. 요컨대 말하기와 글쓰기는 인간이 언어를 사용해 사상과 정보를 교환하는 소통 방식이자 방법이다. 사람이라면 누구나 말할 수 있지만 말을 잘하기란 결코 쉬운 일이 아니다. 글쓰기 역시 이와 마찬가지다. 어떤 점에서는 글쓰기가 더욱 까다로운 편이다. 서면을 통해 구현되는 표현 방식으로서, 글쓰기는 부단한 훈련을 통해서만 좋은 글을 선보일 수 있기 때문이다. 좋은 말하기 또는 글쓰기의 가장 기본적인 조건은 의미를 명확하게 표현하는 것이다. 이 점을 제대로 해내려면 어법 외에 논리에 주의해야 한다. 잘못된 표현의 상당수가 논리에 맞지 않아 생기곤 한다. 가령,

오바마의 고향은 하와이 사람이다.

하버드대학교 출신의 천문학자가 새로운 별을 발명했다.

첫 번째 문장은 주어와 술어가 맞지 않는 오류를 저지른 경우를 보여준다. 이러한 오류가 생겨난 원인은 '오바마의 고향'과 '하와이 사람'이라는, 아무런 연관도 없는 두 단어의 개념을 한데 모았기 때문이다. 그로 말미암아 문장을 읽은 사람은 판단의 오류를 경험하게 된다. 위의 사례를 통해 주어와 술어의 불일치가 개념의 잘못된 사용으로 이어진다는 사실을 발견할 수 있다. 두 번째 문장은 술어와 목적어의 불일치에 따른 오류에 속한다. 이는 논리적 문제로서, '발명'과 '발견'이라는 두 개의 개념을 혼동한 것이 문제의 원인이다. 즉 '발명'이라는 개념을 잘못 사용함으로써 판단의 오류를 불러일으켰다. 다시 말해서 술어와 목적어의 잘못된 사용 역시 개념의 잘못된 사용으로 이어진다.

주목할 만한 점은, 어법적으로 문제가 없는 언어라 하더라도 논리에 맞지 않을 수 있다는 사실이다. 이를테면,

어머니와 식구들을 뉴욕에서 만나 함께 살고 있다.
모든 문예는 모두 문화이므로, 모든 문화는 모두 문예에 속한다.

첫 번째 문장은 어법적으로 아무런 문제가 없지만 논리적으로 보자면 '어머니'와 '식구들'은 모두 종속관계를 지닌 개념으로 함께 병렬해서 사용할 수 없다. 일종의 논리 오류인 셈이다. 두 번째 역시 어법상 오류가 없지만 논리적으로는 추리의 규칙을 위반했다는 점에서 논리 오류에 속한다.

그 밖에도 일부 비논리적인 언어습관의 경우 이미 하나의 관습으

로 자리 잡은 덕분에 맥락을 이해하는 데 영향을 주지 않는다.

이 점에서 우리는 한 가지 사실을 파악할 수 있다. 즉 생각을 정확히 표현하려면 어법은 물론, 논리적으로도 오류가 존재해서는 안 된다. 일반적으로 어법 분석은 논리적 분석을 근거로 삼는다. 왜냐면 언어는 생각을 표현하는 것이기 때문이다. 생각 중에 명확하지 않은 내용이 있다면 해당 생각을 표현하는 용어를 잘못 선택할 수밖에 없다. 잘못된 판단은 문장의 오류를 일으키고, 비논리적인 추리는 주장의 설득력을 떨어뜨린다.

자기 생각을 표현할 때는 일반적인 진술 외에도 제시하려는 관점 또는 견해를 논증해야 한다. 자신의 관점을 명확히 드러내야 다른 사람을 설득하는 목적을 달성할 수 있다. 논증은 모든 행위에 동원되는 복잡한 사유 형식으로, 성공적인 논증을 위해서는 논증 과정에서 논리적 추리를 정확하고 엄격히 운용할 줄 알아야 한다. 언어를 통해 드러나는 논증성은 설득력이 있는 논리적 역량으로 승화된다.

구소련의 지도자 스탈린은 레닌식 연설의 가장 큰 특징으로 누구도 반박할 수 없는 논리적 역량을 지목했다. "당시의 나는 누구도 이길 수 없는 레닌 특유의 논리적 역량에 매료됐다. 이러한 논리적 역량이 발휘된 연설은 처음 들었을 때는 무척 딱딱하지만, 청중의 귀를 서서히 사로잡으며 감동을 선사하다가, 급기야 청중을 몽땅 자신의 편으로 만들어 버린다. '레닌의 연설에 등장하는 논리는 전천후 촉각과 같다. 옴짝달싹하지 못할 만큼 집게로 단단히 붙잡아 둔다. 결국 그 논리에 투항하는 것이 아니라, 그의 주장에 완전히 심취하고 동조하는 것이다." 레닌의 연설을 들은 사람들의 감상에서 논리를 정확히 표현하고 엄격하게 논증하는 작업이 얼마나 중요한지 쉽게 짐작할 수 있을 것이다.

꿀 먹은 벙어리가
되지 마라

　　변론은 논쟁을 펼치는 양측이 자신의 관점을 내세우고, 상대의 사유 과정을 반박하는 행위다. 논리에 관한 연구가 이뤄지게 된 최초의 원인은 효과적인 변론의 수요를 만족시키기 위함이었다. 고대 중국 혹은 고대 그리스 모두 황금기를 구가할 때 화려한 고대 문화를 탄생시켰다. 다양한 이념을 지닌 학파가 우후죽순처럼 생겨났고, 자신의 논리를 입증하기 위해 치열한 경쟁도 펼쳐졌다. 그러다 보니 수많은 학파 사이에서 치열한 논쟁이 벌어지기 일쑤였다. 자신의 주장을 입증하든, 아니면 상대의 논리에 반박하기 위한 것이든 간에 변론하려면 논리적 추리가 반드시 수반되어야 한다. 또한 개념을 왜곡하거나 자체적인 모순을 범하지 않은 상태에서 변론의 당사자들은 논리적 규칙을 준수해야 한다. 그렇지 않으면 논쟁을 벌여도 아무런 결과도

얼을 수 없다.

변론은 총성 없는 전쟁처럼 주도권을 차지하기 위해 당사자 사이에서 치열하게 전개된다. 그러다 보니 하나의 개념을 놓고 전혀 다른 해석이 제시되기도 하고, 심지어 논리적 지식에 대한 사람들의 몰이해를 이용해 의도적으로 논리를 외면한 채 궤변을 늘어놓기도 한다. 궤변이라는 건 의도적으로 논리의 규칙을 저버리고 그럴듯한 말로 자기 잘못을 교묘하게 가리는 것을 말한다. 이를테면 '여행자의 궤변'이 그러하다.

길고 험한 여정에 오른 한 여행자가 배고픔과 갈증에 괴로워하며 방황하다가 여관을 발견했다. 쏜살같이 여관으로 달려간 여행자가 여관 주인에게 햄버거 하나에 얼마냐고 물었다.

"3달러만 내시구려."

"그럼 2개 주시오!"

여관 주인이 햄버거 2개를 여행자에게 건네자, 여행자는 흑맥주 한 병에 얼마냐고 물었다.

"한 병에 6달러요."

"지금은 배보다 목을 먼저 축여야 할 것 같군. 햄버거 2개를 흑맥주 한 병과 바꿔도 되겠소?"

"좋습니다."

여관 주인은 여행자에게 내준 햄버거를 도로 가져가고 대신 시원한 흑맥주 한 병을 내왔다. 여행자는 단숨에 맥주를 들이켠 뒤 가방을 메고 가게 문을 나섰다. 그 모습에 여관 주인은 맥줏값을 내고 가라며 여행자의 손목을 잡아챘다.

"맥줏값으로 햄버거 2개를 줬는데 무슨 돈을 또 내란 말이오?"

"하지만 그 햄버거 값도 내지 않았잖소!"

"햄버거를 먹지도 않았는데 내가 왜 돈을 내야 한단 말이오?" 여
행자의 반문에 여관 주인은 꿀 먹은 벙어리처럼 아무 말도 하지 못했
다. 그 모습을 지켜보던 여행자는 유유히 여관 문을 나섰다.

위의 이야기에서 여행자는 개념을 왜곡하는 수법으로 자신의 주
장이 옳다는 궤변을 늘어놓았다. 여행자는 여관 주인과 대화하는 과
정에서 '지불하지 않은 햄버거 값'을 '지불한 햄버거 값'으로 교묘히
바꿔치기했다. 햄버거값을 지불하지 않았다는 여관 주인의 지적에
여행자는 '돈을 지불하지 않았다는 사실'을 '햄버거를 먹지 않았다.'라
는 화제로 바꿔치기한 뒤, '햄버거를 먹지 않았다.'라는 사실에서 '그
러니 돈을 내지 않아도 된다.'라는 결론을 도출해 냈다. 사실 여행자
는 나름 그럴듯한 궤변을 늘어놓는 데 성공했지만, 이는 명백히 논리
를 위반한 행위다.

일찍이 2천여 년 전, 고대 그리스의 아리스토텔레스는 궤변에 대
처하는 방법을 제시한 적이 있다. "이견이 존재하는 용어나 표현에
대해 이런 상황에서는 이렇고, 다른 상황에서는 저렇다고 이야기할
수도 있다. 문제의 연관성을 사전에 발견하지 못했다면 자신이 이해
한 바에 따라 대답해야 한다. 의문을 제시하는 상대가 문제의 함의를
당신이 이해한 것과 다르게 간주한다면 문제의 함의를 인정했을 때

이해했던 의미가 아니라고 대답한 뒤 자신이 이해한 바를 이야기해
야 한다."

얕보이고 싶지 않다면
얕보이는 법을 배워라

　바닷가에서 살아가는 게는 종종 바닷새의 먹이가 되곤 한다. 바다에서 벗어난 게는 제대로 된 반항 한 번 하지 못하고 새의 배로 들어가기 일쑤다. 한마디로 말해서 바닷가의 약자라 하겠다. 그러던 중 과학자들은 전혀 다른 성격을 지닌 두 종류의 푸른 꽃게를 발견했다. 공격적인 성격을 지닌 게는 갯벌을 거침없이 오가며 걸핏하면 싸움을 벌이곤 했다. 하지만 번번이 상처를 입은 채 바닷가를 떠돌아다니다가 갈매기한테 잡아 먹히는 바람에 공격적인 성격의 푸른 꽃게는 멸종위기에 직면하고 말았다. 이에 반해 온순한 성격의 게는 자신을 보호하는 법을 잘 알고 있었다. 위험한 상대를 멀리서 확인하면 재빨리 도망치곤 해서 위험한 상황을 최대한 피하려 했다. 바닷새가 날아오면 죽은 척하며 몸을 뒤집기도 했다. 날카로운 집게발을 휘두르며 반항하지 않은 덕분에 바닷새의 날카로운 부리를 피할 수 있었다. 뛰어난 생명력을 유지하며 온순한 성격의 게는 자연 진화시스템에서 강자로 통하게 됐다.

하늘 높이 치솟은 나무는 햇빛이나 비를 가장 많이 접하지만 그만큼 거센 바람에 휘어지기 쉽다. 반면에 낮은 지대에서 자라는 풀은 거대한 숲에 압도당하지만, 비바람 속에서도 꿋꿋이 자라난다. 강함과 약함은 결코 절대적인 존재가 아니다. 강자는 언제나 점점 거세지는 도전에 직면하지만, 약자는 강자보다 눈에 띄지는 않지만, 상대적으로 여유를 누릴 수 있다. 지금의 당신이 강자든 혹은 약자든 언제가 약자가 될 수 있다는 위험이 존재한다는 사실을 명심해야 한다. 특정한 장소 또는 상황에서 약자의 처지가 될 수 있으므로, 자신을 보호하는 법을 배워야 한다. 가장 기본적인 방법은 상대가 자신을 얕볼 수 있도록 상황을 만드는 것이다. 그래야만 진짜 약자로 전락하는 상황을 모면할 수 있다.

치열한 경쟁사회에서 초등학생조차 얕보여선 안 된다는 사실을 잘 알고 있다. 하버드대학교의 교수들도 무슨 일을 하든지 다른 사람보다 뒤처지지 말라고 학생들을 가르친다. 다른 사람보다 더 뛰어난 퍼포먼스를 보여야 한다고 강조한다. 그렇다고 해서 잘난 척하거나 다른 사람과 경쟁하라는 뜻은 아니다. 재주를 드러내고 자기 능력을 마음껏 발휘하는 것은 모두 자기 일에 최선을 다하라는 격려의 의미지만, 개인의 발전에 도움이 되지 않는다. 이에 반해 하버드대학교에서는 동급생끼리 있을 때는 겸허한 자세로 튀는 언행을 삼갈 것을 적극적으로 권장한다. 그래야 보다 쉽게 사람들과 어울릴 수 있기 때문이다.

영국의 최고통치자인 빅토리아 여왕은 막강한 실권을 지니지 못했지만, 누구보다도 높은 지위를 누렸다. 이 사실 하나만으로도 공작의 아들인 앨버트 공은 비록 자기 아내지만 동시에 영국의 여왕이기도 한 빅토리아 앞에서 주눅이 들 수밖에 없었다. 현명한 빅토리아 여왕은 가정과 부부관계를 원만하게 유지할 수 있는 법을 잘 알고 있었다. 남편 앞에서 날카롭고 위엄 있는 여왕의 모습을 보여주는 대신, 연약한 여인으로서의 모습을 보여주려 노력했다. 그 덕분에 앨버트 공은 여왕인 아내 앞에서도 한 가정을 지키는 가장으로서의 위엄을 유지할 수 있었다.

한 번은 두 사람이 정치적인 문제로 얼굴을 붉힌 적 있었다. 화가 난 앨버트 공이 급기야 방에 들어가 문을 잠가버렸다. 빅토리아 여왕이 문을 두드려도 앨버트 공은 문을 열지 않은 채 누가 문을 두드렸냐고 물었다. 심신이 지칠 대로 지칠 빅토리아 여왕이 '영국의 여왕'이라고 대답했지만, 문은 여전히 열리지 않았다. 어쩔 수 없이 계속해서 문을 두드리자, 앨버트 공이 누구냐고 재차 물었다. "저예요, 빅토리아." 그럼에도 문은 끝끝내 열리지 않았다. 그제야 자신의 말실수를 깨달은 빅토리아 여왕은 신분을 밝히라는 남편의 세 번째 추궁에 가녀린 목소리로 입을 열었다. "당신의 아내랍니다." 그제야 빅토리아 여왕을 향해 방문이 활짝 열렸다. 화가 모두 풀린 앨버트 공이 아내 빅토리아를 맞이했다.

현명한 데다 강인한 빅토리아가 남편의 화를 풀기 위해 적절한 순간에 자신의 약한 모습을 드러낸 것은 남다른 처세술의 일환이라 하겠다. 영국 여왕이라는 지위만으로도 그녀는 닫힌 방문을 억지로 열 수 있었지만 그렇게 되면 부부관계가 악화할 것은 불 보듯 뻔했다. 영국 여왕으로서 방문을 여는 일 따위는 어려운 것도 아니었다. 게다가 남편에게 머리를 숙일 필요도 없었지만, 자신의 권위를 계속 내세웠다면 행복한 가정생활을 결코 누리지 못했을 것이다.

상대에게 자신의 약점을 보이는 방식은 생존의 지혜이자, 성공을 얻을 수 있는 수단이기도 하다. 당신이 강자라면 상대에게 자신의 빈틈을 적당히 보여줄 줄 알아야 한다. 약점을 보이더라도 그 때문에 당신의 지위가 낮아지지 않는다. 오히려 다른 사람의 신뢰와 존경을 받을 수도 있다. 반대로 당신이 강자가 아니라면 자신의 약한 모습을 드러내도 문제 될 것 없다. 있는 그대로 자신을 드러냈다는 생각에 상대가 당신을 솔직하다고 평가하며 오히려 더 큰 호감을 끌어낼 수 있다. 그러므로 누구든지 이따금 자신의 약점을 드러내며 자신의 강점으로 전환할 줄 아는 능력을 익혀야 한다.

많은 사람은 직장에 들어가자마자 자기 능력과 재능을 보여주기 위해 애쓴다. 그래야 사람들로부터 인정을 받고 기회를 얻을 수 있다고 생각하기 때문이다. 좋은 결과에 대한 기대와 달리, 실제 돌아오는 결과는 신통치 않다. 자신을 드러내는 데 급급한 나머지 상대에게 건방지다는 인상을 심어줄 수 있을 뿐만 아니라, 심지어 반감을 키울 수도 있다. 자기중심적이고 개인주의적인 발상은 자신과 동료 사이에서 갈등의 골만 키울 수 있다. 그래서 새로운 환경에서는 적절한 순간에 자신의 빈틈을 드러내고 자세를 낮춰야 한다. 그래야 상대의 호감과 신뢰를 끌어낼 수 있는 법이다.

물론 여기에도 '적정수위'는 존재한다. 적절한 순간에 간혹 빈틈을 드러내야지, 아무 때나 약한 모습을 보인다면 오히려 상대에게 무시당하거나 당신에 대한 신뢰를 잃게 만들 수 있다. 무슨 일이든 항상 100점을 받을 수는 없지만 그 누구도 자신을 대체할 수 없는 분야가 있다면, 그것만으로도 당신은 충분히 가치 있는 사람이라고 인정받을 수 있다.

하버드의 지혜

현명한 하버드 학생은 누군가에게 얕보여야 하는 이유를 잘 알고 있다. 상대가 강자든 약자든, 상대에게 자신의 약점을 노출하면 여러 이득을 얻을 수 있기 때문이다. 겸허하게 행동하고 적절한 순간에 상대에게 자신의 약한 모습을 드러내는 것은 생존의 지혜, 나아가 성공을 거머쥘 수 있는 노하우가 될 수 있다. 그래서 상대에게 적대적이고 거친 모습을 보이기보다는 유연하고 친화력 있는 모습을 보여주는 '강자'가 되어야 한다. 다른 사람에게 얕보여야 당신에 대한 상대의 경계심이 무너지고 호감을 끌어낼 수 있다. 그렇게 되면 강자는 더욱 강해지고, 약자는 그 속에서 마음의 평화를 얻을 수 있다.

원칙을 준수하되, 임기응변의
능력을 적절히 발휘해라

　누가 봐도 엄청난 스펙을 지닌 한 청년이 광산 회사의 면접시험에 참가하기 위해 고향을 찾았다. 대학을 졸업했기는커녕 글도 제대로 읽을 줄 몰랐던 광산주는 평소 공부 좀 했다는 사람들에게 열등감을 느끼고 있었던 터라 청년을 뽑지 않으려 했다. 광산주의 성격을 우연히 알게 된 청년은 재빨리 머리를 굴려 문제를 해결할 방법을 고민했다. 면접장에 들어간 청년은 자신이 대학교에서 4년 동안 공부했지만, 아무것도 배운 게 없다며 자신이 얼마나 부족한 사람인지 털어놓기 시작했다. 그러고는 면접장을 떠나기 전에 광산주에게 부디 자신의 약점을 누구에게도 말하지 말라고 신신당부했다. 그 모습에 광산주는 무척 기뻐하며 배움에 뜻이 없어 보이는 청년을 당장 채용했다. 고약한 성미를 지닌 광산주의 호감을 사기 위해 일부러 자기 능력을 깎아내린 덕분에 청년은 취업난을 뚫고 당당히 사원증을 목에 걸 수 있었다.

　모든 사람은 자신이 완벽한 이미지를 드러낼 수 있기를 기대하지만, 그 때문에 과도하게 행동할 때 오히려 자기 발목에 족쇄를 채울 수 있다. 더 큰 것을 얻으려면 적절한 순간에 작은 것을 포기할 줄 알아야 한다. 필요하다면 자신에게 '오점'을 남겨도 된다. 이는 결코 자신에게 손해를 입히는 일이 아니다.

　사람은 세상을 살아가면서 자기만의 원칙, 자기만의 마지노선을 세운다. 이는 올바른 선택이다. 자신만의 원칙과 마지노선이 없다면 사회에 안정적으로 정착할 수 없다. 그렇다고 해서 모든 사람의 원칙과 마지노선이 똑같다는 뜻은 아니다. 당신은 아무렇지 않게 생각하는 일이 누군가에게는 무척 중요할 수 있다. 그리고 그 반대의 상황도 충분히 존재할 수 있다. 이익보다는 명예를 더 높이 평가하는 사람이 있는가 하면, 명예보다는 이익을 강조하는 사람도 있다. 서로의 입장과 관념이 다르기에 삶의 원칙과 마지노선 역시 다를 수밖에 없다. 하지만 때로는 명예와 이익이 한 사람의 삶에서 차지하는 비중이 달라지기도 한다. 자신의 원칙을 어떻게 해서든 고수하겠다고 버틴다면 얻는 것보다도 더 많은 걸 잃을 수도 있다.

　한 유대인 사업가가 한 은행의 대출 담당 부서를 찾아갔다.
　"돈을 빌리고 싶소."
　"알겠습니다. 그런데 우리 은행에서 대출받으려면 담보가 필요한 데, 뭘 담보로 맡기시겠습니까?"

"그거라면 문제없지. 자, 이걸 보시오!"

유대인 사업가는 손에 들린 상자를 열었다. 놀랍게도 상자 안에는 금은보석은 물론, 온갖 종류의 주식, 채권 등이 잔뜩 쌓여있었다.

"상자에 든 물건의 가치가 대략 500만 달러 정도 될 거요."

척 봐도 엄청난 몸값을 자랑하는 물건이었다. 대출 담당자는 무척이나 공손한 태도로 돈을 얼마나 빌리고 싶은지 물었다.

잠시 고민에 잠겼던 유대인 사업가가 1달러만 빌려달라고 대답했다.

500만 달러가 되는 물건을 담보로 겨우 1달러를 빌려달라는 이야기에 담당자는 자기 귀를 의심했다. '이런 미친놈을 봤나! 지금 나랑 장난하자는 거야?' 담당자는 화가 머리끝까지 났지만, 순간적으로 상대가 보통 사람은 아니라는 직감이 들었다. '거물이 분명해. 1달러를 빌려달라는 일로 우리 은행의 신용과 효율성을 시험해 보려는 거야. 그리고 내 업무능력도 말이지!'

"좋습니다. 1달러를 빌려드리겠습니다."

대출업무를 모두 마친 유대인 사업가가 자리에서 일어서자, 담당자가 눈으로 인사를 건넸다.

그로부터 몇 개월이 지난 어느 날, 유대인 사업자가 은행에 나타나 담당자를 향해 1달러를 꺼내 들었다. "지난번 1달러를 돌려주기 위해 은행에 왔습니다. 지난번 담보물로 남겨둔 내 물건을 돌려주시오." 담당자는 담보로 받아뒀던 물건을 유대인 사업가에게 내주자, 사업자는 고맙다는 인사와 함께 몸을 일으켜 가려고 했다. 그런 그를 향해 담당자가 궁금증을 참지 못하고 물었다.

"설마 아무 이유도 없이 돈을 빌리려고 했던 겁니까? 1달러를 빌린 이유가 뭡니까?"

"사실 해외여행을 가려는데 집안에 귀중한 물건을 두고 가기가 영 불안하더군. 그래서 은행에 귀중품을 맡겨두려고 했는데 매월 정기적으로 내야 하는 보관비가 수백 달러라고 들었소. 그래서 궁리 끝에 대출받기로 했다오. 내 물건을 맡기고 빌린 1달러를 다시 몇 개월 뒤에 갚는다면 보관료도 아끼고 내 물건도 안전할 테니 일석이조 아니겠소?"

그의 대답에 대출 담당자는 허탈한 표정을 지었다. 상대는 기대했던 거물이 아니라, 그저 자신의 귀중품을 안전하고 저렴하게 맡기려는 구두쇠에 불과했기 때문이었다.

유대인의 수완은 뛰어나기로 정평이 나 있는데, 그중에서도 임기응변에 가장 능한 민족으로 알려져 있다. 은행에 귀중품을 맡기려면 큰돈이 들지만, 귀중품을 담보로 쓴다면 비용을 크게 아낄 수 있다는 생각에 유대인 사업가는 은행을 상대로 1달러를 대출받았다. 물론 그 때문에 은행은 적지 않은 손해를 봐야 했을 것이다. 아마도 유대인 사업가는 대출 담당자로부터 경멸 어린 시선을 받았겠지만 그래도 1달러도 쓰지 않고 자신의 귀중품을 보관할 수 있었으니 손해 볼 것은 없다.

적절한 순간에 상황에 재빠르게 대처할 수 있는 임기응변이 성공을 결정할 수 있다. 상황에 쉽고 빠르게 적응할 수 있는 사람은 어려운 일도 척척 해낼 수 있지만 그렇지 못한 사람은 무슨 일이든 벽에 부딪히고 시련과 좌절을 겪게 된다. 그래서 원칙을 고수하는 동시에 상황을 빠르게 인지하고 그 속에 자신을 대입시킬 수 있는 능력을 배워야 한다.

사람은 자신의 목표를 달성하기 위해 이용할 수 있는 모든 걸 융통성 있게 활용할 줄 알아야 한다. 융통성 있는 처세술에서도 물론 가장 기본적인 원칙은 세워야 한다. 바로 올바른 입신의 도를 그대로 따르는 것이다. 다시 말해서 모든 임기응변은 도덕이라는 토대 위에 세워져야 한다. 도덕적 허용 범위 안에서 이뤄지는 임기응변이야말로 가장 효과적일 뿐만 아니라, 개인의 삶을 더욱 아름답게 발전시킬 수 있다.

하버드의 지혜

하버드대학교 제27대 총장인 로렌스 서머스(Lawrence Summers)는 하버드대학교의 모든 학생은 자신만의 인생 원칙을 준수해야 한다고 강조하면서도, 임기응변은 세상을 살아가는 데 없어서는 안 될 지혜라고 설명했다. 기본적인 원칙을 지키면서 다른 사람이 좀 더 받아들이기 수월하게 자신을 바꾸는 것이야말로 성공을 위한 가장 기본적인 처세술이라 하겠다.

타인의 혀에
휘둘리지 마라

　성공한 사람일수록 다른 사람으로부터 질투와 시기를 받기 마련
이다. 하버드대학교 출신의 수많은 성공 인사 역시 주변의 시샘 어린
시선을 피하지는 못했다. 이 점에 대해 세상의 이치에 밝다는 학자들
은 다른 사람의 혀에 자신의 인생을 휘둘리지 말라고 조언한다.
　사람이 사는 곳이면 그곳이 어디든지 말이 돌기 마련이다. 게다가
같은 정보가 중복해서 생산·유행하면 신뢰감을 주게 된다. 거짓말이
라도 천 번 들으면 진실처럼 들린다는 말처럼 말이라는 건 돌면 돌수
록 신뢰도가 높아지게 된다. 이처럼 말이 돌기 시작하면 개인의 행복
을 파괴할 수 있을 뿐만 아니라, 좀벌레처럼 사회정보라는 거대한 건
물을 부식시킬 수도 있다. 말은 집단 간의 갈등을 유발할 수 있을 뿐
만 아니라 불신을 부추겨 사회적 갈등을 악화시킬 수 있다. 그래서

개인에게 말은 분노라는 잘못된 감정을 직접적으로 일으킬 수 있는 개체가 된다.

남다른 재능을 지닌 청년 첼 윌리엄은 하버드대학교를 졸업한 후 줄곧 캘리포니아에서 사업을 벌였다. 그로부터 몇 년 후 정계에 진출하기로 마음먹은 그는 상원의원 경선에 참여하기 위한 준비에 착수했다. 뛰어난 스펙을 지닌 첼은 지난 사업 기간 공익활동에도 적극적으로 참여한 덕분에 경선에서 누구보다도 유리한 고지에 올랐다.

하지만 당시 경선에 참여한 다른 참가자들은 첼에 대한 신뢰도를 떨어뜨리기 위해 은밀한 작업에 들어갔다. 결국 별것 아닌 것처럼 보였던 소문이 순식간에 눈덩이처럼 불어나더니 일파만파로 퍼지기 시작했다. 첼이 대학교를 졸업한 후 교편을 잡았는데 그곳에서 한 유부녀와 불륜관계였다는 소문이었다.

논리적으로 사고할 줄 아는 사람이라면 경쟁자가 유권자의 시선을 분산시키기 위해 지어낸 악의적인 거짓말이라는 걸 알아차렸을 것이다. 이러한 방식을 통해 첼이 앞으로 얻게 될 표를 하나라도 떨어뜨리려는 수작이 분명했다. 자신의 사생활에 문제 있다는 소문을 퍼뜨리려 하는 경쟁자들의 비열한 행동에 첼은 억울함과 함께 엄청난 분노에 휩싸였다. 자신의 결백함을 증명하기 위해 첼이 강하게 반박하자, 오히려 그의 사생활에 대한 사람들의 의구심은 커져만 갔다.

이 사실에 첼은 더욱 마음이 급해졌다. 자신의 결백함을 증명하기 위해 그는 기자회견을 열고 소문을 퍼뜨린 경쟁자를 맹비난하는 원고를 준비했다. 생각지도 못한 일로 난처한 처지에 몰리자, 첼은 침착했던 모습을 완전히 잃고 말았다.

이 사실을 알게 된 첼의 대학교 은사가 급하게 전화기를 들었다. "자네가 하지 않은 일이라면 전혀 신경 쓰지 말게. 왜 다른 사람의 세 치 혀에 자네의 소중한 삶을 맡기려 하는가?"

그 말에 첼은 정신이 번쩍 들었다. 그 후 평상심을 되찾은 첼은 마 치 아무 일도 없었던 것처럼 각종 모임에 적극적으로 참여하며 유권 자들과 이야기를 나눴다. 그러자 첼에 관한 소문도 조금씩 수그러들 었다. 마음에 급해진 경쟁자들은 첼의 의연한 모습에 크게 당황하며 온갖 공세를 펼쳤지만, 첼은 언제나 자신에 찬 모습으로 상대했다.

순식간에 선거일 아침이 밝았다. 경쟁자들은 유권자에게 첼에 관 한 온갖 소문을 퍼 나르며 그의 도덕관을 비난했다. 국민의 대표가 될 자격이 없다며 맹비난했지만, 첼은 여유로운 표정을 지으며 입을 열었다. "누군가가 일부러 자극적인 내용만 골라서 소문을 퍼뜨린 것 같군요. 일단 그 소문에 관한 진실부터 밝혀야겠군요. 제가 그 학교 에 근무하던 당시, 저랑 불륜관계에 있다던 여성은 아직 결혼하지 않 은 미혼이었습니다. 그녀를 쫓아다니느라 고생 꽤 했었죠. 하지만 이 제 그분은 결혼했습니다. 게다가 그분의 남편은 지금 여러분 앞에서 이야기 중이죠. 요새 기자들 정보력이 보통 아니네요. 정말 대단합니 다."

뛰어난 유머로 여러 차례 위기를 넘긴 첼. 그 후 경선에서 첼은 손 쉽게 최고득표수를 올리며 상원에 진출하는 데 성공했다.

사실이 아닌 지적을 받으면 많은 사람이 '자신의 결백은 언젠가는 밝혀진다'라는 믿음을 지닌 채 주변으로부터 어떻게 된 일이냐는 질문을 받으면 '할 말이 없다'라는 태도를 보인다. 하지만 특유의 보상심리 때문에 사실이 아닌 일에 크게 주목하곤 한다. 그래서 때로 침묵은 당사자에 대한 대중의 심리에 불신을 키워 당사자가 뭔가를 숨기려 했거나, 또는 말 못 할 비밀이 있을 것이라고 오해하게 만든다. 그래서 자신에 관한 소문이 내 발목을 잡았다고 생각된다면 잠시 침묵해도 무방하다. 단 가장 적절한 순간에 대중 앞에서 가장 직접적인 반응을 보여야 한다.

하버드의 지혜

누군가의 악의적인 모함에 걸려들었다면 중립적이면서도, 믿을 만한 제삼자를 찾아 도움을 청해라. 그리고 당신에 관한 근거 없는 소문이 돈다면 정보를 정확히 파악해 일일이 반박해야 한다. 그렇지 않고 무조건 자신의 결백함을 주장하거나 감정적인 모습을 보인다면 도리어 사람들의 의심을 살 수 있다. 결론적으로 말하자면 타인의 세 치 혀에 휘둘리지 않아야 자신의 삶을 온전히 지킬 수 있다.

손해 볼 줄 아는 지혜,
손해를 자초할 줄 아는 경지

사람이라면 이익을 바라고 손해를 피하는 본능을 지녔다. 기꺼이 손해를 감수하겠다며 제 발로 나서는 사람을 요새 같은 세상에서 눈 씻고 찾기 어려워진 것은 안타깝지만 이 또한 현재 우리가 마주한 현실이다. 그렇다고 해서 무조건 이익만 추구하는 방법 역시 항상 옳다고만은 할 수 없다. 때로는 손해 보는 일이 그리 나쁜 일만은 아니다. 손해 그것도 제 손으로 손해를 입는 경우, 아무런 도움도 없는 것처럼 보이지만 한 단계 깊이 들어가서 살펴보면 더 많은 이익을 얻을 수 있다는 사실을 발견할 수 있다.

경쟁자가 등장하면 제한된 이익을 제 것으로 취하기 위한 갈등은 피할 수 없기 마련이다. 자신의 이익을 손쉽게 남에게 넘겨주거나 자신이 기꺼이 손실을 감수하겠다는 사람은 없다. 그렇다고 손해를 봤다고 해서 상대에게 약점을 잡혔다는 뜻은 아니다. 이를 이 보 전진을 위한 일 보 후퇴로 활용해 추진력을 얻을 수 있다면 장기적으로 펼쳐지는 경쟁에서 오히려 유리한 고지에 오를 수 있다. 상대해야 할 대상이 강할수록 적절한 순간에 적절한 정도로 손해를 볼 줄 아는 지혜가 필요한 법이다. 죽어도 손해 보지 않겠다며 고집부린다면 오히려 더 큰 손해와 손실을 볼 수 있다. 그래서 예수는 제자들에게 누군가가 오른쪽 뺨을 때리거든 왼쪽 뺨도 내주라고 했다. 장기적으로 봤을 때, 일시적인 손실, 모욕 그리고 낮은 자세가 효과적으로 자신을 보호하는 효과를 지닌다는 점에서 반드시 익혀야 할 삶의 지혜라 하겠다.

손해를 보는 것은 포용적인 수단으로 간주할 수도 있다. 다른 사람의 무례한 언행을 과감하게 용서해 준다면 상대는 당신의 태도에 부끄러움을 느낀 채 다음부터는 당신을 함부로 대하지 못할 것이다. 그 덕분에 두 사람 사이에 쌓여있던 갈등과 분노의 싹이 깨끗하게 뿌리 뽑힐 수도 있다. 대부분 손해를 보는 것은 갈등을 해소하고 심지어 상대의 존중을 받을 수 있는 중요한 방법으로 자신에게 더욱 안정적인 생존 및 발전 환경을 제공해 준다.

하지만 세상살이가 팍팍해질수록 '손해'라는 두 글자에 민감해지기 마련이다. 실수로 작은 손해라도 봤다면 마치 삶이 실패한 것 같은 낭패감이 때로 들기도 한다. 그래서 손해를 본 사람들을 우리는 동정 어린 시선으로 바라본다. 무릇 무슨 일이든 얻는 게 있으면 반드시 잃는 것이 있는 법이다. 그러니 손해를 봤다고 해도 꼭 나쁜 일만은 아니라 하겠다.

특히 이제 막 사회에 발을 디딘 사회초년생은 회사에 들어가서 고군분투하기 일쑤다. 단순한 데다 눈치가 없을 만큼 솔직한 탓에 아무생각 없이 저지른 언행으로 곤란한 처지에 빠질 수도 있다. 약삭빠른 일부 '소인배'는 이들이 무심히 던진 말을 약점 삼아 괴롭히기도 하고 최악의 경우 이들이 회사에서 더 이상 성장하지 못하도록 앞길을 막기도 한다.

솔직하고 순진한 성격의 몰리, '계산'할 줄 모르는 성격 탓에 같이 일하는 동료들로부터 무시당하기 일쑤였다. 동료들은 힘들고 더러운 일을 모두 몰리에게 넘기고 사장이 있을 때만 열심히 일하는 척했다. 그것만으로도 부족했는지 사장에게 몰리에 관해 안 좋은 이야기를 늘어놓기도 했다. 동료들의 차가운 냉대 속에서도 몰리는 자신에게 주어진 일을 해내는 데 최선을 다할 뿐만 아니라 자신의 실력을 끌어올리기 위해 밤낮 가리지 않고 공부했다.

그러던 어느 날, 갑작스레 전 직원의 실력을 평가한다는 상부의 명령에 깜짝 테스트가 진행되었다. 평소 열심히 공부하던 몰리는 당연히 좋은 점수를 받았고, 그녀를 따돌리던 동료들은 줄줄이 시험에서 떨어졌다.

대다수의 '소인배'는 은밀히 다른 사람을 괴롭히는 데만 능할 뿐, 어떤 상황에서도 당신의 경쟁자가 될 수 없다는 사실을 명심해야 한다. 주변에 있는 동료를 어떻게 곤경에 빠뜨릴지 고민하는 데 많은 시간을 썼으니, 실력을 닦고 인맥을 쌓는 데 드는 시간이 어디 있으라?

　그러므로 당신이 맡게 된 일을 해결하는 데 최선을 다한다면, 설사 다른 사람이 일시적으로 이익을 보더라도 반드시 손해 봤다고 이야기할 수 없다. 오히려 적절한 순간에 소인배의 힘을 역이용하면 그들을 꿀 먹은 벙어리로 만들 수도 있다.

　회사에서 판매직을 담당하는 에밀리, 성실한 일 처리와 뛰어난 언변술, 적극적인 고객서비스로 입사한 지 일 년도 안 돼서 매출 1위를 달성하며 상부로부터 눈도장을 받았다. 하지만 호사다마라고 했던가?

　연말 시상식에서 최우수 사원상을 받은 이후, 주변에서 끊임없이 문제가 불거져 나오기 시작했다. 고객을 위해 에밀리가 준비한 자료가 걸핏하면 사라지더니, 개인 컴퓨터에서 중요한 파일이 종종 바뀌는 심각한 일도 발견됐다. 그리고 언제부터인가 회사에서 자신과 사장이 부적절한 관계를 맺고 있다는 소문이 삽시간에 퍼지기 시작했다. 자신을 바라보는 남자 동료들의 시선이 호감에서 의심, 실망, 경멸로 바뀌는 것을 에밀리는 고스란히 지켜봐야 했다.

　성공 가도를 달리다가 뜻하지도 않은 사건에 계속 휘말리게 되자, 에밀리는 끝내 눈물을 흘렸다. 하지만 거기서 좌절할 그녀가 아니었다. 억울하고 속상한 마음을 꾹꾹 집어삼키고 다시 시작하자고 굳게 마음을 먹었다. 자료를 도난당하는 일이 계속 반복되자, 고객에 관한 모든 자료를 아예 머릿속으로 입력시켜 버렸다. 파일을 누군가가 수정해 버리는 일도 반복되자, 원본 파일을 여러 곳에 나눠 백업해 두기도 했다. 사장과의 스캔들에 대해서도 에밀리는 아예 사실로 만들어 버리기로 결심했다. 어차피 자신과 사장 모두 독신이었으니 문제될 것 없었다. 결국 에밀리를 궁지로 내몰려고 했던 사람들은 더 이상 그녀를 괴롭힐 수 없었다.

소인배를 상대할 때 적당히 손해를 보는 것도 사실 그리 나쁜 일만은 아니다. 물론 기꺼이 손해를 볼 줄 아는 것은 보통 마음가짐으로는 할 수 없는 일이다. 다른 사람이 자신을 해롭게 하려는 사실을 뻔히 알면서도 묵묵히 참아내고 자신을 미워하는 사람을 보듬기란 누구나 할 수 있는 일이 아니기 때문이다. 그런 사람이 뭐든지 따지고 덤비는 사람보다 더 쉽게 큰일을 이룰 수 있는 법이다. 남다른 품행을 지닌 덕에 훌륭한 인간관계를 얻을 수 있기 때문이다. 그러니 다른 사람에게 손해를 줄 바에야 내가 손해를 보는 편이 훨씬 낫지 않겠는가!

하버드의 지혜

하버드대학교는 학생의 부모에게 보내는 다음과 같은 내용의 서신을 보낸다. "손해를 보는 편이 유리하고, 남의 공로를 가로채는 행동이 화를 불러올 수 있다는 사실을 가르쳐 주십시오." 이처럼 손해를 보는 법은 살아가는 데 반드시 익혀야 할 '필수과목'이라 하겠다. 세상은 언제나 공평하다. 무임승차 하는 사람은 자신의 무능력함을 들킬까 봐 전전긍긍한다. 반대로 손해를 본다면 그 속에서 인내와 포용력을 배울 수 있다. 그래서 손해를 보는 걸 두려워해선 안 된다. 손해 보는 걸 두려워하지 않는 사람은 언제나 긍정적인 에너지로 가득 차 있다. 순종적이고 자칫 유약해 보이는 겉모습 뒤로 절대 포기하지 않는 의지와 누구보다 넓은 포용력을 지니고 있다.

하버드 논리학 강의

작은 것을 양보할 줄 알아야
큰 것을 얻을 수 있다

　MS와 애플은 세계 IT 시장을 선도하는 양대 산맥으로 컴퓨터라는 새로운 시장에서 더 큰 점유율을 차지하기 위해 1980년대부터 치열하게 경쟁했다. 1990년대 들어서 MS가 빌 게이츠의 지휘하에 시장에서 절대적인 우위를 선보이는 동안 애플은 파산 일보 직전까지 쇠락했다. 그 순간, 남다른 안목을 지닌 빌 게이츠가 곤경에 처한 애플에 1억 5천만 달러의 자금을 지원하기로 했다. 이 사실이 외부에 알려지자 놀라움을 표시하는 사람부터 아쉬움을 토로하는 사람도 있었다. 그도 그럴 것이 MS사가 이 기회를 틈타 경쟁자인 애플을 시장에서 완전히 매장할 것이라는 예상이 대부분이었기 때문이다.

　하지만 빌 게이츠는 그렇게 생각하지 않았다. 위기에 처한 애플을 돕기로 한 결정이 양사의 협력을 도모하기 위한 발판이 될 수 있다고 판단한 것이다. 오히려 애플을 돕는 것이 MS의 장기적 발전에 유리하다고 전망했다. 2000년, MS가 애플을 통해 Office 2001을 선보인 것을 계기로 양사 간 협력이 공식화됐다. 이를 계기로 MS와 애플 모두 큰 성공을 거두며 협력관계를 지속해서 유지하기로 합의했다.

대부분 친구와 경쟁자는 절대적이지 않다. 상황에 따라 친구와 경쟁자의 정의가 바뀔 수도 있다. 특히 경쟁자를 친구로 만들 수 있다면 부담을 덜 수 있을 뿐만 아니라, 미래의 발전에 도움이 될 만한 인맥을 형성하는 데도 유리하다. 하버드대학교 비즈니스 스쿨의 교수는 경쟁자를 물리칠 방법을 사용하면 자신에게 필요한 이익을 취할 수 있다고 지적했다. "하지만 상대를 정복할 수 있는 가장 효과적이고 확실한 방법은 상대를 친구로 만드는 것이다."

1968년에 치러진 미국 대선에서 민주당 후보인 넬슨 록펠러(Nelson Aldrich Rockefeller)와 공화당 후보 리처드 닉슨(Richard Nixon)이 격돌했다. 넬슨 록펠러의 싱크탱크로 임명된 키신저(Henry Alfred Kissinger)는 닉슨의 정책에 반기를 들며 록펠러를 대통령의 자리에 앉히기 위해 매스컴에서 공개적으로 닉슨을 비난했다. 심지어 닉슨은 평생 '이인자'가 될 운명이라며 비아냥거리며 풍부한 경험을 바탕으로 부통령으로 일하라고 건의하기도 했다.

상대의 인지도를 깎아내리기 위해 키신저는 유권자들에게 닉슨에게 투표하지 말라고 호소하며, 닉슨이 대통령이 되면 미국 역사상 가장 위험한 대통령이 될 것이라고 주장했다. 그런데도 선거의 판도는 점점 공화당 쪽으로 기울고 있었다. 민주당은 뒷심 부족으로 수세에 몰리더니 결국 대선에게 패하고 말았다.

민주당의 싱크탱크였던 키신저는 정계에서 활약할 기회를 잃고 말았다. 패자는 쓸쓸히 역사의 무대에서 사라지기 마련이지만 닉슨은 고압적인 자세가 아니라, 자신을 대놓고 비난했던 키신저에게 손을 내밀었다. 물론 닉슨이 이런 결정을 내린 데는 분명한 목적이 있었다. 먼저 키신저는 모두가 인정하는 뛰어난 외교 인재였다. 게다가 당시 미국 정부에 대한 미국 국민의 불신이 커지고 있던 상황에서 한때 정적이었던 키신저를 발탁해 민주당과의 관계를 개선할 수도 있을 터였다.

닉슨은 여러 차례 키신저와의 만남을 요청하며 허심탄회하게 대화를 나눴다. 다양한 대화를 통해 닉슨에 대한 키신저의 평가는 어느새 호평 일색으로 바뀌어 있었다. "외교정책과 관련해서 닉슨은 1956년 이후 등장한 어떤 대통령 후보자보다 뛰어나다." 그는 닉슨의 남다른 포부와 인재에 대한 애정을 높이 평가하며, 미국 국내 정치 무대와 국제 외교무대에서 닉슨을 위해 적극적으로 활약했다.

하버드대학교의 심리학자들은 인간에게는 외부의 대상을 배척하는 경향이 있지만 외부 환경에 대한 강렬한 호기심의 작용으로 자발적으로 경쟁자를 만들어 위기감을 키우려 하지 않는다고 말한다. 적대적인 상대가 먼저 고개를 숙이면 대개 긍정적인 반응을 보이기 마련이다. 그래서 상대를 정복하는 가장 효과적인 방법은 힘이나 무력과 같은 강제력이 아니라 상대의 우려와 불안을 해소하고 자신의 편으로 끌어들이는 것이다.

당신이 다른 사람을 어떻게 대하느냐에 따라 상대도 나를 똑같이 상대한다. 인지상정의 결과이자, 인간의 본능적인 반응이다. 그래서 다른 사람의 신뢰를 얻고 싶다면 먼저 겸허하게 상대를 마주해야 한다. 둘째 상대의 말을 경청해야 한다. 경청은 상대에 대한 존중과 존경을 표현할 수 있는 가장 효과적인 방법이다. 그리고 맨 마지막으로 상대를 포용할 줄 알아야 한다. 타인을 포용할 줄 알아야 상대 역시 나를 받아들이고 포용할 수 있다. 사람과의 사귐에서 상대에 대한 존경의 뜻을 충분히 드러내야 다른 사람도 당신의 존재를 더욱 쉽게 받아들이고 당신의 친구가 되고 싶다는 의사를 드러낼 수 있다.

친구를 사귀는 것은 누군가에게 보여주기 위한 '쇼'가 아니다. 다른 사람 앞에서 우월감을 함부로 드러내서는 안 된다. 자신의 재주를 숨길 줄 알아야 더 뜨거운 환대를 받을 수도 있고, 더 소중한 진심 어린 우정도 얻을 수 있다. 자신을 대단한 존재라고 내세운다면 스스로 고립을 자초할 뿐이다. 남보다 낮은 자리에 있어야 다른 사람이 당신에게 더욱 쉽게 접근할 수 있다. 당신의 재능과 신분, 지위를 적당히 내려놓는다고 해서 당신의 가치가 떨어지지 않고, 누구도 당신을 얕보지 않는다. 오히려 누군가의 머리 위에 서려는 사람은 사람들에게 외면당한 채 외톨이로 전락할 수 있다.

하버드의 지혜

하버드대학교를 졸업한 미국의 석유 재벌 진 폴 게티(Jean Paul Getty)는 눈앞의 이익을 보는 데만 급급한 사람은 숨어있는 기회를 찾아낼 수 없다고 지적했다. 작은 일에서 다른 사람을 돕거나 다른 사람에게 양보하고 그들의 자존심을 지켜준다면 상대는 당신에게 호감을 보이며 당신을 돕기 위해 최선을 다할 것이다. 그러니 눈앞의 득실에 연연하지 말고 상대에게 호의를 베풀어라. 당신이 머리를 숙일수록 상대의 진심을 얻을 수 있다.

나눌수록 커지는
나눔의 즐거움

　평소 학생들의 모습을 하나하나 살피며 꼼꼼히 지도하던 교사가 어느 날, 한 학생에게 교무실로 오라고 호출했다. 그 학생은 친구들은 물론, 교사인 자신에게조차 질문받는 걸 무척 싫어했던 터라 교사는 아이와 제대로 이야기를 나눠봐야겠다고 일찌감치 마음먹었었다. 자신을 찾아온 학생에게 교사는 서랍에서 양초 네 개와 성냥갑 하나를 꺼내 보인 뒤 입을 열었다. "양초 하나에 불을 붙인 뒤에 그걸로 나머지 양초에 모두 불을 붙일 수 있겠니?" 아이는 순간 당혹스러운 표정을 지었지만 일단 선생님이 하라는 대로 양초에 불을 붙였다.

　"자, 마지막으로 불을 붙인 양초들은 모두 첫 번째 양초로 불을 붙인 거란다. 그렇게 해서 첫 번째 양초에 영향을 줬다고 생각하니?"

　교사의 물음에 아이는 그렇지 않다고 답했다.

"내가 가진 지식을 너희들에게 나눠줬지만 내가 지닌 지식은 아무런 영향도 받지 않았어. 오히려 더 많은 기쁨과 지식을 알게 되었단다. 그러니 궁금한 게 있어서 내게 질문해도 난 언제나 환영이란다!"

지식 외에도 우리는 살아나면서 많은 것을 공유한다. 특히 즐거움, 행복은 사람들과 나누면 나눌수록 더 큰 즐거움, 더 많은 것을 얻을 수 있다.

'1+1 = 2'는 영구불변한 공식이지만 '공유'라는 관점에서는 가장 황당한 이론으로 비친다. 공유로 인해 아름다운 모든 것에 대하여 무한확장이라는 절댓값이 생겨나지만, 반대로 공유할 줄 모르면 즐거움, 행복 등 정신적인 가치가 그 빛을 잃기 때문이다.

"네 손에 사과 다섯 개가 들려있다면 어떻게 사과를 먹을 생각이냐?"

배움에 뜻을 두고 불원천리 먼 길을 달려온 제자들을 향해 현자가 조용히 물었다.

"일단 제 것을 하나 챙겨놓은 뒤에 나머지 사과 네 개를 네 명의 친구들에게 나눠주겠습니다."

"호오, 왜지?"

"일단 제가 사과를 하나 먹어야 그 맛을 알 수 있을 겁니다. 그렇게 하면 나머지 사과 네 개는 둘째 치고 사과 한 광주리 먹은 것이나 진배없을 테니까요. 모르긴 몰라도 사과 맛이 거기서 거기 아니겠습니까? 저 혼자서 다섯 알을 모두 먹을 바에야 나머지 사과를 친구들에게 골고루 나눠줘서 사과의 맛을 즐기는 편이 훨씬 낫죠. 사과도

골고루 먹고 그로 인한 즐거움을 친구들과 나눌 수 있으니 마다할 이유가 있겠습니까?"

그의 대답에 흡족한 표정을 짓던 현자는 그를 자신의 곁에 머물도록 했다.

다른 사람과 즐거움을 나눈다면 자신의 소소한 기쁨으로 다른 사람 또는 다른 사람들의 기쁨을 배로 키울 수 있다. 왜냐면 사람과 기쁨을 나누는 과정이 자신의 기쁨을 더 크게 키우는 과정이기 때문이다. 손에 사탕을 쥔 아이가 다른 친구에게도 사탕을 나눠줄 줄 안다면 친구가 없을까 걱정하지 않아도 되고, 노는 것이 재미없을까 신경쓰지 않아도 된다. 즐거움은 나눌수록 널리 전해지기 때문이다. 작은 즐거움을 다른 사람과 나눈 뒤에 즐거움은 더욱 커진다. 모두 함께 나누면 모두가 즐거워진다. 동시에 다른 사람들로부터 존중과 신뢰를 받을 수 있다. 다른 사람과 즐거움을 나눈다고 해서 당신의 즐거움은 줄어들기는커녕 오히려 늘어난다.

즐거움을 주변 사람에게 전해주고 적극적인 태도를 다른 사람에게도 전할 수 있다면 우리의 삶은 더욱 중요한 의미를 지닐 수 있다. 즐거움은 가장 흔히 볼 수 있고 자주 경험할 수 있는 감정이다. 제아무리 고된 삶을 살아왔다고 해도 우리는 누구나 살아가면서 즐거움을 느끼기 마련이다. 하지만 대부분 사람은 즐거움은 그저 다른 사람의 몫이라고 생각하는 경향이 있다. '성공했으니 행복하겠군', '연애한다니 좋겠다.', '새집으로 이사 간다니 행복하겠구나……'. 하지만 그가 성공 때문에 행복할 때 그의 가족과 친구들도 행복할지, 혹은 그의 부모, 그의 동료도 행복할지 알 수 없다. 분명한 사실은, 자신만 독점할 수 있는 즐거움이란 없다는 것이다. 즐거움은 '전염'될 수 있다.

하버드대학교의 교수 니콜라스 크리스타키스(Nicholas Christakis)와 캘리포니아대학교 샌디에이고 캠퍼스의 교수 제임스 폴러(James Fowler)는 '즐거움은 전염된다.'라는 실험을 진행했다. 두 사람은 즐거움이라는 정서가 가족, 친구, 이웃 그리고 동료 등에게 전달된다는 사실을 발견했다. 커뮤니티에서 누군가가 즐거워하면 그의 친구와 동료, 형제 모두 즐거움을 느낄 가능성이 9~14%까지 늘어났다. 동료와 이웃의 경우 그 가능성은 8~34%까지 늘어나기도 했다.

이와 함께 이들은 즐거움이 인간관계를 통해 전파되며, 그 유효기간은 최대 1년이며 최대 세 개의 커뮤니티에 영향을 준다는 사실을 발견했다. 특정 커뮤니티에 속한 구성원 한 명이 즐거움을 느끼면 그의 감정이 '친구의 친구의 친구'에게 전파될 가능성은 5.6%인 것으로 추산된다. 다시 말해서 개인의 즐거움이 5천 달러를 얻었을 때보다 더 큰 기쁨과 흥분을 선사한다는 뜻이다. 5천 달러를 얻었을 때의 행복감은 2% 증가하는 데 그쳤다.

우리의 삶에서 나의 즐거움을 함께 나눌 사람이 없다는 것은 내 기쁨의 크기가 크지 않다는 뜻이다. 즐거움을 모두가 공유할 때 비로소 진정한 가치를 구현할 수 있다. 모든 사람은 자신이 행복한 삶을 영위하기를 기대하지만, 그렇다고 해서 모든 사람이 언제나 즐거움을 찾을 수 있는 것은 아니다. 그러므로 즐거움을 다른 사람에게 전해야 한다. '1'에 불과한 기쁨을 다른 사람과 공유하면 10배, 100배의 즐거움을 돌려받을 수 있다. 그렇게 해서 온 세상과 함께 즐거움을 공유할 때 비로소 모두가 가장 행복한 결말을 얻을 수 있다.

하버드의 지혜

니콜라스 크리스타키스 교수는 즐거움을 나누고 전파하는 것은 그 자체만으로 일종의 행복이라고 지적했다. 타인에 대한 이해와 배려가 있어야 즐거움을 나누고 더욱 키울 수 있다. 즐거움을 나눔으로써 타인에게 행복을 선사하고 상대의 마음을 잡아둘 수 있다. 그로 말미암아 우리는 상대의 마음을 얻고 행복의 크기를 키울 수 있다.

명확한 개념과 사고의 논리

개념(Concept)은 사유의 세포로서, 사람들이 명제를 구성하고 추리하는 기본 요건이다. 개념을 통해 명제가 구성되고, 명제에 의해 추리가 구현된다는 점에서 개념이 없다면 사유 활동을 벌일 수 없다는 뜻이다. 사람들은 관찰, 교류, 추리를 통해 새로운 지식을 획득한다. 그리고 이를 토대로 새로운 개념을 형성한다. 그래서 개념은 특정 단계에서 사물을 인식하는 인간의 성과를 한층 공고히 만든다. 개념은 또한 인식의 도구로서, 개념을 빌려 사람들은 본질적으로 같은 타입의 대상을 하나로 묶고 서로 다른 대상을 구분한다. 이러한 점에서 개념을 명확히 파악하는 것은 무척 중요하다.

하버드대학교는 학생의 창의력과 독립적 사고를 무엇보다도 중요하게 여긴다. 그래서 학교 문턱을 처음 넘는 순간부터 하버드 학생들은 '생각하기 위해 생각하는 법을 배운다'라는 가르침을 끊임없이 듣는다. 자연계의 다른 생물과 달리 인간의 능력은 보잘것없지만 정작 세상을 지배하는 것은 인간이다. 왜냐면 인간만이 유일하게 생각할 줄 알기 때문이다. 인간은 태어날 때부터 생각할 줄 안다. 그렇다고 해서 반드시 진리를 따르는 것은 아니지만 생각하지 않으면 반드시 길을 잃고 만다. 그런 점에서 사고는 개인이 성장하고 성숙하기 위해 반드시 걸어야 하는 길이라 하겠다. 생각하지 않으면 성장할 수 없고 발전할 수 없을 뿐만 아니라 올바른 인격체로 성숙할 수 없다. 왜냐면 삶을 고민하고 자기 자신을 생각해야 비로소 그 속에서 깨달음을 얻을 수 있고, 더 나은 삶을 위한 발판을 마련할 수 있기 때문이다.

'엄마 전용 퇴근버스'가
일으킨 갈등

    하버드대학교 근처에 세워진 공장에 근무하는 직원 중 대부분은 공장에서 운영하는 통근버스를 타고 출퇴근한다. 처음 통근버스는 외곽에 사는 직원들을 위해서만 제공되는 서비스였지만 시간이 지날수록 통근버스를 이용하고 싶다는 직원들이 점점 늘어났다. 특히 임신했거나 아이가 있는 여직원들 사이에서 불만의 목소리가 유독 크게 터져 나왔다.

    공장 관리인은 고민 끝에 젊은 엄마를 위한 전용 퇴근 버스를 한 대 운영하기로 했다. 퇴근 시간이 되면 다른 퇴근 차량보다 한 시간 먼저 출발하는 엄마 전용 버스가 생겨 공장에 근무하는 모든 엄마가 환호성을 질렀다. 하지만 예상과 달리 퇴근 버스를 운영하는 첫날부터 뜻하지 않은 갈등이 불거져 나오기 시작했다.

퇴근 시간이 되자, 젊은 엄마들이 엄마 전용 퇴근버스에 타기 위해 우르르 달려 나왔다. 그중에는 임신했거나 아이를 안고 있는 엄마들 외에도 젊은 여직원들이 포함되어 있었다. 아이를 공장까지 데려오지는 못했지만, 집에서 자신을 기다리는 젖먹이에게 조금이라도 빨리 가서 젖을 물려야 한다는 엄마가 있는가 하면, 유치원에 하루 종일 맡겨둔 아이를 데리러 가야 한다는 엄마도 있었다. 퇴근버스 기사가 아이를 데려오지 않은 엄마들에게 일반 퇴근버스를 타라고 하자, 모두 크게 화를 냈다. "이건 엄마를 위한 전용 퇴근버스잖아요! 우리 모두 아이를 키우는 엄마인데 왜 다른 차를 타라는 거예요!" 결국 퇴근버스에 몸을 싣기 위한 엄마들의 경쟁과 불만은 끝끝내 해결되지 못했다.

좋은 취지에서 비롯된 일임에도 왜 이런 결과가 나오게 된 것일까? 논리적으로 보자면 '엄마 전용 퇴근버스'라는 개념이 명확하지 않다는 데 문제가 있다. 누구도 '엄마 전용 퇴근버스'라는 개념을 정확히 설명할 수 없었다. 이번 프로젝트를 기획한 노조 대표는 '엄마 전용 퇴근버스'는 젊은 엄마만을 위한 것이라고 이야기했다. 하지만 '젊은 엄마'는 무척 모호한 개념이다. 대체 '젊다'라는 것의 기준이 무엇이란 말인가? 20대? 30대? 이 문제를 놓고 이견이 난무하는 가운데 결국 업체에서는 '엄마 전용 퇴근버스'에 탑승할 수 있는 탑승자의 자격을 규정했다. 즉 현재 임신한 상태이거나 2세 미만 아이를 기르는 엄마만 버스에 탑승할 수 있도록 제한함으로써 소동은 해결됐다.

이 점에서 대화나 업무를 처리하는 과정에서 개념을 명확히 정립하는 작업이 얼마나 중요한지 알 수 있을 것이다. 개념은 객관적 사물에 대한 사람들의 반응으로서, 주관적인 범주에 속하기 때문에 사상의 최소 단위 또는 사상의 세포라고 부른다. 개념은 용어를 통해서만 존재하거나 표현된다는 점에서 용어의 사상적 내용이라고 말할 수 있다. 하지만 개념과 객관적 사물을 같은 것으로 간주하거나, 개념과 용어를 혼동해서는 안 된다.

개념은 객관적 대상에 대한 사유의 반응으로서, 사유를 형성하는 구성요소다. 눈에 보이지도 않고 손으로 만질 수도 없으며 귀에 들리지도 않는 개념은 반드시 언어를 통해서만 구체적으로 구체화할 수 있다. 개념의 언어적 형식은 단어 또는 단어구로 구체화하기 때문에 언어를 사용해서 개념을 표현할 때는 용어의 정확성을 확보하기 위해 노력해야 한다. 환경에 따라 개념이 달라지는 용어임에도 한 가지 개념의 용어로 간주한다면 어김없이 오해가 생기기 마련이다. 하지만 현실 생활에서 이러한 개념 왜곡 현상이 의도적으로 논리에 어긋난 채 사용되었다면 우스운 상황을 일으킬 수 있다. 용어의 다의성으로 생겨나는 우연은 때로 유머와 지혜를 제공하기도 한다.

어느 날, 링컨은 자신의 정적인 돌로레스와 변론을 펼치고 있었다. 돌로레스는 링컨이 말과 행동이 전혀 다른 두 얼굴을 지닌 이중인격자라고 맹비난했다. 그러자 링컨이 냉큼 그의 주장을 반박하며 입을 열었다. "돌로레스는 제가 두 얼굴을 지녔다고 하는군요. 여러분, 잠시 저를 봐주시죠! 제게 다른 얼굴이 있다면 지금의 못난 얼굴로 여러분을 마주하고 있겠습니까!"라는 말에 그 자리에 있던 사람들이 모두 박장대소했다. 돌로레스마저 링컨이 자신의 정적이라는 사실을 잊은 채 웃음을 터뜨리고 말았다.

　이처럼 개념과 용어에는 서로 대응하는 요소와 그렇지 않은 요소가 모두 존재한다. 이 두 요소는 불완전한 대응 관계를 보인다. 그 밖에도 개념은 명확해야 한다. 다양한 상황에서 명확도의 차이 역시 일괄적으로 단정할 수 없다. 이를테면 과학 연구 및 민생과 관련된 수많은 영역에는 반드시 정확한 데이터와 엄격한 경계선이 존재해야 한다. 기상학에서 말하는 '큰비'는 24시간 동안 강수량이 25.0~49.9㎜를 기록하거나 1시간 동안의 강수량이 8.1~16.0㎜일 때를 가리킨다. 하지만 일상생활에서 '큰비'라는 개념은 그저 강수량이 높은 비를 의미할 뿐이다. 이러한 개념에는 정확한 데이터와 엄격한 경계선이 없지만 사유 활동과 생각의 자연스러운 교류에 피해를 주지 않는다는 점에서 명확한 개념이라고 간주할 수도 있다. 예를 들어 '내일 비가 제아무리 많이 내린다고 해도 반드시 가겠어'라고 했을 때, '비가 많이 내린다'라는 뜻은 엄격한 의미의 개념이 아니지만 명확하지 않아서 사용할 수 없다고 누구도 이야기하지 않는다.

　'엄마 전용 퇴근버스' 이야기에서는 '젊은 엄마'에 대한 명확한 요건이 명시되어야 했지만, 모든 상황에서 반드시 그런 것은 아니다. 예를 들어 의류매장에서 '젊은 엄마를 위한 서비스'를 제공한다는 광고물을 게시했다. 여기서 말하는 '젊은 엄마'는 결혼도 하고 아이도 낳았지만, 아이가 아직 어린 엄마를 가리킨다. 엄격한 요건이 존재하지 않지만 모두 그 속에 담긴 함의를 이해할 수 있기에 명확한 개념으로 간주한다.

　하버드대학교의 언어학 교수인 다니엘 골먼(Daniel Goleman) 박사는 명확한 개념만이 명확한 사유 활동을 가능케 할 뿐만 아니라 생각의 자유로운 교류를 뒷받침한다고 지적했다. 모호한 개념은 적절하지 않은 판단과 비합리적인 추리를 유도하기 때문에 다른 상대에게 이해받을 수 없다.

'펜'≠펜 장수

   빅토르 위고(Victor Hugo)는 프랑스의 낭만주의 문학을 이끈 선구자
로서 그의 작품 《레 미제라블(Les Miserable)》은 19세기 가장 유명한 소
설 중 하나로 손꼽힌다. 작품을 쓰는 틈틈이 여행을 즐기던 위고가
모처럼 큰마음을 먹고 해외여행에 나섰다. 다른 나라에 입국하기 위
해 국경 헌병대를 찾은 위고에게 병사는 자세한 인적 사항을 물어보
기 시작했다.

   "이름은?"

   "빅토르 위고입니다."

   "무슨 일로 먹고 사시오?"

   "펜이요."

   그의 말에 병사는 뭔가를 적으며 고개를 끄덕인 뒤 국경을 통과해

하버드 논리학 강의

도 좋다고 알려줬다.

국경을 넘을 준비를 하던 위고는 우연히 병사가 작성한 내용을 보게 되었다.

이름: 빅토르 위고
직업: 펜 장수

시대를 대표하는 위대한 작가가 병사의 손에 의해 순식간에 '펜 장수'로 변신하게 된 원인은 어디에 있을까? 같은 개념의 함의를 병사와 위고가 전혀 다르게 이해한 데서 문제가 비롯됐다. 위고가 말한 '펜'이란 작가를 의미했지만, 병사가 이해한 '펜'은 펜을 파는 '장사꾼'이었기 때문이다. 위의 에피소드를 통해 생각을 정확히 드러냄으로써 상호이해의 목적을 달성하려면 개념의 함의를 명확히 밝혀야 한다는 사실을 알 수 있다. 개념의 함의가 명료해야만 개념이 가리키는 대상의 범위를 명확하게 드러낼 수 있다.

개념은 주관성과 객관성으로 이루어져 있기에 객관적으로 존재하는 사물과 주관적으로 존재하는 사물을 두루 포함한다. 이러한 요소는 수동적으로 반영되고, 반영하는 관계를 맺고 있다. 객관적 사물이 존재하지 않는다면 개념은 원천적으로 존재할 수 없다. 이것이 개념의 객관적인 일면이다. 또 다른 한편으로 개념은 객관적 사물 그 자체를 의미하지 않는다. 반영된 이후 사유를 구성하는 요소로서, 개념은 더 이상 사물의 원형에 속하지 않는다. 이를 두고 개념의 주관적인 일면이라 한다.

논리학은 개념이 명확할 것을 주문한다. 객관적인 사물을 정확하게 반영해야 할 뿐만 아니라, 개념의 내포와 외연 모두 명확해야 한다고 주장한다. 개념의 내포가 개념이 포함하는 의미를 가리킨다면, 외연이란 개념과 관련된 범위를 의미한다. 예를 들어, '상품'이라는 개념의 내포는 교환을 위해 생겨난 노동 제품이다. 해당 개념의 외연은 시장에 출시된 의류, 식품, 주택, 자동차 등 사람들의 특정한 욕구를 만족시켜 줄 수 있는 물품을 의미한다. 개념의 내포와 외연은 긴밀히 연결되어 있는데, 그중에서도 내포가 큰 비중을 차지한다. 개념의 내포가 명확해야 외연 역시 명확해질 수 있기 때문이다.

개념이라는 점에서 보자면, 내포는 개념의 질, 외연은 개념의 양을 뜻한다. 내포와 외연은 개념에서 상호의존적인 관계를 형성한다. 내포가 외연을 결정하고, 외연은 반드시 내포에 제약된다. 그러므로 개념을 명확히 하려면 먼저 그 함의부터 명확히 밝혀야 한다. 그런 연후에 비로소 외연의 범위를 정확히 지정할 수 있다. 앞서 이야기에 등장한 병사가 위고를 펜 장수라고 생각한 원인은 '펜으로 먹고 살 수 있다'라는 개념의 내용을 놓고 위고와는 전혀 다르게 이해했기 때문이다.

또 다른 예제로 '지구의 천연위성은 몇 개인가'를 들어 설명해 보겠다. 이 물음에 하루 종일 고민해도 아무런 답을 제시하지 못하는 사람도 있을 것이다. '지구의 천연위성'이라는 개념의 내포를 정확히 이해하지 못했기 때문에 천연위성의 수를 정확하게 말할 수 없다. 사실 위의 문제에 답하려면 세 가지 개념을 명확히 이해하고 있어야 한다. 첫째, 위성은 행성을 중심으로 운행한다. 둘째, 자체적으로 빛날

하버드 논리학 강의

수 없다. 그리고 셋째, 천연위성은 인공적으로 제조되지 않은 위성을 가리킨다. 자연적으로 만들어졌으며 지구를 중심으로 운행하면서 자체적으로 빛나지 않는 지구의 천연위성의 내포를 모두 이해했을 때, 비로소 개념의 외연, 즉 지구에는 '달'이라는 위성이 있다는 것을 명확히 밝힐 수 있다.

　　종속관계로 구성된 큰 개념과 작은 개념 사이에서 개념의 내포가 증가할수록 그 외연은 좁아진다. 반대로 개념의 내포가 줄어들수록 그 외연은 확대되기 마련이다. 이러한 관계를 논리적으로는 '비대칭 관계' 또는 '반비례 관계'라고 말한다. 예를 들어 '학생'과 '하버드대학생' 모두 포함관계를 지닌 개념이다. 그중에서도 '하버드대학생'이라는 내포는 '학생'의 함의에 비해 '하버드'라는 속성이 추가되었기 때문에 그 외연의 크기가 '학생'보다 작다. '학생'의 경우, '하버드'라는 속성이 존재하지 않기 때문에 그 외연의 크기가 '하버드대학생'보다 크다.
　　개념의 내포와 외연 문제는 개념이론에서도 가장 기본이 되는 문제다. 내포와 외연에 관한 이론을 이해하고 파악하는 것이 개념을 정확하게 표현하는 출발점이라 하겠다.

교묘한 말로
유지한 체면

    가는 곳마다, 만나는 사람마다 자신과 바둑 한판 두자고 할 정도로 바둑을 무척 좋아하는 사내가 있었다. 하지만 그의 바둑 실력은 그다지 신통치 않았다. 어느 날, 우연한 기회에 바둑 고수를 만난 사내는 크게 기뻐하며 대국을 청했지만 결국 연속 세 판 모두 지는 수모를 당했다. 고수와의 대결 소식을 들은 사내의 친구가 대국 결과를 묻자, 사내는 낭패한 표정을 짓더니 뜸을 들이며 입을 열었다. "첫 번째 판은 내가 이기지 못했고 두 번째 판은 상대가 지지 않았지. 그리고 세 번째 판은 무승부가 날 뻔했는데 상대가 그걸 원치 않더라고."

    위의 말은 자신의 패배를 직접적으로 이야기하지 않으면서도 동시에 자신이 졌을 수도 있다는 가능성을 두루 담고 있다. 이러한 어법은 상대가 자신이 세 판 연속 패했는지 쉽게 추측할 수 없도록 만드는 동시에, 자신의 체면을 지키는 효과를 일으킨다. 사내가 애매모호한 표현으로 자신의 패배를 감출 수 있었던 원인은 어디에 있을까? 논리적으로 분석해 본다면, 사내는 개념관계 중의 반대 관계를 인용해 의도적으로 부정확한 설명을 제시함으로써 자신의 패배를 숨겼다. 그렇다면 개념관계란 무엇인가? 개념에는 또 어떠한 관계가 존재하는가?

논리학에서 말하는 개념의 관계는 개념의 구체적 내용 사이의 관계, 이를테면 철학의 '물질'과 '정신', 물리학의 '전자'와 '자성'과 같은 관계가 아니라 내용의 관계를 의미한다. 논리학은 개념을 사유형식으로 간주한다. 주로 외연적인 측면에서 개념 간의 관계를 연구하는 것이다. 개념 외연 간의 관계에 따라 호환 관계와 비 호환 관계로 나눠볼 수 있다.

호환 관계는 두 가지 개념의 외연에서 최소한으로 중복되는 관계를 가리킨다. 구체적으로 다음의 관계로 분류될 수 있다.

1. **동일 관계:** 전혀 다른 내포를 지닌 두 개념의 외연이 100% 완벽하게 중복되는 관계를 가리킨다. 이를테면 '코넌트(James Bryant Conant)'와 '하버드대학교 23대 총장', '등변 삼각형'과 '등각 삼각형' 등이 여기에 속한다. 개념의 '동일 관계'는 다양한 용어로 표현되는 '동일개념'과는 전혀 다르다. 전자는 전혀 다른 내포를 지녔지만, 외연이 같은 두 가지 개념을 가리킨다. '미국의 수도'와 '워싱턴 콜롬비아 특구'와 같은 사례에 여기에 속한다. 후자의 경우, 전혀 다른 용어를 사용하

되 내포와 외연이 완벽하게 같은 개념을 표현하는 상황에 해당한다. 예를 들어 '어머니'와 '엄마'의 경우처럼, 표현하는 용어는 다르지만, 그 함의와 범위는 모두 같다. 그러므로 '동일 관계'와 '동일개념'을 같은 의미로 혼용해서는 안 된다.

동일 관계를 파악하면 동일한 대상이 지닌 내용, 함의 등을 다양한 측면에서 바라볼 수 있다. 이를 통해 대상의 다양한 성질을 드러냄으로써 한층 다채로운 언어의 표현이 가능하다. '마이크, 일곱 살 때 부모를 잃은 고아 소년, 현재 리사 이모가 키우는 유일한 어린아이, 샌디 초등학교 2학년 중에서 가장 어린 학생.' 위에서 제시한 네 가지 설명은 전혀 다른 내용을 지녔지만, 외연이 같은 동일 관계의 개념을 보여준다. 네 가지 상황에서 마이크를 소개함으로써 더욱 생동감 있고 다채로운 표현을 구현했다.

2. 대소 관계: 두 개념 중에서 어느 하나의 개념이 나머지 개념의 외연에 포함되어 일부 구성요소로 사용되는 관계를 가리킨다. 외연이 크면 유(類)의 개념, 외연이 작으면 종(種)의 개념이라고 부른다. 예를 들어 '교통수단'과 '자동차', '과일'과 '바나나' 등은 모두 대소관계에 속한다. 개념의 대소관계를 명확히 하는 작업은 개념을 명확히 밝히는 데 상당히 중요하다. 첫째, 대소관계에 있는 개념은 일반적으로 병렬해서 사용할 수 없다. '이 상점에서는 채소, 토마토, 생선, 양고기 등을 판다'에서 '채소'와 '토마토'는 대소관계에 해당하지만 이를 병렬하는 바람에 '토마토'가 '채소'에 포함되지 않는다는 뜻으로 이해될 수 있다. 실제로 토마토는 채소에 속한다.

둘째, 대소관계를 바탕으로 외연이 지나치게 확대되는 논리적 오류를 범하지 않도록 주의해야 한다. '에디슨이 등을 발명했다'라는 예문에서 '등'의 외연이 지나치게 확장된 탓에 마치 에디슨이 발광하는 모든 등을 발명했다는 뜻으로 풀이될 수 있다. 이는 엄연히 부적절한 표현으로, 종의 개념인 '전등'이라는 용어로 고쳐야 옳다.

3. 교차 관계: 두 개념 사이의 외연이 일부 중복되는 경우를 가리킨다. '청년'과 '대학생', '의사'와 '여성' 등의 관계가 여기에 속한다. 교차 관계에 있는 개념 역시 일반적으로 병렬되어 사용하지 않는다. '마라톤 대회에 참가한 선수 중에는 청년, 학생, 프로선수, 아마추어 선수가 포함되었다'라는 기사에서 '청년', '대학생', '프로선수', '아마추어 선수' 모두 교차 관계에 놓여있다. 이들 몇 가지 개념을 병렬하면 개념의 혼란을 일으키게 된다.

비호환적인 관계는 두 개념의 외연이 전혀 중복되지 않는 관계로, 크게 두 가지 관계로 구분할 수 있다.

첫째, 모순관계는 '조류(潮流)'라는 유개념의 하위에 포함된 '주류'와 '비주류'라는 종개념은 모순관계에 해당한다. '행위'라는 유개념에는 '정상행위'와 '비 정상행위'라는 모순관계에 놓인 두 가지 종의 개념이 존재한다.

둘째, 반대 관계는 '안색'이라는 유개념에 포함된 '창백한'과 '시커먼'이라는 종개념은 반대 관계에 해당한다. '기온'이라는 유개념에는 '한기'와 '열기'라는 반대 관계에 속하는 종의 관계가 존재한다. 이처럼 반대 관계는 두 개념 외에 제삼자의 가능성이 존재하기 때문에 극단적인 관계가 형성될 수 없다는 특징을 보여준다. '안색'을 표현하는 단어에 '창백'하다는 내용이 제외되었다고 해서 반드시 '시커멓다'라는 뜻이 아니라 '파랗게' 질렸거나 '누렇게' 떴다는 의미가 될 수도 있지 않겠는가?

이러한 분석을 통해 모순관계와 반대 관계를 구분하는 기준이 제3의 개념에 달렸다는 사실을 알 수 있다. '경기 결과'라는 속의 개념에는 '패배', '승리'라는 상황과 '패배', '승리', '무승부'라는 상황이 존재할 수 있다. 첫 번째 상황에서는 패배와 승리가 모순적인 관계에 속하고, 두 번째 상황에서는 패배와 승리가 반대 관계에 해당한다.

이번 이야기의 맨 앞에 등장한 바둑을 좋아하는 사내는 바로 세 가지 결과가 주어진 상황에서 '내가 이기지 않았다(패배와 무승부의 두 가지 가능성 모두 내포)', '상대가 지지 않았다(패배와 무승부의 두 가지 가능성 모두 내포)', '상대가 무승부를 원치 않았다(패배와 승리 두 가지 가능성 모두 내포)'라는 애매모호한 표현으로 자신의 실패를 감췄다. 패배와 승리라는 두 가지 결과만 존재할 수 있었다면 사내가 제아무리 뜸을 들인다고 해도 자신의 패배를 감추지 못했을 것이다.

슈퍼우먼 퀴리부인

　어느 날, 하버드대학교에 재학 중인 여학생 몇몇이 인생에 관한 이야기를 나누고 있었다. 한 여학생이 퀴리 부인과 현모양처 둘 중에서 누구의 삶을 선택하고 싶으냐는 질문은 던졌다. 과학자인 퀴리 부인이 현모양처와 서로 호환되는 관계라고 판단해 전혀 다른 두 사람의 삶을 선택지로 제시한 것이 분명했다. 하지만 두 개념은 절대 충돌하지 않는다. 유능한 여성이라면 과학자로서 삶과 현모양처로서의 삶 모두 훌륭하게 해낼 수 있기 때문이다. 위의 예시에서 등장한 퀴리 부인은 실제로 유명한 과학자이자 동시에 유능한 현모양처로서 자신의 맡은 역할을 훌륭하게 소화했다.

　위인전《퀴리 부인》에 이와 관련된 구체적인 사례가 잘 소개되어 있다. "마리(퀴리 부인의 본명)는 가정생활과 과학 발전 사이에서 어느 것 하나 포기하지 않겠노라 다짐했다. 사랑과 연애, 부모의 책임, 과학자의 책무를 똑같이 중요하게 생각했기에 어느 것 하나 놓칠 수 없었다.", "마리는 아침 일찍 일어나 시장부터 찾았다. 그리고 저녁이 되면 피에르(마리의 남편)의 어깨에 기대 학교에서 돌아오곤 했다. 오는 길에 두 사람은 잡화점과 우유 가게에 들러 생필품을 구입했다.", "닭고기와 감자튀김을 열심히 연습한 끝에 마리는 남편과 아이에게 맛있는 음식을 선보일 수 있었다.", "회색 표지의 학생 노트에 마리는 이렌 졸리오퀴리(마리의 딸)의 체중과 식사, 유치(幼齒)의 성장 기록을 일일이 기록했다." 이러한 사실에서 퀴리 부인과 현모양처를 대립적인 관계로 바라보는 것이 오판임을 알 수 있다.

개념의 호환성과 비 호환성은 개념 사이의 관계에서 취할 수 있는 기본적인 구분법이다. 호환할 수 있는 개념은 해당 개념의 외연에 중복요소가 존재하므로 같은 대상에 적용할 수 있다. 반대로 호환할 수 없는 개념은 외연에 중복요소가 없기에 같은 대상에 사용할 수 없다. 호환·비 호환적 관계는 저마다 특수한 상황을 보여준다. 이는 호환적 관계와 비 호환적 관계를 보다 고차원적인 측면에서 구분할 수 있는 문제로서, 이 책에서는 자세한 설명을 생략하고자 한다. 비 호환적 관계를 호환적 관계로 인식해서는 아니 되며, 호환적 관계를 비 호환적 관계로 파악해서도 아니 된다. 하버드대학교 법학과 강의실에 자주 등장하는 에피소드를 통해 문제를 좀 더 구체적으로 살펴보자.

미국 매사추세츠주에 칼벤이라는 중년 사내가 6년 전 결혼한 이후 행복한 시간을 보내며 살고 있었지만, 결혼 생활의 신선함도 어느 덧 사라지고 무료한 일상이 반복되었다. 그러던 중, 안젤라라는 여인을 알게 된 칼벤은 사람들의 눈을 피해 부적절한 관계를 맺었다. 안젤라가 자신의 아이를 가졌다는 소식에 칼벤은 두 여인 사이에서 한 명을 선택해야 하는 상황에 부닥쳤다. 고민 끝에 칼벤은 아내에게 이혼을 요구하는 대신 안젤라와의 화려한 결혼 생활을 꿈꾸며 아내를 독살하기로 마음먹었다.

어느 날 밤, 아내의 물컵에 독약을 넣은 칼벤은 아내가 물을 마실 때까지 조용히 숨어 상황을 지켜보기 시작했다. 물을 마신 아내가 입에서 거품을 뱉어내며 극심한 고통에 괴로워하자, 양심의 가책을 느낀 칼벤은 아내를 안고 병원으로 뛰어갔다. 응급처치 덕분에 아내는 간신히 목숨을 건졌지만, 큰 후유증을 얻고 말았다.

모든 진실을 알게 된 칼벤의 아내는 남편을 기소하기로 했다. 판사는 칼벤이 고의살인죄를 저질렀다고 주장했지만, 칼벤의 변호사는 고의살인죄가 아니라 범죄 중단이라고 항변했다. 변호사는 '고의적 살인'과 '범죄 중단'이 전혀 호환되지 않는 개념이라고 생각한 게 분명하지만, 두 개념은 서로 호환된다. 범죄 행위는 고의적 살인이 될 수도 있고 범죄 중단이 될 수도 있다. 죄명을 보면 칼벤의 행동은 고의적 살인에 속하지만 범죄 행위의 단계라는 측면에서 보면 범죄 중단으로도 해석될 수 있기 때문이다. 이처럼 호환적 관계를 비호환적 관계로 파악한 변호사의 주장은 논리에 어긋난다.

또 다른 측면에서 비 호환적 관계를 호환적 관계로 인식하는 것 역시 논리에 위배된다. 예를 들어서 한 음악가에 대한 소개문을 살펴보자. "그는 비파, 피리 같은 동양음악에 정통할 뿐만 아니라, 또 다른 측면에서 피아노, 바이올린, 화음, 작곡 등 서양음악을 익히는 데도 주력했다." 그저 평범한 설명 같지만 실제로 많은 문제점을 노출하고 있다. 그중에서도 다양한 종류의 악기와 음악이라는, 전혀 어울리지 않는 개념을 서로 호환할 수 있는 관계로 인식했다는 데 가장 큰 문제가 있다. 음악과 악기는 떼려야 뗄 수 없는 관계지만 두 개념의 외연에서 공통점을 찾을 수 없다. 결과적으로 서로 호환할 수 없는 것을 호환적 관계로 대하는 오류를 범하고 말았다.

올바른 분류법

    아빠로부터 사과 여덟 개를 받은 세 살 소녀 로라. 아빠는 로라에게 사과를 주며 '임무'를 부여했다. "사과 여덟 개 중에서 가장 큰 사과 두 개는 날 다오. 그리고 가장 빨간 사과 두 개를 엄마에게 드린 뒤, 가장 둥근 사과 두 개는 언니에게 주고 나머지 두 개는 네가 먹으렴." 로라를 눈동자를 재빨리 굴리며 사과 여덟 개 중에서 가장 큰 사과 두 개를 아빠에게 건넸다. 그런 뒤에 가장 빨간 사과 두 개를 엄마에게 주려고 사과를 고르던 로라는 방금 아빠에게 준 사과 두 개 중에 한 개가 자신이 고른 사과보다 더 빨갛다는 사실을 발견했다. 그래서 로라는 아빠에게 사과 두 개 중 하나를 달라고 한 뒤 자신이 고른 빨간 사과와 합쳐 엄마에게 사과 두 개를 줬다. 남은 사과 중에서 둥근 사과를 찾기 시작한 로라, 하지만 어찌 된 영문인지 사과가 죄다 울

퉁불퉁했다. 그리고 방금 자신이 엄마에게 준 사과 두 개 중 한 개가 유독 둥글다는 사실을 발견하고는, 그 사과를 달라고 한 뒤 다른 사과와 함께 언니에게 건넸다. 식구들에게 사과를 모두 나눠준 로라의 손에는 사과 네 개가 남았다. 하지만 아빠는 사과를 한 개만 받았고, 엄마와 언니는 각각 사과 한 개와 두 개를 챙겼다. 로라는 눈살을 찌푸리며 사과를 어떻게 나눠줘야 할지 고민에 빠졌다.

일상생활에서 쉽게 만날 수 있는 문제지만 인생 최대의 고민에 빠진 로라를 위해 아빠가 조용히 입을 열었다. "네가 내게 가장 큰 사과 두 개를 준 뒤에 전체 여덟 개 사과 중에서 가장 빨간 사과를 찾으면 안 돼. 나머지 여섯 개 중에서 가장 빨간 사과를 찾아야지. 그리고 엄마에게 가장 빨간 사과 두 개를 준 뒤에 남은 사과 네 개 중에서 가장 둥근 것을 골라야 하는 거야. 그래야 네게 사과 두 개가 남게 되는 거란다. 이렇게 하면 우리 식구가 모두 사과 두 개씩 받게 되겠지?" 아빠의 충고대로 사과를 나눠준 로라는 자신의 임무를 수행하는 데 성공했다.

이 이야기는 논리적 구분의 범주에 속하는 문제다. 분류 규칙을 알지 못한 로라는 사과 여덟 개를 서로 다른 기준에 맞춰 동시에 구분하는 바람에 난처한 상황을 겪게 됐다. 게다가 아빠도 처음부터 사과를 어떻게 나눠줘야 하는지 알려주지 않았기에 쉬운 문제가 복잡해지고 말았다.

논리적 구분은 개념의 외연을 보여주는 논리법의 일종으로, 대분류를 몇 개의 소분류로 나누거나 유개념을 몇 개의 종개념으로 나누는 것을 가리킨다. 예를 들어서 삼각형을 직각삼각형, 예각삼각형과 둔각삼각형으로 구분하거나, 문장을 서술문, 기원문, 감탄문, 의문문으로 나누는 것이 여기에 속한다. 외연이 큰 유개념을 외연이 작은, 여러 개의 종개념으로 나누는 것이 바로 논리적 구분이다.

구분은 분할과는 다르다. 분해는 전체를 여러 개의 부분으로 나누는 것으로, 전체와 부분의 관계가 유와 종의 관계와는 다르다. 유와 종의 관계에서 종개념은 반드시 유개념을 지녀야 하지만 전체와 부분 관계에서 부분은 전체적 특성을 보이지 않는다. 이를테면 인체는 머리, 목, 전신, 사지 네 부분으로 구성되고, 세포는 세포핵, 세포막, 세포질, 세포벽으로 구성된다. 전체를 각 부분으로 분해했을 때 각 부분은 전체적인 속성을 갖추지 못한다는 뜻이다. 즉 '세포핵'은 '세포'가 아니고, '머리' 역시 '인체'가 될 수 없다는 점에서 구분에 속하지 않는다.

구분은 다음의 세 가지 요소로 구성된다.

첫째, 상위개념은 외연으로 보이는 개념으로, 앞의 예시에 등장한 삼각형, 문장 모두 구분을 위한 상위요소라 하겠다.

둘째, 하위개념은 상위개념에서 갈라져 나온 개념으로, 삼각형을 상위요소라 한다면 여기서 갈라져 나온 직각삼각형, 예각삼각형, 둔각삼각형 모두 하위개념에 속한다.

셋째, 구분의 근거. 즉 구분의 기준으로 활용된 근거로서, 문장을 서술문, 기원문, 감탄문, 의문문 네 가지 종류를 나눈 근거는 어조에 따른 구분이다.

논리적 구분법은 다음과 같은 몇 가지 형태로 존재한다.

첫째, 일회적 구분법. 즉 상위개념을 일회적으로 구분하는 것으로, 주로 이분법을 사용한다. 즉 대상이 특정한 속성을 지녔는지, 상위개념을 상호 모순적인 관계를 지닌 두 개의 하위개념으로 구분하는 것이다. 성적을 합격·불합격으로 구분하거나, 화학을 유기·무기 화학으로 구분하는 방식이 여기에 속한다. 특수한 응용으로서의 의의를 지닌 이분법은 자주 사용하는, 점진적으로 변화하는 구분법이다. 대분류에 속하는 사물에 대해 개괄적인 구분이 필요할 때 이분법을 응용하면 된다.

둘째, 연속 구분법. 상위개념에서 갈라져 나온 하위개념을 만족할 때까지 상위개념으로 간주해 지속해서 구분하는 방법이다. 계(界), 문(門), 강(綱), 목(目), 과(科), 속(屬), 종(種)으로 이루어진 생물의 분류법이 여기에 속한다. 둘 또는 그 이상의 구분 역시 대개 연속 구분에 속한다.

정확한 구분을 위해 다음의 원칙을 반드시 지켜야 한다.

첫째, 구분은 반드시 서로 호응 되어야 한다. 즉 하위개념의 외연 총합이 상위개념의 외연과 일치해야 한다. 이 원칙을 위반할 때 잘못된 두 가지 상황이 연출될 수 있다. 하나는 하위개념의 외연 총합이 상위개념의 외연보다 작은 경우 불완전한 구분이 이뤄진다. 나머지 하나는 하위개념의 외연 총합이 상위개념의 외연보다 큰 경우, 하위개념이 여러 개 발생한다. 이를테면 평행사각형을 직사각형과 정사각형 두 종류를 나누는 것은 잘못된 논리적 구분이다. '마름모'라는 하위개념의 누락으로 완전한 구분으로 간주할 수 없다. 문학을 표현하는 매개를 시, 소설, 희극, 산문, 음악, 회화 등으로 구분하는 것 역시 하위개념을 과도하게 구분한 논리적 오류를 보여준다. '음악', '회화'는 문학의 매개에 속하지 않는다.

둘째, 구분된 하위개념은 반드시 상호 배척 적이어야 한다. 즉 하위개념의 외연 사이에는 반드시 비 호환적인 관계가 존재해야 한다. 해당 규칙을 저버린 논리적 오류를 우리는 '하위개념의 호환성'이라고 부른다. 예를 들어서 가정용 가전제품은 냉장고, 세탁기, TV, LED TV, 에어컨 등으로 구분할 수 있는데, 대소관계에 속하는 TV와 LED TV를 모두 나열해 둠으로써 '하위요소 호환성'이라는 오류를 범했다.

셋째, 구분의 근거는 반드시 일치해야 한다. 구분할 때마다 하나의 근거만 존재할 뿐, 구분할 때마다 서로 다른 근거를 제시해서는 아니 된다. 이러한 원칙을 위반한 것을 두고 우리는 '근거 혼용'의 논리적 오류를 범했다고 말한다. 예를 들어서 소설을 고대소설, 장편소설, 현대소설, 외국소설 등으로 구분할 때 세 가지 전혀 다른 기준, 즉 시대, 편폭, 국적이 동시에 하나의 소설에 동시 적용되는 근거 혼용의 오류를 범했다. 논리적 구분 역시 절대적이지 않다. 같은 타입의 대상에 대해 다양한 각도에서 구분하려면 근거의 일치성이 반드시 확보되어야 한다.

모든 책이 인류 발전을 위한 계단인가?

평소 밀러는 장르 가리지 않고 다양한 책을 접하며 독서가 주는 재미에 푹 빠져 살았다. 선정적일 뿐만 아니라 폭력이 난무하는 책이라고 해도 밀러는 거침없이 책장을 펼치곤 했다. 그런 그에게 교사가 도움이 되기는커녕 오히려 부정적인 영향만 주는 책을 읽어선 안 된다고 충고했다. 하지만 밀러는 한참을 쭈뼛거리다가 뭔가를 결심한 듯 단호한 표정으로 입을 열었다. "하지만 고르키는 책은 인류가 진보하는 데 필요한 계단이라고 했단 말이에요. 그러니 이 책도 꼭 봐야 해요!" 결론적으로 말해서 밀러의 주장은 틀렸다. 왜냐면 집합개념인 '책'을 비 집합개념으로 이해했기 때문이다.

집합개념과 쉽게 혼동하는 것이 비 집합적인 보편개념(일반개념)이다. 보편개념은 한 가지 특정한 타입의 사물을 반영하는 것으로, 해당 타입에 속하는 사물의 모든 요소에 적용될 수 있다. 예를 들어 '펜'은 보편개념으로서, '펜'이라고 불리는 특정한 사물을 반영한다. 그래서 해당 타입에 속하는 사물의 모든 구성요소에 적용될 수 있다. 요컨대 모든 '펜'은 '펜'이라는 사물의 공통속성, 즉 글자를 쓰고 그림을 그리는 용구라는 특징을 보인다.

집합개념은 이와 달리, 한 가지 특정 타입에 속하는 사물의 집합으로 구성된 전체를 가리킨다. 전체를 설명하는 데만 적용될 뿐, 전체를 구성하는 각 개체를 설명하는 데 적합하지 않다. 왜냐면 각 개체가 반드시 전체가 지닌 속성을 반드시 띠고 있다고 단정할 수 없기 때문이다. '책'은 집합개념으로서, 예로부터 지금까지 국내외에서 등장한 모든 서적의 집합을 통해 구성된 전체를 반영한다. 이에 반해 한 권의 책은 '서적', '인류 발전에 필요한 계단'이라고 볼 수 없다. 왜냐면 모든 책을 한데 모아 구성된 전체에 비해, 한 권의 책이 해당 속성을 반드시 지녔다고 볼 수 없기 때문이다. 선정성과 폭력성이 난무하는 불량서적은 인류 발전을 돕기는커녕 오히려 사람들의 타락을 부추기지 않는가? 결과적으로 말해서 책의 개념과는 180도 다른 효과를 내는 셈이다.

그러므로 집합개념과 보편개념을 반드시 구분해야 한다. 집합개념을 보편개념으로 이해하는 오류를 범해서는 안 된다. 구소련의 교육자인 칼리린은 교사를 인류 영혼의 설계사라고 이야기했다. 여기서 말하는 설계사란 집합개념으로서, 이를 보편개념으로 이해하고 모든 교사를 인류 영혼의 설계사라고 생각한다면 그것은 잘못된 판단이다.

같은 용어일지라도 다양한 환경에서 집합개념을 표현하는 데 사용되거나, 보편개념을 표현할 때도 사용될 수 있다. 그 때문에 개념을 혼동하는 오류를 저지르기 쉽다. 이러한 상황은 개별적으로 존재하는 것이 아니라, 우리의 예상보다 자주 발생한다. 그 때문에 우리는 종종 잘못된 추리를 하기도 하고, 논리적 훈련이 부족한 사람은 심지어 오류의 원인조차 찾아내지 못한다. 예를 들어서 하버드대학교의 명예 회원이자, 과학자인 벤저민 프랭클린(Benjamin Franklin)은 시간은 금이라는 명언을 남겼다. 그러자 누군가가 자신의 시간을 1분 사용할 때마다 금전적인 보상을 해야 한다고 추리했다. 프랭클린이 말한 '시간'이 집합개념이라면 우리의 1분은 보편개념이다. 이러한 추리는 두 가지 개념을 하나로 혼동했기 때문에 성립될 수 없다. 실제 일부 사람들은 대부분 시간에 무의식적인 일을 하면서도 그것을 재화로 바꾸지 못한다.

마지막으로 분명히 짚고 가야 할 점이 하나 있다. 위의 글에서 여러 번에 걸쳐 집합개념과 보편개념을 함께 사용하는 것은, 개념을 혼동하는 상황을 피하고자 문제를 제시한 것일 뿐, 이들이 서로 대칭적인 관계는 아니다. 본문의 여는 말에서 지적한 것처럼, 집합개념은 비 집합적 개념과 대칭하는 것이며, 보편개념은 단독개념과 상호 대칭된다.

하버드대학교에 재학 중인 한 학생이 교수에게 진지한 표정으로 질문을 던졌다.

"교수님, 전 평소에 교수가 되는 꿈을 종종 꾸는 편입니다. 어떻게 해야 제 꿈을 현실로 바꿀 수 있을까요?"

"그럼 잠을 좀 줄여보게!"

학생이 묻는 내용에 교수는 올바르게 답했는가? 교수가 개념 왜곡이라는 논리적 오류를 범하지는 않았는가?

잠을 줄이라는 이야기에는 두 가지 함의가 들어있다. 헛된 꿈을 그만 꾸라는 뜻과 함께 좀 더 열심히 공부하라는 교수의 은근한 질책이 담겨 있다.

제삼자의 눈높이에서
자신을 바라보라

　'바둑을 두는 사람은 잘 모르지만, 구경꾼은 더 잘 아는 법이다'라
는 속담이 있다. 모든 사람은 모두 자신과 관련된 일에서는 당사자
가 되고, 타인의 일에서는 구경꾼이 된다. 쉽게 말해서 다른 사람의
상황을 손바닥 들여다보듯 훤히 꿰뚫어 볼 수 있지만 정작 자신을 잘
알지 못한다. 자신을 속속들이 들여다보려면 뒤로 한 발 물러나 구경
꾼 자리에 설 줄 알아야 한다.

　'하늘이 '나'라는 인재를 낳았음은 반드시 쓰일 곳이 있기 때문이
다', '황금은 어디에서든 번쩍거린다'라며 혈기 넘치는 포부를 지닌 청
년들에게 현인들은 살아가면서 자신에 대한 기대감을 스스로 떨어뜨
리라고 충고한다. 지나친 자신감과 맹신이 자존감을 높여주기는커녕
오히려 일을 크게 그르칠 수 있기 때문이다.

하버드 논리학 강의

현인들의 말처럼 자신을 적당히 낮추는 것은 삶의 소중한 지혜이 자, 이성적인 상태에서 내린 인생 경영의 노하우라 하겠다. 삶에서 가장 큰 실패를 무엇이라고 생각하는가? 돈? 명예? 학력? 결혼? 이 역 시 인생의 성공 여부를 결정하는 잣대가 될 수 있겠지만 자기 자신에 게 지는 것이야말로 가장 큰 실패라 하겠다. 자신을 경쟁자로 여기고 나의 단점을 가장 강력한 적으로 여길 때 비로소 자신을 객관적으로 바라볼 수 있고 실패 가능성을 원천 봉쇄할 수 있다. 나 자신이 세상 에서 가장 듬직한 친구이자 결코 피할 수 없는 경쟁자이다. 다른 관 점에서 자기를 있는 그대로 볼 수 없다면 결코 자신을 업그레이드시 킬 수 없다.

하버드대학교를 졸업한 윌리엄스는 게임 소프트웨어를 개발하는 프로그래머지만 일 년 동안 직장을 무려 세 번이나 옮겼다. 본인이 직장 생활에 불만을 느끼고 스스로 그만둔 것이 아니라 그를 고용한 업체의 고용주 모두 그를 해고했다. 어느 날 윌리엄스는 비행기 안에 서 소프트웨어 개발업체를 운영하는 사업가를 만났다. 네 번째 이직 을 준비 중이던 윌리엄스는 상대와 허심탄회하게 이야기를 나눴다.
모든 사람이 좋아하는 소프트웨어를 개발하는 것이 자신의 꿈이 라며 거침없이 이야기를 털어놓는 윌리엄스. 하지만 자기 능력을 알 아주는 사람을 아직 만나지 못했다며 불평을 늘어놓았다. 잠자코 그 의 이야기를 듣고 있던 사업가가 무척 흥미로운 표정을 지으며 윌리 엄스에게 자기 팀에 들어오라며 권유했다.
그로부터 삼 개월이 지난 후, 윌리엄스는 예외 없이 새로운 직장을 찾아 나서야 했다. 윌리엄스는 실제 작업 과정에서 발견된 문제와 실수를 일일이 지적했다. 사업가는 이 사실을 솔직히 인정하더니 윌리엄스를 해고했다. 이번에야말로 안정적인 직장을 찾았다며 기뻐하던 시간도 잠시, 윌리엄스는 자신이 또다시 해고된 상황을 도저히 이해할 수 없었다. 모교를 찾은 윌리엄스는 자신을 가르쳤던 앤드류 교수를 찾아가 조언을 구했다.

"자네의 실력을 알아주는 사람이 없다고 괴로워할 때 자네의 실력이 기대했던 것처럼 정말 뛰어났는지 생각해 본 적 있는가? 그 일을 충분히 해낼 수 있었다고 생각하는가? 처음으로 자네 재능을 알아보지 못한 사람은 어쩌면 인재를 알아볼 만한 안목이 없었을지도 모르겠군. 두 번째로 자네의 가능성을 알아보지 못한 사람도 있었다지? 어쩌면 시대적 상황이 맞지 않아서 그런 것일지도 모르겠네. 그런데 말일세, 세 번째 사람, 네 번째 사람, 심지어 다섯 번째 사람마저 자네의 가치를 알아보지 못한다면 그건 누구의 잘못이라고 생각하는가?" 앤드류 교수의 지적에 윌리엄스는 뭔가를 깨달은 듯 아무 말도 하지 못하고 고개를 깊이 떨궜다.

사실 누군가가 당신에게 기회를 주지 않아서 그런 게 아니라 당신 스스로 자기 능력을 정확히 파악하지 못한 경우가 많다. 그래서 제삼자의 위치에서 객관적으로 자신을 관찰하고 실력을 평가해야만 있는 그대로 자신을 오롯이 바라볼 수 있다.

자신을 관찰할 때는 뒤로 한 발 물러나 자신이 또 다른 공간에 있다고 상상하라. 제삼자의 위치에서 자신을 관찰하고 평가함으로써 자신의 전체적인 모습을 '조감'하는 것이다. '자신을 상황 속에 대입시킨 채' 일정 거리를 유지하는 방식을 통해 '잠재된 자아'를 정확히 바라보고, 현실을 더욱 냉정하게 살필 수 있다. 자신의 상황을 인지하고 파악한다면 자신의 삶을 온전히 이끌며 삶의 주도권을 쥘 수 있을 것이다.

물론 누구나 자신을 구경꾼의 역할에 대입시킬 수 있는 능력과 용기를 갖추고 있다는 뜻은 아니다. 왜냐면 개인의 EQ가 모두 다르기 때문이다. EQ가 높은 사람들은 자신을 제삼자에 대입시키는 데 능숙하다. 그렇다고 해서 수수방관한다는 뜻은 아니다. 자신의 정서를 인지, 관찰, 통제 그리고 파악할 줄 알아야 한다. 자신의 정서를 이해하고 자의식, 외부적 요소 또는 자신의 정서에 휘둘리지 않는 의지력, 과민반응 하지 않는 침착함을 갖춰야 혼란 속에서도 차분히 중립을 유지할 수 있다. 이를 통해 EQ가 높은 사람들은 자신의 문제를 냉정하게 바라보는 것은 물론, 또 다른 자아를 통해 문제를 해결할 수 있는 최선의 방안을 도출한다.

EQ가 높은 사람들은 다른 사람 때문에 화가 날 때 자신의 정서에 변화가 생겼음을 재빨리 인지하는 동시에 부정적인 감정을 애써 억누르려 하지 않는다. 그 대신 자신의 감정을 표출할 두 가지 방안을 떠올린다. 하나는 상대에게 주먹을 날려 분노를 표출하는 것이고, 나머지 하나는 자신의 정서가 상대로 인해 휘둘리지 않도록 그냥 무시하는 것이다. EQ가 높은 사람이라면 대개 후자를 선택할 것이다. 그래야 서로가 다치는 일 없이 더 큰 갈등을 피할 수 있기 때문이다. 게다가 자신의 감정을 즉각적으로 다스림으로써 타인에 의해 자신이 휘둘리는 상황을 원천적으로 막을 수 있다.

자신을 구경꾼의 역할에 온전히 대입시키면 자신의 정서적 변화를 시시각각 발견할 수 있다는 사실을 당신도 이제 이해했을 것이다. 그리고 이보다 더 중요한 사실은 구경꾼의 관점에서 자신을 위한 올바른 결정을 내릴 수 있게 되었다는 것이다. 휙 보고 휙 지나가는 구경꾼이 아니라 집요하게 상황을 살피되 한발 물러서서 전체적인 흐름을 파악하는 열정적인 구경꾼이 되어야 한다. 자신을 돕고 싶다면, 그리고 자신을 구하고 싶다면 조금도 망설일 이유가 없다!

하버드의 지혜

하버드대학교의 행복학 수업에서는 때로는 당신을 대하는 주변인의 태도와 평가가 자기 자신을 보다 잘 들여다보도록 도와준다고 가르친다. 그래서 타인의 태도와 평가를 존중하고 냉정하게 분석해야 한다. 타인의 태도와 평가를 맹목적으로 따라서도 안 되지만 함부로 무시해서도 안 된다.

하버드 논리학 강의

편할수록 위험에
대비하라

누구나 알아챌 수 있는 본격적인 변화가 나타나기 전, 흐릿한 단서만 보고도 미리 대비하는 사람들이 있다. 이들은 예상치 못한 변수에 의해 전체적인 판도가 흔들리지 않도록 방어에 나선다. 그래야 불가항력적인 상황을 모면할 수 있기 때문이다. 우리 역시 위기의식을 가지고, 발생할 수도 있는 위기를 미리 방지하도록 주의를 기울여야한다. 그래야 불필요한 많은 시련과 곤경에서 벗어날 수 있다.

평소 사이좋게 지내던 이웃집의 초대로 함께 식사하게 된 마크. 즐겁게 식사를 마치고 자리에서 일어나던 마크는 일직선으로 설치된 난로의 연통을 우연히 보게 됐다. 게다가 난로 주변에는 목재가 잔뜩 쌓여있는 것이 아닌가! 대문을 나서기 전에 마크는 주인에게 연통을 구부러지도록 설치하고 난로 주변의 목재를 몽땅 치우라고 알려줬다. 그렇지 않으면 불이 날 수도 있다고 경고했지만, 주인은 알겠다고 대충 둘러대고 말았다. 그로부터 며칠이 지난 어느 날, 주인은 평소와 다름없이 식사를 준비하고 있었다. 그때 창밖에서 갑자기 큰바람이 불면서 난로의 불똥이 주변에 쌓여있던 목재로 튀고 말았다. 미처 손쓸 새도 없이 순식간에 불이 번지면서 집안 곳곳을 집어삼키기 시작했다. 주변 이웃들의 도움으로 간신히 불을 끄면서 별다른 인명 피해 없이 사태는 일단락됐다. 보답의 뜻으로 주인은 이웃 사람들을 초대해 음식을 대접했다. 그 자리에 참석한 한 주민이 주인에게 슬며시 입을 열었다. "연통을 다시 설치하고 목재를 난로 주변에서 치우라고 알려줬던 친구는 초대했소? 그 친구의 말을 들었다면 불이 나지 않았을 거요." 그 말에 주인은 처음 자신에게 난로의 위험을 경고해 줬던 마크를 초대해 자신의 부주의함을 사과했다.

성공한 사람 중 상당수가 사물의 본성을 꿰뚫어 보고 그 속에서 남이 보지 못한 기회를 발견하고 선점한 것이 성공의 노하우였다고 입을 모아 이야기한다. 위기의식을 통해 우리는 남보다 한발 먼저 기회를 잡을 수 있을 뿐만 아니라, 여의찮은 상황이 발생했을 때 즉각적으로 사태가 악화하는 것을 막을 수 있다. 나아가 문제가 발생할 수 있는 원인을 원천적으로 제거함으로써, 발생할 수 있는 실패를 피할 수도 있다.

하버드대학교 경영대학원(Harvard Business School)의 강단에 자그마한 체구의 동양인이 모습을 드러냈다. 한국의 삼성전자는 많은 사람이 주목하는 첨단기술 기업으로, 지난 수십 년 동안 빠른 발전을 거듭하며 세계적인 전자제품 제조업체로 우뚝 섰다. 삼성이 세계 굴지의 대기업으로 도약할 수 있었던 것은, 삼성전자 전 부사장 윤종용의 남다른 위기의식과 승부욕의 힘이 컸다.

전 세계에 흩어져 있는 삼성의 직원들은 보통 사람이 흔히 무시하는 디테일 하나도 허투루 넘어가지 않는다. 별것 아닌 것처럼 보여도 언제든지 시장에서의 성패를 결정할 수 있다는 점을 잘 알고 있기 때문이다. 성공에 따른 성취감과 자신감이 오만함으로 변질되는 순간, 실패의 가능성은 끔찍한 현실로 구체화할 수 있다.

삼성에서는 거의 매주 '세계 최고' 또는 '세계 제일'이라는 타이틀을 지닌 제품을 선보인다. 세계 최고의 평면 LED 모니터, 최고 수준의 프리미엄 TV 생산업체, 세계적인 메모리 반도체 제조업체로 명성을 날린 삼성은 세계 최대 핸드폰 업체 중 하나라는 타이틀마저 거머쥐었다. 삼성전자가 매년 미국에서 신청한 특허 수가 세계 최고의 IT 업체인 인텔을 뛰어넘은 것은 이미 꽤 오래전이기도 하다.

1997년 윤종용 부사장이 삼성전자의 개편을 지휘한 이래, 삼성전자의 브랜드 가치는 세계적인 IT 기업과 어깨를 나란히 하는 수준으로 도약했다. 모두가 삼성의 성장을 기뻐했지만, 윤종용 부사장은 한시도 마음을 놓지 않았다. "삼성은 위기와 기회가 공존하는 처지에 놓여있습니다. 어쩌면 세계 최고의 자리에 오를 수 있거나, 어쩌면 순식간에 업계 바닥으로 추락할 수 있는 갈림길에 서 있는 셈이죠. 어떤 길을 선택할 것이냐는 우리의 자세에 달렸습니다." 그는 직원들에게 항상 위기의식으로 무장해야 한다고 끊임없이 이야기한다.

"지금 우리의 경쟁자는 끊임없이 우리를 향해 도전장을 던지고 있습니다. 그룹 재정비를 추진 중인 소니(SONY), 눈부신 속도로 발전 중인 중국의 신흥 기업 모두 삼성이 잠시 차지했던 자리에 언제든지 오를 수 있습니다. 디지털 통합시대를 선도할 핵심기술을 장악했는가에 따라 삼성의 미래가 결정될 겁니다."

윤종용 부사장의 위기감에 힘입어 삼성은 남다른 경계심과 강한 승부욕을 단 한 순간도 잊지 않고 지금도 최선을 다하고 있다. 그는 여기에 만족하지 않고 기회가 될 때마다 위기는 언제든지 찾아올 수 있다고 경고한다. 심지어 삼성이 전성기를 구가할 때조차 위기에 봉착할 수 있다고 말한다. "뭔가를 잃고 싶지 않다면 그것을 지키기 위한 행동을 취해야 합니다. 아내를 사랑한다고 해서 거기서 끝날 것이 아니라 날마다 사랑한다고 끊임없이 아내에게 이야기하는 것처럼 말이죠."

하버드대학교 경영대학원의 교수 리처드 파스칼(Richard T Pascale)은 자신의 글에서 위기의식과 경쟁을 통해 승리를 차지하는 승부욕의 관계를 씨앗과 과실의 관계와 같다고 주장했다. 또한 믿음은 성공을 떠받치는 기둥이며, 경쟁은 성공으로 통하는 계단이라고 설명했다. 경쟁과 대결이 난무하는 비즈니스라는 전쟁터 한복판에 적극적으로 뛰어들어 싸우지 않는다면, 그저 멍하니 서서 싸우는 것만 구경하다가는 지금보다 더 나은 자신이 되겠다는 의지가 사라질 수 있다. 심지어 경쟁을 유도하지 않은 환경에서는 위기감과 절박함을 영영 잃을 수도 있다.

리처드 태너 파스칼(Richard Tanner Pascale) 교수는 위기의식이 없다는 것이 21세기가 직면한 최대의 위기라고 지적했다. 그런 점에서 편안할수록 위기를 생각하는 것은 올바른 태도라 하겠다. 항상 위기의식을 지녀야 끊임없이 노력하고 앞으로 나아갈 수 있다. 당신이 삶의 어떤 순간을 달리고 있든 위기의식, 신중한 언행을 유지할 수 있다면 위기를 기회로 만드는 기적을 연출할 수도 있을 것이다.

정확한 예상은
성공의 절반이다

    1984년 도쿄 국제마라톤 초청대회에 무명의 일본 선수 야마도 혼이치가 모두의 예상을 깨고 금메달을 차지했다. 무명 선수가 갑작스레 세계 정상을 차지했다는 소식에 모두 그 비결을 궁금하게 여겼다. 훗날 그는 자서전에서 자신의 노하우를 공개했다.

    "대회가 열리기 전에 차를 타고 마라톤 코스를 자세히 살펴본다. 그리고 그 코스에서 눈에 띄는 곳을 그려둔다. 예를 들자면 첫 번째 목표는 은행, 두 번째 목표는 큰 나무, 세 번째 목표는 빨간 벽돌집 등등, 이런 식으로 결승지점까지 나만의 코스를 그리곤 한다. ……경기가 시작되면 100미터를 전속력으로 달리는 속도로 첫 번째 목표를 향해 마구 달린다. 첫 번째 목표에 도달하면 똑같은 속도로 두 번째 목표를 향해 달린다. 40㎞가 훌쩍 넘는 코스를 여러 개의 작은 목표

하버드 논리학 강의

로 나눠 하나씩 목표를 달성하는 것이다. 처음에는 무조건 코스 전체를 완주하는 데만 치중했다. 40㎞ 떨어진 결승지점을 통과하기 위해 무조건 앞만 보고 뛰다 보니 10㎞만 조금 넘어도 금세 지쳐 떨어지기 일쑤였다. 한마디로 말해서 40㎞라는 긴 거리에 나 자신이 압도당한 것이다."

위의 일화는 목표가 거대한 힘을 가지고 있다는 사실을 들려준다. 하지만 여기서 우리가 주목해야 할 것은, 커다란 목표를 단계별로 나눠 하나씩 달성하다 보면 끝내 최종 목표를 달성한다는 '계획'에 관한 이야기다.

옛말에 무릇 무슨 일이든지 예측하면 성공하지만 예측하지 못하면 실패한다고 했다. 멀리 내다볼 줄 아는 안목을 지닌 사람은 원하는 목표를 달성하곤 한다. 평소 생각이 꼼꼼하고 주도면밀한 사람은 뛰어난 혜안으로 남들이 보지 못한 것을 살피며 자신의 꿈을 향해 달려간다. 이에 반해 남들보다 한발 먼저 내다보지 못하는 사람은 원대한 삶의 목표를 가슴에 품기도 전에 당장 자기 발목을 잡는 문제에 넘어지기 일쑤다.

예지력은 미래를 내다볼 줄 아는 능력을 가리킨다. 자신이 원하는 모습으로 성장하고 싶다면 탁월한 안목을 지녀야 한다. 그런 사람만이 한눈팔지 않고 오로지 목표를 향해 달려가면서 소중한 기회를 얻을 수 있다. 기회를 통해 행동하고 상황에 맞춰 재빨리 움직일 수 있어야 성공할 수 있다. 이와 대조적으로 눈앞의 이익을 거머쥐는 데 급급한 사람은 발전을 포착할 수 있는 안목을 갖추지 못했기 때문에 자신의 목표를 장기적으로 계획하지 못한다. 다시 말해서 치열한 경쟁을 뚫고 승리할 수 있는 성공의 기회를 놓치게 된다.

이제 막 대학교를 졸업한 케이트는 사람들의 시선을 끌 만한 뛰어난 매력의 소유자라고는 할 수 없었다. 어디서나 쉽게 볼 수 있을 만큼 평범한 외모를 지닌 그녀가 대기업 판매원으로 취직하게 되었다는 소식에 사람들은 놀랍다는 반응을 보였다. 상식적으로 생각해 봐도, 케이트의 조건으로 쟁쟁한 수많은 입사 경쟁자를 따돌리기에는 한참 부족했기 때문이다.

케이트가 입사한 지 일 년이 지났을 무렵, 부사장을 보필하던 비서가 개인적인 이유로 사직하면서 업무 공백이 불가피하게 발생하고 말았다. 지금 당장 후임자를 채용한다고 해도 업무에 당장 투입할 수 없었던 터라 회사 측에서도 무척 당혹스럽기 짝이 없었다. 게다가 부사장의 성격과 업무 스타일을 고려했을 때 아무나 대충 뽑을 수도 없는 노릇이었다. 부사장의 비서 자리를 노리는 사람은 많았지만, 전 비서의 공백이 느껴지지 않을 만큼 비서 업무에 대해 잘 아는 사람이 없다는 게 문제였다. 이러한 상황에서 케이트를 부사장의 비서로 발탁한다는 인사부의 공지에 모두 경악했다. 행운의 여신이 또다시 케이트의 손을 들어줬다며 많은 사람이 그녀의 승진을 부러워했다.

동료 에이미가 두 눈을 반짝이며 대체 어떻게 해서 그런 행운을 쥘 수 있었냐고 물어봤다.

"이틀 후에 입사 면접시험을 치른다는 전화를 받고서 회사에 관한 자료를 닥치는 대로 찾아봤어. 면접시험을 통과할 가능성을 최대한 높이기 위해 회사의 창업 배경, 출시 제품, 회사에 관한 보도 등을 섭렵했지. 그렇게 해서 입사했지만, 일개 판매사원인 내가 부사장의 비서가 되는 건 상식적으로 보면 불가능하다는 걸 깨달았어. 그래서 그때부터 회사 임원들의 업무 스타일을 관찰하는 데 많은 시간과 노력을 투자하기 시작했지. 그 덕분에 부사장님은 아침에 설탕을 넣지 않은 에스프레소를 드시고, 오후 2시 반에는 재스민차를 드신다는 걸 알아낼 수 있었어. 그리고 부사장님의 사무실 책상에는 항상 신선한 꽃이 꽂혀 있어야 하지. 부사장님 기분이 별로일 때는 사무실에 절대로 들어가지 말아야 한다는 것도……."

케이트의 대답에 에이미는 무척 놀란 듯 보였다. 그도 그럴 것이 전 비서가 휴가를 냈을 때 케이트가 업무를 대신 처리하기는 했지만, 그 짧은 시간에 어떻게 업무를 몽땅 파악했단 말인가? 대체 어떻게 해서 부사장의 신뢰를 얻었단 말인가? 회사 임원들의 업무 스타일이나 성격을 하루도 빠짐없이 살피는 노력이 없었다면 부사장이 매일 에스프레소를 마시며 하루를 시작하고, 오후에는 향긋한 재스민차로 잠시나마 한숨을 돌린다는 사실을 알지 못했을 것이다. 상대의 기분을 정확히 파악하고 컨디션을 살필 줄 아는 능력 덕분에 케이트는 판매직에서 부사장의 비서로 파격 승진할 수 있었다. 요컨대 모두 케이트가 운이 좋았다고 이야기하지만, 그녀에게는 세심한 계획과 부단한 노력을 통해 거둔 노력의 결실이었다. 기회는 항상 준비된 자에게 온다는 명언을 케이트 스스로 입증한 것이다.

'사람의 걱정은 먼 곳에 있는 게 아니라 가까운 곳에 있다'라는 속담처럼 미래에 대한 고민 없이, 멀리 내다볼 줄 모르는 사람은 사태의 본질을 꿰뚫어 보지 못하고 향후의 발전 방향도 가늠하지 못한다. 그러다 보니 성공을 위한 계획을 마련하지 못해 소중한 기회를 번번이 놓치고 만다.

하버드의 지혜

하버드대학교 의학박사이자, 미국 성공학의 창시자인 오리슨 스웨트 마든(Orison Swett Marden)은 꿈을 현실로 만들기 위해 반드시 해야 할 일이 있다며 정확한 예지력, 진지한 사고, 적극적인 실천력을 지목했다. 정확한 예지력은 정확한 행동을 위한 필요조건으로써, 목표 달성을 위한 핵심 요소가 된다. 정확한 예지력이 생기면 마음속에 커다란 지도를 그려놓고 달성해야 할 목표를 찾기 위해 진지하게 생각해야 한다. 그리고 더 큰 목표, 더 좋은 목표, 더 만족스러운 경지에 오를 때까지 부지런히 움직여야 한다.

더 나은 자신을 위해
끊임없이 반성하라

한 회사의 면접시험장, 최종 심사에 오른 남성과 여성 중 누구를 뽑을 것인지 판단하기 위해 면접관들은 3일에 걸쳐 테스트를 세 번 실시하기로 했다. 첫 대결에서 남성은 99점, 여성은 95점을 받았다. 두 번째 실시된 시험에서 문제지를 받은 남성은 당혹스러운 표정을 지을 수밖에 없었다. 그도 그럴 것이 이번 시험 내용이 지난 첫 번째 시험과 완전히 똑같았기 때문이었다. 면접관도 시험지를 잘못 줬다고 이야기하지 않는 걸 보니 지난번과 똑같은 답안지를 낸다고 해도 별다른 문제가 없다고 남성은 판단했다. 가벼운 마음으로 시험을 치른 남성은 이번에도 99점을 받았다. 여성은 지난번보다 3점 오른 98점을 받았지만, 여전히 남성보다 뒤처진 상태였다.

그리고 마지막 시험을 치르던 날, 남성은 이번에도 지난 두 번의 시험과 글자 하나 다르지 않은 똑같은 내용의 문제지를 받았다. 하지만 시험관은 이 사실을 알지 못하는 듯 아무런 의문도 품지 말고 진지하게 문제지를 풀라고 하는 것이 아닌가! 두 사람 모두 성실하게 문제지를 채워나가기 시작했다. 남자가 자신 있게 문제를 풀기까지 30분도 채 걸리지 않았다. 여자 후보를 슬쩍 쳐다보니 진지한 표정으로 문제를 풀고 있었다. 때로는 뭔가를 골똘히 생각하기도 하고 뭔가를 고쳐 쓰기도 했다. 시험 시간이 끝날 때까지 계속 답안지를 작성하던 여성은 시험 시간을 조금 남기고 간신히 답안지를 제출했다.

마지막 시험의 결과가 발표됐다. 남자는 이번에도 99점을 받았다. 여자는 저번보다 1점 오른 99점을 받았다. 동점이라는 사실이 마음에 조금 걸리기는 했지만 남자는 걱정 없었다. 자신은 세 번 연달아 99점을 받을 정도로 우수하지 않은가! 하지만 다음날 최종 채용 결과가 발표되던 날, 남자는 자신이 아니라 여자가 최종 합격했다는 충격적인 소식을 접했다.

"우리도 자네의 실력을 높이 평가하네만 우리는 최고 점수를 받은 사람을 뽑겠다고 이야기한 적 없었네. 자네는 모든 시험에서 최고 점수를 받았지. 하지만 자네가 매번 시험 때마다 제출한 답안지의 내용은 글자 하나 다르지 않고 똑같더군. 자네의 답안지처럼 한 가지 방식으로만 회사를 경영한다면 치열한 경쟁에서 어떻게 살아남을 수 있겠나? 우리는 뛰어난 업무 능력과 월등한 재능을 갖춘 인재를 필요로 하네. 하지만 그보다는 자신을 반성할 줄 아는 사람, 잘못된 곳을 찾아 문제를 개선할 수 있는 사람을 더 원한다네. 그런 사람이야말로 자신은 물론 회사를 발전시킬 수 있기 때문이지. 그래서 우리는 똑같은 내용의 문제지로 자네와 또 다른 후보를 놓고 시험을 치렀지. 단순히 지식을 테스트하는 것이 아니라 두 사람의 반성하는 자세를 시험한 거라네." 면접관의 설명에 남자는 얼굴이 벌겋게 달아오른 채 아무 말도 하지 못했다.

반성할 줄 모르는 사람, 또는 반성하지 않는 사람은 성장할 수 없다. 이른바 반성이란 생각을 통해 자신을 심사하고 자신의 언행을 살펴서 자신의 실수, 부족한 점을 찾아 개선하는 것을 가리킨다. 특히 똑같은 상황이 재차 발생했을 때 지난번보다 더 나은 모습을 보여줄 수 있도록 잘못을 정확히 바로잡을 줄 아는 능력을 가리킨다.

파산 직전의 회사를 사들여 기사회생시키는 것으로 유명한 도미닉에게 누군가가 왜 항상 실패한 기업만 인수하는지 물었다. "다른 사람이 잘못된 경영으로 실패한 기업에서는 그 원인을 쉽게 찾아낼 수 있습니다. 실패의 원인만 바로잡으면 금방 수익을 올릴 수 있답니다. 그런 편이 처음부터 회사를 차려 돈을 버는 것보다 훨씬 쉽죠."

다른 사람은 눈치채지 못한 실패의 가치가 크다는 것을 도미닉은 정확히 이해하고, 실패의 원인을 찾아 자신의 목표를 달성하기 위한 발판으로 활용했다.

다른 사람의 경험이나 교훈을 반성하는 것은 후천적으로 육성할 수 있는 귀납적 능력이다. 규칙을 찾아 문제를 파악하고 '시비'를 분명히 밝히는 것이다. 올바른 반성을 통해 우리는 자신의 장단점을 정확히 파악할 수 있고 자신이 그동안 거둔 성패를 파악할 수 있다. 또한 앞으로의 일과 삶에서 자신의 장점을 십분 활용해 실패라는 결과를 모면할 수도 있다.

이보다 더 중요한 것은, 반성을 통해 우리는 다른 사람이 했던 일을 반복할 필요 없고 그들이 저지른 실수를 되풀이할 필요 없다는 것이다. 실수를 반복한다는 것은 오늘날 사람들에게서 보편적으로 존재하는 문제다. 반복은 소중한 자원의 효용을 떨어뜨릴 뿐만 아니라 노동의 가치를 '0'으로 만들기도 한다.

이처럼 반성이 반드시 갖춰야 할 능력이라면 우리는 어떻게 반성해야 하는가? 현실에서 출발해 문제를 파악하고 끝까지 일관된 자세를 유지해야 한다. 그렇다면 일관적인 자세는 어떻게 유지할 수 있을까? 항상 자신에게 '왜?'라는 질문을 던지는 것이다. 혼란에 직면할 때마다 자신이 왜 이렇게 해야 하는지 묻다 보면 끝까지 일관성을 유지할 수 있다. 자신이나 다른 사람의 실패 앞에서 우리는 항상 냉정함과 침착함을 잃지 않아야 한다. 이성적으로 현실을 마주하고 실패를 교훈 삼아 실패의 원인을 찾아 이를 극복한다면 그것만으로도 이미 성공한 셈이다.

하버드의 지혜

하버드대학교에서 컴퓨터와 심리학을 전공한 미국 페이스북의 설립자 마크 저커버그(Mark Elliot Zuckerberg)는 자신이 대학에 다니며 수많은 멍청한 실수를 저질렀다고 고백했다. "제 실수에 대해서는 변명할 필요 없습니다. 왜냐면 전 제 실수를 진지하게 반성했기 때문이죠." 반성은 우리를 성숙하게 만든다. 반성을 통해서 우리는 끊임없이 자신을 돌아보고 이해하기 때문이다. 때로는 일, 공부와 삶 속에서 우리는 쉬지 않고 자기 잘못을 바로잡고 개선함으로써 성공을 향해 나아갈 수 있다.

사고의 전환만으로도
문제를 단번에 해결할 수 있다

　일반적으로 사람의 사유 방식은 효과적이고 경제적으로 통상적인 문제를 대부분 해결할 수 있다. 하지만 때로 일반적인 사유로는 통상적이지 않은 문제를 해결할 수 없다. 게다가 인간은 본디 나태한 동물이라 머리를 써서 생각하는 방식이 체계화되면 다른 방법으로 문제를 해결하려 하지 않는다. 그래서 머리가 굳어지지 않도록 끊임없이 사고를 전환해야 고정관념에서 탈피해 새로운 해결책을 제시할 수 있다.

　어느 날 일요일 아침, 평소와 다름없이 설교를 준비하던 목사는 쉬지 않고 우는 어린 아들 때문에 무척 난처한 상태였다. 아이의 주의력을 다른 곳으로 돌리기 위해 목사는 알록달록한 색상의 세계지도를 갈가리 찢은 뒤 바닥에 뿌렸다. "존, 여기 있는 조각을 모두 맞추면 네게 25센트를 주마."

목사는 아들이 오전 내내 조각을 맞출 것으로 생각했지만, 아들은 10분도 채 안 되는 시간에 지도의 조각을 모두 맞췄다.

"존, 이렇게 빨리 조각을 맞췄다니 대체 어떻게 된 것이냐?"

"지도 뒷면에 사람 얼굴이 그려져 있었어요. 얼굴 조각을 하나하나 맞춘 뒤 뒤집으면 세계지도가 되잖아요. 이 '사람'의 얼굴 조각을 모두 맞추면 '세계'도 정확할 거로 생각했어요."

이 이야기를 통해 방법이 잘못되었다면 사고를 전환해서 문제를 타개할 수 있다는 사실을 알 수 있다. 만일 당신의 생각이 옳다면 당신이 속한 세계에서 만나게 되는 문제를 쉽게 해결할 수 있을 것이다. 미국의 사상가 스탠리 아놀드(Stanley Arnold)는 모든 문제는 자체적으로 이미 해결의 열쇠를 품고 있다고 주장했다. 그의 이야기는 모든 문제는 이미 해결의 방법을 내포하고 있다는 중요한 사실을 들려준다. 문제 자체적으로 해결책이 들어있다면 문제를 진지하게 생각하기만 해도 그 답을 찾을 수 있을 것이다.

유명한 한 기업가가 대학교의 초청을 받고 강단에 올랐다. 자유 토론 시간이 되자, 학생들은 그에게 금융 위기 시대를 맞이해 취업과 창업에 대한 노하우를 들려달라고 청했다. 기업가는 대답을 들려주지 않고 오히려 학생들에게 반문했다. "큰 강의 맞은편에서 거대한 금광이 발견됐다면 여러분은 어떻게 하겠습니까? 그런데 강은 수심을 알 수 없을 정도로 깊고 여러분은 수영할 줄 모른다고 가정해 봅

시다. 강만 건너면 여러분이 원하는 막대한 부를 거머쥘 수 있습니다. 이런 상황이라면 여러분은 어떻게 하겠습니까?"

기업가의 질문에 누군가는 수심이 얕은 곳을 찾아 강을 건너겠다고 대답하기도 하고, 수영을 배운 뒤에 강을 건너겠다고 이야기하기도 했다. 심지어 배를 만들거나 다리를 세우겠다는 학생도 있었다.

"여러분의 대답은 모두 옳습니다. 여러분의 목적은 오직 하나 강을 건너는 겁니다. 수심이 얕은 곳을 찾아 강을 건너는 것도 전혀 불가능한 방법은 아닙니다. 문제는 강의 수심이 얕은 곳이 어딘지 찾아야 한다는 것인데, 그건 긴 시간이 걸리는 일이랍니다. 성공하려면 때로는 모험가 정신이 필요한 법이죠. 지나치게 신중하다면 좋은 기회를 놓칠 수 있습니다. 수영을 배우는 것도 좋은 방법이군요. 하지만 수영을 배우는 동안 간발의 차이로 눈앞에서 다른 사람에게 기회를 빼앗길 수도 있습니다. 배를 만들거나 다리를 세우면 강을 건널 수 있겠죠. 그러려면 돈이 많이 들 겁니다. 어디 그뿐인가요? 시간도 오래 걸리죠. 여러분은 수영하지 못하지만, 다른 사람이 수영할 줄 안다면 강을 헤엄쳐 건넌 첫 번째 사람이 광산을 전부 차지할 겁니다. 이처럼 진정한 부는 오로지 소수의 천재에게만 허용되는 법이죠. 그런 점에서 빌 게이츠는 수영 실력이 무척 뛰어난 사람입니다. 가장 먼저 재화를 발견하고 가장 먼저 강을 건넌 덕분에 빌 게이츠는 지금과 같은 자리에 오를 수 있었습니다."

기업가의 답변에 학생들은 박수로 화답했지만, 실망한 눈치가 역력했다. 그 모습에 기업가는 또다시 입을 열었다.

"어쩌면 여러분은 천재가 아닐지도 모르겠습니다. 하지만 머리를 조금만 굴려도 성공 가도를 달릴 수 있답니다. 빌 게이츠가 광산을 차지했다면 여러분은 실망한 채 다시 강 건너로 돌아갈 건가요? 그렇게 해봐도 손에 아무것도 쥘 수 없습니다. 수영할 줄 모르면 돈을 벌 수 없다고 자포자기하거나 실망하는 건 비단 여러분만이 아닐 겁니다. 그러니 많은 사람이 더 열심히 수영을 배우려 할 겁니다. 자, 이제 기회가 왔습니다. 수영장을 세우고 수영 코치를 고용하면 빌 게이츠처럼 돈을 쥘 수 있습니다. 배를 만들거나 다리를 세워도 돈을 벌 수 있습니다. 물론 빌 게이츠처럼 막대한 부를 쥘 수는 없겠지만 여러분이 만든 배나 다리를 일반 사람들도 사용할 수 있도록 공개하되 일정한 수수료를 받는 것도 좋겠군요. 그리고 배를 만들거나 다리를 세우려면 목재나 시멘트 같은 원자재도 필요하겠지요. 이런 식으로 생각을 조금만 바꿔도 무궁무진한 기회가 여러분을 찾아옵니다. 빌 게이츠가 광산을 차지했지만, 여러분에게도 일정 비용을 지불해야 할 겁니다. 이처럼 성공의 길은 다양합니다. 불법적인 수단을 동원하지 않는 한, 또 다른 방법을 통해 문제 해결에 동참하면 빌 게이츠는 제 손으로 여러분에게 돈을 지불하려 할 겁니다."

사람들은 흔히 볼 수 있는 사물을 상대할 때 고정관념을 종종 동원하곤 한다. 하지만 고정관념으로는 새로운 문제를 해결하기 쉽지 않다. 왜냐면 여태껏 단 한 번도 존재하지 않았던 문제일 수도 있고 잠시도 가만히 있지 않고 변하는 문제를 고정된 틀에 놓고 파악할 수 없기 때문이다. 그래서 우리는 관점의 전환, 생각의 전환을 통해 새로운 사고의 실마리를 끌어내고 상식을 뛰어넘는 새로운 구상과 통속적인 틀에서 벗어난 관념을 만들어야 한다.

두 귀는 열어두되
내 손으로 결정하라

　회의에 참석한 빌 게이츠는 한 프로그래머로부터 이번에 회사에서 출시하려는 인터넷 브라우저가 시대에 뒤처졌다는 지적을 받았다. 빌 게이츠는 잠깐 생각에 잠긴 채 속으로 자기 잘못을 따져본 뒤 회의에 참석한 모든 사람에게 자신의 판단이 틀렸다고 사과했다. 그런 뒤 새로운 브라우저를 개발하겠다는 결심을 즉시 알렸다. 훗날 빌 게이츠는 이 에피소드를 떠올리며 담담히 이야기했다. "체면 때문에 소중한 시간을 버리고 싶지 않습니다. 왜냐면 그건 아무 의미도 없는 짓이니까요. 특권은 사람을 타락시키게 하지만 전 앞으로 나아가는 발전의 동력을 유지하고 싶습니다." 빌 게이츠는 자신이 MS의 사장이라는 이유만으로 다른 사람의 의견을 듣지 않겠다는 자세를 취하지 않았다. 아마도 그가 세계 최고의 부자로 등극한 이유가 바로 여

하버드 논리학 강의

기에 있는 것 같다.

다른 사람의 의견에 귀를 기울인다고 해서 상대의 의견을 기준으로 결정을 내린다는 뜻이 아니다. 여러 사람의 의견을 고루 들은 뒤자신의 의견에 따라 결정을 내리는 것이다. 다른 사람은 단순히 자기위치에서 의견을 제시하는 것일 뿐, 당신의 위치에서 문제를 고민하는 것이 아니기 때문이다.

나폴레온 힐(Napoleon Hill)은 《생각하라, 그러면 부자가 되리라 (Think and Grow Rich)》에서 이렇게 이야기했다. "부자가 되지 못하는 사람은 다른 사람의 의견에 쉽게 영향을 받는다. 그들은 무의미한 말을용인하고 다른 사람의 의견을 쉽사리 받아들인다. 기자가 자기 생각대로 기사를 보도 해도 상관하지 않는다. 의견은 세상에서 가장 저렴한 것이다. 모든 사람은 경청하기 좋아하는 사람에게 들려주고 싶은이야기가 한 보따리 있기 마련이다. 결정을 내려야 하는 순간, 당신이 다른 사람의 의견에 쉽게 영향을 받는다면 어떤 일을 해도 성공할수 없다. 특히 자신의 바람, 욕망을 돈이나 물질로 바꾸기란 거의 불가능하다."

일본에서 '벤처계의 대부'로 불리는 호리바 마사오(堀場雅夫)는 자신의 책 《남의 말을 듣지 마라》에서 이렇게 주장했다. "누군가에게 기대려는 의존심을 지닌 사람들이 점점 늘어나고 있다. 그들은 스스로생각하지 않으려 한다. 무슨 일이든 다른 사람의 의견만 따라간다. 하지만 심각한 문제에 직면했을 때 문제를 해결할 방법은 스스로 치열하게 고민한 끝에 나오는 법이다. 세상에는 다른 사람의 생각대로 했다가 순조롭게 해결될 수 있는 단순한 일 따위는 존재하지 않기 때문이다."

이 세상에는 본디 같은 존재는 존재하지 않는다. 사람 또는 사물, 사건에 대한 모든 사람의 의견 역시 다를 수밖에 없다. 다른 사람의 감정, 의견에 자신을 대입시켜봤자 낭패감만 얻을 뿐이다. 그래서 성공을 추구하는 과정에서 우리는 나 자신을 신뢰하고 확신하는 법을 배워야 한다.

당신이 무슨 일을 하든지 온갖 의견과 이견을 상대해야 한다. 때로는 바람에 이리저리 흔들리는 갈대처럼 쉽게 무시할 상대가 있지만, 날카로운 화살처럼 핵심을 단번에 찌르는 파급력 큰 상대도 있다. 온 힘을 기울여도 모든 사람을 만족시킬 수는 없지만 다른 사람의 의견과 이견에서 당신은 생각지도 못한 교훈과 도움을 얻을 수도 있다. 그래서 독립적인 사고의 소유자는 대다수 사람의 의견을 주의 깊게 들은 뒤에 자기 생각을 통해 걸러낸 뒤 결정을 내린다.

모두가 감탄해 마지않는 작품을 제 손으로 탄생시키겠다는 꿈을 지닌 한 화가가 지난 몇 개월간 작업실에 틀어박힌 채 작품 활동에 몰두했다. 어렵사리 완성된 작품을 들고 시장을 찾은 작가는 그림 옆에 작은 메모를 붙인 뒤 펜을 함께 놓아두었다. 메모에는 그림에서 마음이 들지 않는 곳이 있으면 그림 위에 표시해 달라는 내용이 적혀 있었다. 그날 저녁, 시장에서 그림을 도로 가져온 화가는 그림 어디서도 아무런 표시를 찾을 수 없었다. 고민에 잠긴 화가는 방식을 바꿔 보기로 했다. 똑같은 그림을 들고 시장을 찾은 화가는 사람들에게 그림에서 가장 마음에 드는 곳을 그림에 표시해 달라는 메모를 남겼다. 그 결과, 그림 전체에 수많은 표시가 그려져 있었다. 그제야 화가는 자신이 무엇을 그리든지 모든 사람을 만족시킬 수는 없다는 사실을 깨달았다. 자신의 그림을 좋아하는 사람이 있는가 하면, 그렇지 않은 사람도 동시에 존재하기 때문이다. 자신의 그림을 모든 사람이 형편없다고 손가락질 하지 않겠지만 그렇다고 해서 모든 사람이 자신의 그림에 박수갈채를 보낸다는 것도 아니다. 누군가에게는 거부감을 느끼는 대상이 또 다른 누군가에게는 경탄의 대상이 될 수도 있다. 그러므로 무슨 일이든 모든 사람을 만족시킬 수 없고, 다른 사람이 당신에게 만족하도록 애써 노력할 필요는 더더욱 없다.

모든 사람은 저마다의 생각, 관점, 평가를 근거로 주변에 영향력을 발휘할 수 있다. 그러므로 스스로 결정을 내려야 할 때 다른 사람에게 이리저리 휘둘린다면 자신만의 생각과 주관이 없는 사람으로 낙인찍힐 수 있다.

하버드의 지혜

하버드대학교의 첫 여성 총장인 드류 길핀 파우스트(Drew Gilpin Faust)는 졸업식 연설에서 학교를 떠나는 학생들에게 당부의 말을 전했다. "여러분의 삶을 좌우할 수 있는 사람은 없습니다. 여러분의 마음 깊숙한 곳에 자리 잡은 자아 외에 여러분의 삶은 여러분의 손에 달렸습니다."

우리는 다른 사람의 이야기에 귀 기울이는 법, 그것도 무척 진지하게 귀 기울이는 법을 배워야 한다. 그래야 그 속에서 자신에게 도움이 되는 정보를 얻을 수 있다. 99%의 소음에서 1%의 정보를 골라낸 뒤에 자기 생각을 바탕으로 1%의 정보를 종합적으로 고려해 자신에게 맞는 결정을 과감히 내려야 한다.

적절한 판단과 세상살이의
논리

논리학에서 판단(Judgment)은 객관적 사물, 상황에 대한 판정으로, 긍정 또는 부정의 형식으로 주변의 현실을 반영하는 사유형식의 일종이다. 사물의 상황은 다양하기에 그에 따른 판단 역시 다양할 수밖에 없다. 양상을 표현하는 단어(가능, 필연 등) 포함 여부에 따라 판단을 양상 판단과 비 양상 판단으로 구분할 수 있다. 또한 판단에 또 다른 판단이 포함되었는가에 따라 단일판단과 복합판단으로 세분화할 수도 있다. 단일판단은 성질판단과 관계판단으로 분류되며, 복합판단은 연언판단, 선언판단, 가언판단 등으로 구분된다. 이 장은 논리학의 다양한 판단 영역에 대해 알아볼 것이다.

우리는 '어떻게 살아야 할 것인가?' 이 물음에 대한 답을 말하기는 쉬울지 몰라도 실제 행동으로 옮기기란 절대 쉽지 않다. 손대는 일마다 성공하고 사람들로부터 환대를 받는 사람이 있는가 하면, 하는 일마다 실패하고 사람들로부터 외면받는 사람도 있다. 똑같은 사람이건만 왜 이런 차이가 생긴단 말인가? 근본적인 원인은 당사자의 인성, 처세술에 있다. 그렇다면 무엇이 올바른 처세의 도인가? 작은 것 하나 놓치지 않는 능력, 다른 사람이 쉽게 외면하는 것을 돌아볼 수 있는 여유, 아무도 보지 못한 것, 발견하지 못한 보물을 찾아내고 발견할 수 있는 능력을 갖춰야 한다. 하나의 사물에 상대할 때 그 안에 숨겨진 이야기를 찾아내고 본질을 꿰뚫고 재빨리 판단을 내려야 한다. 그래야만 정보를 기회와 재화로 전환할 수 있을 뿐만 아니라, 동시에 자신의 실수로 생기는 불필요한 문제를 피할 수 있다.

긍정인 듯
긍정 아닌 부정

　평생 침략전쟁을 반대한 세계적인 화가 피카소(Pablo Picasso)는 제2차 세계대전 당시, 프랑스를 침략한 독일의 일부 군관들이 파리에 세워진 자신의 미술관을 자주 드나든다는 소식을 알게 됐다. 어느 날, 미술관 출구에 모습을 드러낸 피카소가 독일 병사에게 자기 작품 '게르니카(Guernica)'의 복제품을 나눠주기 시작했다. 이 그림은 스페인의 도시 게르니카를 폭격한 독일 나치군의 참상을 고스란히 그려낸 작품이다. 마침 그 자리에는 당시 독일군 내에서 지대한 영향력을 자랑하는 장군도 있었는데, 그는 병사들에게 나눠준 그림이 본인 것인지 피카소에게 물었다.

　장군의 물음에 피카소는 단호하게 대답했다. "아니요, 이건 그대들의 걸작이오!" 이 말에는 독일 파시즘에 대한 피카소 자신의 증오와 비난이 두루 담겨 있었다. 독일의 나치군 장군은 그림에 관해 물었지만, 피카소는 그림 위에 그려진 진실에 대해 대답했다. 이 일화를 두고 세간에서는 짧은 한마디 말 속에 깊은 울림이 숨겨져 있다고 평가하기도 했다.

피카소의 대답은 언어학적으로 보자면 하나의 부정사와 하나의 감탄구로 이루어져 있다. 논리적 분석이라는 측면에서는 하나의 부정판단과 하나의 긍정판단이 들어있다. 판단이라는 건 사유 대상을 판정하는 사유형식이다. 인간의 사유 활동은 개념의 형성에만 국한될 수 없다. 반드시 개념을 한데 연계해야만 판단을 구성하고 사물 사이의 다양한 관계를 반영함으로써, 사물의 상황을 다양하게 서술할 수 있다. 판단은 긍정 또는 부정이라는 형태로 판정할 수 있는 특징 외에도, 진실과 거짓이 반드시 존재한다는 특징을 보여준다. 요컨대 하나의 판단이 참이거나 또는 거짓일 수 있다. 판단을 통해 판정한 상황이 사실과 결부하는 경우 참된 판단이라고 말하고, 반대로 판단을 통해 판정한 사실이 사실과 일치하지 않는다면 이를 거짓 판단이라고 부른다. 예를 들어서

하버드대학교는 미국에 있다.
빌 클린턴은 하버드대학교 출신이다.

앞의 판단은 사실과 일치하기 때문에 참된 판단이라고 부르지만, 후자의 경우 사실과 일치하지 않아서 거짓 판단이 된다. 참된 판단은 인류에게 중요한 가치를 지닌다. 모든 과학적 이론 모두 일련의 참된

판단을 통해 구성된다.

판단 언어의 형식은 명확하게 판정하는 어구를 갖춰야 하는데, 판단과 어구 사이의 관계는 다음과 같은 몇 가지 특징을 보인다.

첫째, 판단은 어구를 통해 표현되지만, 모든 언어가 판단을 표현하는 것은 아니다. 어구의 네 가지 유형에 따라 살펴보자.

서술문이 판단을 표현하는 방식을 예로 들어 설명하자면, '그는 운동선수다.', '대서양은 세계에서 가장 큰 바다가 아니다.' 등과 같다. 서술문은 주어를 서술하는 어구로서, 긍정적인 진술이든 부정적인 진술이든 모두 판단을 구현할 수 있다.

감탄문의 경우 두 가지 방식으로 나눠볼 수 있다. '이 꽃은 정말 아름답구나!', '테러와의 전쟁에서 반드시 승리해야 한다!' 모두 명확한 판정을, 문구를 통해 구체화했다는 점에서 판단을 표현한 문구라고 하겠다. 하지만 또 다른 유형의 감탄어에는 명확한 판정의 내용이 담기지 않았다. 이를테면 '좋아!', '이봐!' 등의 단독 문구는 명확한 판정 내용이 없어서 판단으로 표현할 수 없다.

기원문 역시 두 가지로 나뉜다. '공공장소에서는 금연해 주십시오', '이 길은 막혔습니다' 등은 명확한 판정 내용을 지니고 있다. 하지만 '문을 닫아주세요', '양해 부탁합니다' 등은 그저 화자의 바람만 담고 있을 뿐, 상대가 문을 닫았는지 또는 상대가 양해할 수 없다며 화를 냈는지 어느 것 하나 명확하게 확정할 수 없다. 그 때문에 판단을 구체화할 수 없다.

의문문은 판단을 드러내지 않는다. '논리학이란 무엇인가?', '이 책은 누가 쓴 겁니까?', '돈 얼마나 쓰셨나요?' 등의 의문문은 궁금하다는 호기심을 담고 있을 뿐 판단을 구체화하지 않고 있다. 하지만 반문을 드러내는 문구는 또 다른 상황을 가져온다. '설마 내 말이 틀렸다는 거야?'라는 말은 강한 어조로 내 말이 옳다는 것을 드러낸다. '너 지금 사람 무시하는 거야?'라는 말 반문 역시 '너 지금 사람 무시하잖아'라는 것을 강조하고 있다. 이러한 형태의 반문은 단순히 궁금해서 물어보는 게 아니라, 사실상 긍정의 의미를 강하게 드러낸다. 그러므로 반문은 분명한 판단이 내포된, 판단을 표현한 어구라 하겠다.

실제 언어 교류에서 판단을 표현한 어구는 특정한 언어적 환경과 조건에서 생략되기도 한다. 예를 들어서 피카소가 나치군 장군의 물음에 '아니요'라고만 답했다면 사실상 '이건 내 작품이 아니다'라는 뜻을 드러나며 상대에게 부정의 답변을 들려준다. 상대가 이야기한 '걸작'을 피카소는 의도적으로 캔버스에 표현된 사실로 바꿔치기한 뒤 부정하면서 '이건 당신들의 걸작'이라고 명확한 긍정의 뜻을 밝힘으로써 파시스트에 대한 자신의 분노와 혐오를 드러냈다.

둘째, 같은 판단은 다양한 어구로 표현할 수 있다. 하나는 다양한 국가, 민족에서 같은 판단을 다양한 언어로 표현하는 방법이고, 나머지 하나는 같은 판단에 대해 동일한 언어를 사용해 다양한 문구로 표현하는 것이다. 예를 들어 '모든 물체는 운동한다.'라는 말을 '운동하지 않는 물체는 없다.'라고 표현할 수도 있고, '설마 운동하지 않는 물체가 있단 말인가?'라는 문구로도 표현할 수 있다.

셋째, 동일한 어구 역시 다양한 판단을 표현할 수 있는데 크게 두 가지 상황으로 나뉜다. 하나는 단어의 다의성을 통해 판단을 구성한다. 이를테면 '펜타곤 밖에 경찰이 서 있다.'라는 말은, '건물의 두 블록 간격으로 경찰 한 명이 있다.' 또는 '한 블록마다 경찰이 경비를 서 있다.'라는 뜻으로도 풀이할 수 있다. 그것도 아니면 '어느 블록에도 없다.'라는 의미일 수도 있다. 나머지 하나는 언어적 측면에 따라 두 가지 판단을 내릴 수 있다. '우리 모두 몸이 좋지 않으신 선생님의 아버지를 문병하러 가자.'라는 말은, '몸이 좋지 않으신 선생님'과 몸이 좋지 않으신 '선생님의 아버지'라는 두 가지 의미로 해석될 수 있다. 그런 점에서 전체적으로 두 가지 판단을 내릴 수 있다. 동일한 어구로 다양한 판단을 표현하려면 다른 해석을 지닌 어구가 사실상 포함되어야 한다. 언어를 통해 표현할 때 또 다른 해석을 가능케 하는 판단을 내리지 않으려면, 다양한 의미가 있는 단어 또는 어구의 사용을 피하거나 언어적 환경을 명확히 드러내야 한다.

한마디 말로
갈리는 운명

어느 날, 꿈에서 이빨이 몽땅 뽑히는 꿈을 꾸게 된 황제가 대신들에게 꿈을 해몽할 수 있냐고 물었다. 그러자 승상이 그 꿈은 황실 일가가 황제보다 먼저 죽게 되는 것을 암시한다고 답했다. 화가 머리끝까지 난 황제가 승상을 사형하라는 명령을 내렸다. 때마침 입궁하던 아판티를 발견한 황제가 자신의 꿈을 풀이해 보라고 명했다. "황제께서는 어떤 황족보다도 장수하실 겁니다." 그의 이야기에 황제는 크게 기뻐하며 아판티에게 화려한 비단옷을 내렸다.

위의 이야기에서 아판티와 승상 모두 황제에게 한마디 말을 건넸다. 비록 표현은 달랐지만, 실제 의미는 100% 일치했다. 그럼에도 승상은 사형에 처할 위기에 놓였지만, 아판티는 황제로부터 비단옷을 받았다. 논리적 분석이라는 측면에서 승상과 아판티의 해몽은 모두 관계판단을 보여준다. 한 가지 차이점이 있다면, 아판티는 또 다른 관계판단으로 승상이 사용한 관계판단을 대체했다는 것이다.

이른바 관계판단은 사물과 사물 사이의 관계를 정의하는 판단을 가리킨다. 이를테면 '일 분은 60초와 같다.', '6은 4보다 크다.', '나는 당신을 알고 있다.' 등 모두 관계판단에 속한다.

관계판단은 크게 세 부분으로 구성된다.

첫째, 관계명사, 즉 특정한 관계를 짊어진 대상을 가리킨다. 이를테면 위의 사례에서 '1분'과 '60초', '6'과 '4', '나'와 '당신' 등이 여기에 속한다. 관계명사는 두 개, 또는 세 개, 또는 세 개 이상도 될 수 있다. '미국은 태평양과 대서양 사이에 자리 잡고 있다'라는 설명에서는 '미국', '태평양', '대서양' 총 세 개의 관계명사가 등장한다. 두 개의 관계가 존재하는 경우, 전자를 관계의 전건, 후자를 관계의 후건이라고 부른다. 여러 개의 관계가 복잡하게 얽혀있다면, 순서에 따라 제1 관계명사, 제2 관계명사, 제3 관계명사 등으로 부를 수 있다.

둘째, 관계, 즉 관계 항목 사이에 존재하는 특정 관계를 가리키며, 관계사로 표현한다. 위의 사례에 등장하는 '~같다.', '~크다.', '~안다.' 등은 특정한 관계를 설명하는 관계사에 해당한다.

셋째, 관계명사의 양, 즉 판단의 양, 관계명사의 수량을 표시한 개념으로 단칭(單稱), 특칭(特稱), 전칭(全稱)으로 나눌 수 있다. 단칭과 전칭 모두 생략할 수 있지만 특칭은 생략할 수 없다. 예를 들어 '일부 동급생은 나보다 크다'라는 문장에서 '동급생'과 '나'는 관계명사, '~은(는) ~보다 크다.'는 관계사, 그리고 '일부'는 관계 수량의 항목에 속한다.

a, b로 관계명사를 표시하고, R로 관계를 표시했을 때 관계판단의 공식은 a R b 또는 R (a, b)이다. 무릇 두 개의 관계판단은 모두 해당 공식으로 표현할 수 있다.

객관적 사물 사이의 관계가 무척 복잡하기에 관계판단을 구성하는 종류 역시 무척 다양하다. 먼저 '관계'의 성질부터 이해해야만 그 관계의 성질에 따라 참된 관계판단을 형성할 수 있을 뿐만 아니라, 한 걸음 더 나아가 정확한 관계 추리를 구성할 수 있다. 객관적 사물 사이의 관계 성질은 무척 다양한데, 여기에서는 쉽게 볼 수 있는 두 가지 관계 성질, 즉 대칭성과 이행성을 주로 다뤄보겠다.

첫째, 관계의 대칭성은 크게 대칭관계, 비대칭관계, 반대칭관계로 나눌 수 있다. '톰과 딕은 동급생이다'라는 말에서 '톰'과 '딕'은 '동급생'이라는 관계를 맺고 있는 동시에 '딕'과 '톰' 역시 '동급생'이라는 관계를 맺고 있다. 즉 '~와(과) ~은(는) 동급생이다'라는 관계사에서 드러나는 관계는 대칭관계에 속한다. 그밖에 대칭관계를 표현하는 단어로는 '~같다', '~동일하다', '~비슷하다', '동맹이다', '이웃이다' 등의 표현도 있다.

반대칭관계에서 a와 b는 R 관계를 맺고 있지만 b와 a 사이에는 R이라는 관계가 없어서 R은 반대칭관계가 된다. 예를 들어서 '하버드대학교 럭비부가 스탠퍼드대학교 럭비부를 물리쳤다.'라는 문장에서 '하버드대학교 럭비부'는 '스탠퍼드대학교 럭비부'에 대해 '승리'를 거머쥔 관계를 맺고 있지만 '스탠퍼드대학교 럭비부'는 '하버드대학교 럭비부'에 대해 '승리'를 거머쥔 관계가 없다. 그래서 '승리를 거머쥐었다'라는 관계사에서 드러난 관계는 반대칭관계에 속한다. 반대칭관계를 표현하는 단어로는 '~보다 크다', '~보다 작다', '~보다 앞이다', '~보다 뒤다', '~에게 이기다', '~에게 패하다' 등이 포함된다. 앞서 등장한 아판티는 황제의 꿈을 해몽할 때 '황실 일가가 황제보다 먼저 죽게 될 것'이라는 이야기에서 관계판단인 '~이(가) ~보다 먼저 죽는다'라는 문장의 반대칭관계를 이용해 '황제가 어떤 황족보다도 장수할 것'이라는 해몽을 들려줄 수 있었다.

비대칭관계에서 a와 b는 R 관계를 맺고 있지만 b와 a는 R이라는 관계가 있을 수도 있고 없을 수도 있다. 그래서 R은 비대칭관계를 맺게 된다. 예를 들어 '나는 너를 믿는다'라는 문장에서 '나'는 '너'에 대해 '믿는다'는 관계를 맺고 있으며, '너'는 '나'에 대해 '믿는다'는 관계를 맺고 있을 수도, 혹은 '믿지 않는다'는 관계를 맺고 있을 수도 있다. 그래서 '믿는다'는 관계사는 비대칭관계를 드러낸다. 비대칭관계를 보여주는 관계사로는 '안다', '좋아한다' 등이 있다.

둘째, 관계의 이행성은 크게 이행 관계, 반이행관계, 비이행관계로 구분된다. 전달 관계에서 a와 b는 R 관계를 맺고 있고, b와 c는 R 관계를 맺고 있다. a와 c 역시 R 관계를 맺고 있다면 R은 전달 관계가 된다. '톰이 딕보다 크다. 딕은 해리보다 크다. 그러므로 톰은 해리보다 크다'라는 문장에서 '~이(가) ~보다 크다'는 관계사는 이행성을 띠고 있다. 전달 관계를 지닌 단어로는 '~보다 크다', '~보다 작다', '~보다 앞이다', '~보다 뒤다', '~와(과) ~은(는) 같다' 등이 있다.

반이행관계에서 a와 b는 R 관계를 맺고 있고, b와 c는 R 관계를 맺고 있다. 하지만 a와 c 사이에 R 관계가 없다면, R은 반이행관계가 된다. '톰이 딕보다 한 살 많다, 딕은 해리보다 한 살 많다, 톰은 해리보다 한 살 많지 않다'는 문장에서 '~이(가) ~보다 한 살 많다'는 관계사는 반이행성을 띤다. 그밖에도 '~은(는) ~의 아버지다', '~이(가) ~보다 천 원 더 싸다' 등 모두 반이행적인 관계를 보여준다.

비이행관계에서 a와 b는 R 관계를 맺고 있고, b와 c는 R 관계를 맺고 있다. a와 c는 R 관계를 맺고 있을 수도, 맺지 않을 수도 있다. 그래서 R은 비이행관계가 된다. '나는 당신을 알고, 당신은 그 사람을 안다. 그렇다고 해서 내가 그 사람을 반드시 안다고 이야기할 수 없다'라는 문장에서 '안다'라는 관계사는 비이행성을 보인다. 비 전달적 관계를 지닌 단어로는 '믿는다', '비난한다', '관심을 보인다' 등이 포함된다.

한마디 말 속에 숨겨진
두 개의 의미

　　고대 그리스의 철학자 아리스토텔레스는 박학다식한 인물로, 열일곱 살 때 아버지의 가르침에 따라 대철학자 플라톤 밑에서 학문을 닦기 시작했다. 독립적 사고에서 뛰어난 소질을 보인 아리스토텔레스는 스승인, 플라톤을 무척 존경했지만, 그의 관점에는 절대 동의하지 않았다. "난 스승님을 사랑하지만, 진리를 더욱 사랑한다." 아리스토텔레스의 이 말은 훗날 널리 알려져 오늘날에는 명언으로 두루 활용되고 있다. 논리적 분석이라는 측면에서 그의 말은 연언 판단을 보여주고 있다.

　　이른바 연언 판단이란 몇 가지 상황이 동시에 존재하는 상황을 판정하는 판단을 가리킨다. 예를 들어서 '벤저민 프랭클린은 위대한 과학자다. 그리고 벤저민 프랭클린은 위대한 정치가다.' 이 문장은 전형적인 연언판단에 속한다. 위의 예시에서는 벤저민 프랭클린을 위대한 과학자이자 위대한 정치가로 판단했다. '난 스승님을 사랑하지만, 진리를 더욱 사랑한다.'라는 아리스토텔레스의 명언은 아리스토텔레스가 스승을 사랑하는 동시에 진리를 더욱 사랑하는 두 가지 상황을 동시에 판단한다는 점에서 연언판단이라고 정의할 수 있다.

연언판단은 성질판단과 관계판단과는 다르다. 성질판단과 관계판단이 하나의 판단을 통해 구성되며, 그 자체만으로는 두 번째 판단을 포함하지 않는다는 점에서 단일판단이라고 부른다. 연언판단은 하나의 판단으로 구성되는 것이 아니라, 다른 판단(수량 무제한)을 포함한다고 해서 복합판단이라고 부른다. 복합판단의 모든 단일판단을 '연언지'라고 부른다. 이 외에도 복합판단에는 선언판단, 가언판단 등이 존재한다.

연언판단은 크게 두 부분을 구성된다.

첫째, 연언지는 연언판단을 구성하는 '단일판단'이다. 위의 예시에서 '벤저민 프랭클린은 위대한 과학자다'와 '벤저민 프랭클린은 위대한 정치가다'라는 말 모두 연언지에 속한다. 연언판단에 포함된 연언지는 두 개일 수도 있고 세 개, 또는 그 이상도 될 수 있다. 논리적으로 알파벳 'p, q, r'을 사용해서 '연언지'를 표시할 수 있다.

둘째, 연결항은 연언지를 연결하는 연결사를 말한다. 예를 들어서 '그리고', '~와(과)', '~뿐만 아니라 또한~' 등이 여기에 속한다. '그리고'를 사용해서 '벤저민 프랭클린은 위대한 과학자다'와 '벤저민 프랭클린은 위대한 정치가다'라는 말을 연결할 수 있다. 연언판단의 논리적 성질은 연결항을 통해 결정된다. 연결항의 언어 형식은 다양한데, 자연 언어(natural language)의 다의성을 피하고자 논리는 형식 부호를 사용해서 표시한다. 연언판단의 연결항을 표시하는 연결항 부호는 '∧'이다. 이렇게 하면 연언판단의 공식을 p 그리고 q 또는 p∧q로 정리할 수 있다.

연언판단의 참과 거짓은 각 연언지가 동시에 모두 진실한가에 달렸다는 점에서, 우리는 두 가지 규칙을 얻을 수 있다. 하나는 연언지가 모두 참일 때는 연언판단은 참이 된다는 것이고, 나머지 하나는 연언지 중에 거짓이 하나라도 있는 한, 연언판단은 거짓이 된다.

연언판단의 언어 표현 형식은 크게 세 가지로 정리할 수 있다. 첫째, 병렬 복합구로 예를 들어 '그는 풍부한 문학지식을 가지고 있다. 그리고 풍부한 역사적 지식도 가지고 있다'가 여기에 속한다. 둘째, 순차 복합구는 '그는 시험에 참가했을 뿐만 아니라 만점을 받았다'가 속한다. 셋째, 역접 복합구로 '게이츠는 하버드대학교를 다니다 중퇴했지만, 그곳에서 많은 것을 배웠다'가 속한다.

위의 세 가지 복합구는 서로 다른 연결사를 사용해서 특정한 의미를 지니고 있지만 동시에 두 가지 상황을 판단하는 논리적 의미를 모두 지니고 있다. 그래서 모두 연언판단에 속한다고 볼 수 있다.

연언판단을 표현하는 어구는 종종 주어, 서술어 또는 연결사를 생략한다. '헨리 데이비드 소로는 하버드대학교를 졸업한 유명한 작가이자, 철학자다.' 두 번째 판단에서는 주어인 '헨리 데이비드 소로'가 생략되었다. 《자연론》은 랄프 에머슨의 작품이며, 《영국 국민성론》

역시 그렇다.' 두 번째 판단에서는 '랄프 에머슨의 작품'이라는 서술어가 생략되었다. '미국의 전임 대통령 제럴드 포드는 학생 시절에 출중한 인성과 지식을 갖춘 청년으로 평가받았다. 항상 겸손한 자세를 잃지 않았다. 동급생들에게도 관심을 보였다. 도움을 주는 데 적극적이었다. 위신이 높았다.' 이 문장에서 등장하는 연언지는 총 다섯 개로, 연결항이 모두 생략되었다.

연언판단 역시 연합주어 또는 연합서술어로 구성된 단구(單句)로 표현할 수 있다. '프랭클린 루스벨트와 존 케네디는 모두 하버드대학교를 다닌 적 있었다.' 이 문장은 연합주어로 구성된 단구에 속한다. '링컨은 숭고한 사람, 위대한 사람이다'라는 말은 연합서술어로 이루어진 단구다.

연언판단은 사람의 사유 과정에서 작용하는데, 주로 동시에 존재하는 상황을 하나로 결합해 반영함으로써 통합적인 인식의 결과물을 얻는다. 예를 들어서 'A씨는 글을 쓸 수 있을 뿐만 아니라, 말할 수도 있다'라는 말은 특정 대상에게서 동시에 존재하는 두 가지 상황을 하나로 연결한 뒤 반영한 것이다. 이 과정을 통해 연언판단을 획득하는데, 이때 구현된 언어 형식은 순차적 복합구에 해당한다.

하지만 연언판단을 사용하면 오류가 더 쉽게 일어날 수 있는데, 구체적으로 다음의 몇 가지 상황으로 나눠볼 수 있다.

첫째, 연언판단에는 거짓판단이 포함된다. '마이클 교수와 작가의 딸이 결혼해서 아이를 가졌지만, 많은 동료가 알지 못한다.'이 문장은 '작가의 딸과 결혼해서 아이를 가졌다'라는 병렬 서술어가 포함된 연

하버드 논리학 강의

언 판단이다. 남자인 마이클 교수가 아이를 가질 수 없는 것이 분명하므로, 전체 연언판단은 거짓이 된다.

둘째, 연언판단의 주어와 서술어가 대응하지 않는다. '자기희생적인 그의 정신, 위대한 그의 이미지는 언제나 우뚝 선 채 눈부시게 빛날 것이다' 연합주어와 연합서술어로 이루어진 연언판단이다. 주어인 '자기희생적인 그의 정신'과 서술어인 '언제나 우뚝 서다'는 연결이 무척 부자연스럽다.

셋째, 연언판단의 연언지 순서를 논리적 형식이라는 측면에서 봤을 때, 앞뒤 관계와 논리값은 아무런 상관도 없지만 일상생활에서는 표현 순서에 주의해야 한다. '우리는 회의의 내용을 성실히 실천하고 배워야 한다'라는 이야기를 살펴보자. 일단 '배워야' 비로소 '실천'할 수 있다. 이처럼 표현은 정확하고 적절해야 한다. 때로 그 순서를 바꾸면 전혀 다른 의미로 들릴 수 있다. 예를 들어서 어떤 장군이 병사들을 이끌고 원정길에 올랐지만, 번번이 패배했다. 황제에게 전황 보고를 앞두고 잔뜩 긴장한 장군에게 누군가가 '번번이'라는 표현을 바꾸어 보라 권유했다. 같은 상황에 대한 판정을 수정하기는 했지만, 그 의미는 대체로 비슷하다.

올바른 판단을 위한 해법

출중한 전투력으로 명성이 자자한 고대 스파르타인은 전장에서 사용하는 방패를 무척 소중하게 여겼다고 한다. 그래서 전투를 치르다가 방패를 잃어버리면 커다란 치욕으로 여겼다고 전해진다. 요컨대 전투에서 살아 돌아오든, 용감하게 싸우다가 목숨을 잃든 스파르타의 전사라면 항상 손에서 방패를 놓지 않아야 했다. 소중한 아들을 위험한 전쟁터로 보내야 했던 한 어머니는 아들과 헤어지는 자리에서 방패를 들고 걸어서 돌아오든, 방패 위에 실린 채 사람들의 손에 들려서 오든 반드시 집에 돌아오라는 당부의 말을 전했다. 그리고 그 말은 스파르타인의 용맹함을 보여주는 일화로 지금까지 전해지고 있다.

논리적 분석이라는 측면에서 위의 이야기는 선언판단에 해당한다고 볼 수 있다. 선언판단이란 몇 가지 가능한 상황을 판정하는 판단

하버드 논리학 강의

을 가리킨다. 이를테면 '린다는 뉴욕 사람일 수도 있고, 애틀랜타 사람일 수도 있다', '이번 사고를 일으킨 원인은 아마도 설비 문제인 것 같다. 아니면 조작 미숙에 따른 문제일 수도 있다.' 두 문장 모두 두 가지 가능한 상황을 판정하는 선언 판단에 속한다.

　　선언판단 역시 복합판단으로서, 선언지와 연결항으로 구성된다.
　　첫째, 선언지는 선언판단을 구성하는 '판단'으로, '린다는 뉴욕 사람일 수 있다'와 '애틀랜타 사람일 수도 있다', '이번 사고를 일으킨 원인은 아마도 설비 문제인 것 같다'와 '아니면 조작 미숙에 따른 문제일 수도 있다' 모두 선언지에 속한다. 선언지의 개수는 두 개, 또는 세 개, 혹은 그 이상이어도 무방하다.
　　둘째, 연결항은 선언지를 연결하는 연결사로, '혹은~ 혹은~', '어쩌면~ 어쩌면~', '~하든지 ~하든지', '~ 아니면 ~이다' 등이 여기에 속한다. 때로는 생략될 수도 있다. 예를 들어 '불합격자 수는 전체 인원수의 1%, 2%, 3%에 달한다'라는 문장은 좀 더 정확히 말해서 '1% 또는 2%, 혹은 3%'를 가리킨다.
　　선언판단은 선언지와의 호환 여부에 따라 호환적 선언판단과 비호환적 선언판단으로 나눌 수 있다.
　　호환적 선언판단은 상호호환적인 선언지로 구성된 선언판단을 의미한다. 즉 최소한 한 개의 선언지가 참으로 판정된 선언판단이라 하겠다. '멜 깁슨(Mel Gibson)은 배우던가, 아니면 감독이다', '올해 풍년을 거둔 원인은 큰 자연재해가 없었던 날씨 덕분이거나 충분한 비료, 아니면 획기적인 농사법 때문인 것 같다' 선언지에 참인 선언지가 최소한 한 개라도 있으면 선언판단은 참이 된다. 반대로 선언지가 모두 거짓이라면 선언판단은 거짓이 된다.

비호환적인 선언지로 구성된 선언판단은 참인 선언지가 오직 하나인 것으로 판정되는 판단을 가리킨다. 예를 들어서 '사진이 흑백이거나 컬러일 수 있다', '삼각형이 직각일 수도 있고, 예각, 혹은 둔각일 수도 있다' 선언지에 참인 선언지가 한 개뿐이라면 선언판단은 참이 된다. 하지만 선언지가 모두 참이거나 모두 거짓이라면 선언판단은 거짓이 된다.

선언지의 호환성 여부 외에 연결항이 호환적 선언 판단과 비호환적 선언 판단을 구분하는 기준이 된다. 일반적으로 '혹은'이라는 연결항은 호환관계를 표현할 수 있을 뿐만 아니라 비호환적 관계를 표현하는 데도 사용된다. 이에 반해 '~하든지 ~하든지', '~ 아니라 ~ 이다'는 연결항은 비호환적 관계만을 표현한다. 앞에 등장한 에피소드에서 스파르타 전사의 어머니가 아들에게 전한 당부, '방패를 들고 돌아오든, 방패 위에 실린 채 사람들의 손에 들려서라도 집에 돌아오라'라는 말은 비호환적인 선언판단을 보여준다.

선언판단을 표현할 때 쉽게 오류가 일어나는 상황은 주로 다음과 같다.

첫째, 연결항 혼동으로 비호환적인 연결사를 잘못 사용해서 호환관계를 표현한다. '그가 공부를 못하는 것은 열심히 노력하지 않았든지, 또는 기초가 부족하기 때문이다' 이 문장의 선언지 '열심히 노력하지 않았다'와 '기초가 부족하다'는 모두 호환관계를 보이고 있지만

하버드 논리학 강의

비호환적인 관계를 표현하는 연결사 '~ 하든지, ~ 하든지'를 쓰고 말았다. 그 때문에 '열심히 노력하지 않았다'와 '기초가 부족하다'는 내용이 서로 호환되지 않는다. 공부를 못하는 건, '열심히 노력하지 않았기 때문'일 수도 있고 '기초가 부족하기 때문'일 수도 있다.

둘째, 선언지의 누락으로 참인 선언판단은 참인 선언지가 최소한 한 개라도 있어야 한다. 참인 선언지가 하나도 없다면 호환성 여부에 상관없이 해당 선언판단은 모두 거짓이 된다. 그러므로 선언판단의 진실성을 보장하려면 사물의 모든 가능한 정황을 열거해야 한다. 선언판단에서 모든 선언지를 일일이 언급하지 않으면 열거된 가능한 정황에 거짓된 내용이 포함될 수 있어 유일한 참된, 가능한 정황이 누락 될 수 있다.

선언지를 누락 해서는 안 되는 까닭은 참인 선언판단을 확보하기 위함이다. 그렇다고 해서 선언지가 제대로 갖춰지지 않은 모든 선언판단이 모두 거짓이라는 뜻은 아니다. 선언지에 참된, 가능한 상황이 이미 포함되었다면 그것은 이미 참된 선언판단이 된다. '관광지를 도는 대형관광버스는 7시에 출발하고, 8시에도 출발할 수 있다.' 시간적 상황이 여러 가능성을 보여주고 있지만 관광객은 버스 출발 시간을 기록하지 않아도 된다. 7시와 8시라는 두 가지 상황 중에 진짜 출발 시간이 들어있다는 걸 알기 때문에 해당 선언판단은 여전히 참에 속한다.

판단을 위한 근거인 조건

    1933년 단풍이 붉게 물든 늦은 어느 가을밤, 쉰 살을 넘긴 아인슈타인은 베를린 동부 지역의 하튼 거리에 세워진 학교에서 노동자를 대상으로 과학지식을 알려주는 강의를 담당했다. 한 중년 사내가 두 눈을 반짝거리며 입을 열었다. "아인슈타인 교수님, 교수님의 상대성 이론을 제대로 이해하는 사람이 십여 명에 불과하다고 하던데 그 말이 사실인가요? 저 같은 사람은 무슨 말인지도 이해하지 못하겠군요." 담배를 입에 물고 있던 아인슈타인은 천천히 담배 연기를 내뿜으며 입을 열었다. "흠, 그건 너무 과장된 말 같군요." 잠깐 뭔가를 골똘히 생각하던 그가 흥미롭다는 듯 계속해서 입을 열었다. "당신이 매력적인 아가씨 옆에 한 시간 동안 앉았다고 가정해 봅시다. 아마도 당신은 그 시간이 무척 빠르게 느껴질 거예요. 반대로 뜨거운 난로 위에 앉아 있다면 몇 초에 불과한 시간도 엄청나게 길게 느껴질 겁니다. 이게 바로 상대성 이론이랍니다." 위의 에피소드에서 아인슈타인은 두 개의 선언판단을 사용해서 일반인에게 상대성 이론의 함의를 간단명료하게 설명했다.

이른바 가언판단은 특정 상황에 대해 조건에 따라 판정하는 판단을 가리킨다. '바람이 불면 나뭇잎이 펄럭거린다'라는 문장에서 '바람이 불면'은 '나뭇잎이 펄럭인다'라는 내용의 조건이 되므로 가언판단에 속한다. '법치를 강화해야 사회가 안정된다'라는 문장에서도 '법치 강화'는 '사회 안정'을 위한 조건이므로 이 역시 가언판단에 해당한다.

가언판단 역시 복합판단으로서, 가언지와 연결항으로 구성된다. 조건을 보여주는 가언지를 전건, 조건에 따라 발생한 상황을 보여주는 가언지를 후건이라고 부른다. '바람이 분다', '법치 강화' 모두 가언판단의 전건이고, '나뭇잎이 펄럭인다', '사회 안정'은 가언판단의 후건에 속한다. 연결항은 전건과 후건을 연결하는 연결사로, '~이라면 ~이다', '~해야만 비로소 ~이다'는 표현 모두 가언판단을 보여주는 연결사다.

가언판단은 후건에 대한 전건의 조건에 따라 충분조건의 가언판단, 필요조건의 가언판단, 필요충분조건의 가언판단 세 종류로 나눌 수 있다.

충분조건의 가언판단은 반드시 특정 상황을 100% 일으키는 특정 조건을 가진 경우로서, 해당 조건이 특정 조건의 충분조건이 된다.

전건이 참이면 후건은 100% 참이고, 전건이 거짓이면 후건은 참일 수도, 거짓일 수도 있다는 특징을 지닌다. '비가 오면 땅이 젖는다'에서 '비가 온다'라는 조건은 땅을 반드시 젖게 만들지만, '땅이 젖었다'라는 현상의 원인이 반드시 '비가 내려서' 그런 것이 아닐 수 있다. 흔히 볼 수 있는 연결사로는 '~이라면 ~이다', '~해야만 ~이다', '일단 ~이면 ~이다' 등이 있다.

필요조건은 충분조건과 달리, 주로 일부 조건이 특정한 결과를 일으키는 상황에서 사용된다. 여기서는 모든 조건이 필요조건을 이루는데, 그중 어떤 조건 한 가지라도 누락 되면 특정한 결과가 발생하지 않는다. 특정한 결과가 일어나려면 일부 조건이 존재해야 하므로, 그중에서 조건 하나라도 없으면 결과를 얻을 수 없다. 결과를 얻으려면 조건이 일부만 필요하기에 모든 조건이 결과를 가져오는 데 모두 충분조건으로 작용하지 않는다. 필요조건의 경우, 전건이 거짓이면 후건은 100% 거짓이고, 전건이 참이면 후건은 참일 수도, 거짓일 수도 있다는 특징을 보인다.

'하버드대학교에 장학금을 신청하기 위한 네 가지 기본 조건은 뛰어난 성적, 출중한 문화적 재능, 활발한 사회운동과 리더십, 학교 또는 유명인의 추천장이다.' 이 문장에서 모든 조건은 장학금을 받기 위한 필요조건이지 충분조건이 아니다. 기본 조건은 뛰어난 성적이 없다면 장학금을 결코 신청할 수 없다는 사실이다. 뛰어난 성적만 있고 나머지 세 조건을 모두 갖추지 못했어도 장학금을 받을 수 없다. 흔히 볼 수 있는 연결사로는 '~해야만 비로소 ~이다', '반드시 ~해야만 ~할 수 있다', '오로지 ~해야만 ~할 수 있다' 등이 있다.

필요충분조건은 특정 조건이 100% 상황을 유발하고, 특정 조건이 없으면 상황이 발생하지 않는 상황을 가리킨다. 즉 여기서 특정 조건은 상황을 일으키는 필요충분조건이 된다. 필요충분조건은 전건이 참이면 후건도 100% 참, 전건이 거짓이면 후건도 100% 거짓이라는 특징을 보여준다. '삼각형의 세 변이 모두 같으면 등각삼각형이 된다'라는 문장에서 '삼각형의 세 변'은 '등각삼각형'의 필요충분조건이 된다. 삼각형은 세 변이 모두 같을 때만 등각을 이루고, 변의 길이가 다를 때는 등각을 이루지 못한다. '만일 ~이라면, 그리고 오직~ (해야만) 이다', '그리고 오직 ~일 때 ~이다' 등이 자주 쓰이는 연결사에 포함된다.

가능성과 필연성을
두루 살펴라

1918년 어느 청명한 가을날, 일본 미야기현 고고타 정 고소지의 불전 안에서 사람들은 하늘에서 내려온 듯한 민들레 씨앗처럼 생긴 물건 두 개를 발견했다. 당시 현장에 있던 스님이 10㎝ 크기의 오동나무 상자에 보관한 뒤 이를 사찰의 보물이라며 대대로 소장하도록 했다. 하지만 신기하게도 누군가가 1977년에 상자를 열었을 때 두 개에 불과했던 '씨앗'이 열다섯 개로 늘어나 있는 것이 아닌가! 하지만 상자는 지난 59년 동안 단 한 번도 열린 적이 없었다. 훗날 도쿄에서 누군가가 비슷한 '씨앗'을 주워 탁자 위에 올려놨는데 저절로 빙글빙글 회전했다는 소식이 들려오기도 했다.

씨앗에 대해 학자들은 다양한 의견을 제시했다. 일본 도호쿠대학교의 나가노 명예교수는 '불완전한 균류의 곰팡이'라고 주장했고, 일본

국립과학박물관 식물연구팀의 요시카츠는 '엉겅퀴의 갓 털'이라는 결론을 제시했다. 심지어 지구를 방문할 때 외계인이 타고 온 비행선이 지구에 추락할 때 전파된 '우주 식물'이라고 주장하는 사람도 있었다.

과학적 증거가 입증되기 전까지, 민들레 씨앗처럼 생긴 정체불명의 괴물체를 놓고 사람들은 지구를 방문할 때 외계인이 타고 온 비행선이 지구에 추락할 때 전파된 우주 식물이라는 가능성의 판단만 내릴 수 있었다. 하지만 논리학에서 이는 양상판단에 속한다.

'양상'이라는 단어는 라틴어에서 비롯됐는데 방식, 양식, 형태라는 함의를 지니고 있다. 양상판단은 논리적으로 사물, 상황의 가능성 또는 필연성에 관한 판단을 가리킨다. 이를테면 오늘 비가 온 것 같다는 말은, 양상판단이라는 측면에서 볼 때 '양상항'과 '양상사' 두 부분으로 구성된다. 양상판단 중에서 해당 양상의 대상으로 판정되는 것을 양상의 주사라고 부른다. 이를테면 위에 등장하는 문장의 주사는 '오늘'이다. 양상의 주사에 관한 서술을 양상의 빈사라고 부른다. 위에서 든 예시에서 '비가 내린다'가 바로 양상의 빈사가 된다. 양상사는 양상판단에서 특정한 형태를 보여주는 단어를 가리키는데, 예를 들어 '~ 할 수 있다', '필연적으로~'가 여기에 해당한다.

양상판단은 사물의 가능성 아니면 필연성을 자체 판단하는데, 다음과 같이 나눠볼 수 있다.

첫째, 개연판단은 불확실한 긍정적 판단과 불확실한 부정적 판단이 모두 포함된다. 불확실한 긍정적 판단은 사물의 상황을 판정하는 데 존재할 수도 있는 판단을 가리킨다. '그는 하버드대학교에 합격할 수 있을 것이다'라는 이야기는 불확실한 긍정적 판단에 속한다. 반면에 불확실한 부정적 판단은 사물의 상황을 판정하는 데 존재하지 않을 수도 있는 판단을 가리킨다. 예를 들어 '그는 하버드대학교에 합격하지 못할 것이다'라는 이야기는 불확실한 부정적 판단을 보여준다.

둘째, 필연판단은 확실한 긍정적 판단과 확실한 부정적 판단 모두 여기에 속한다. 확실한 긍정적 판단이란 사물의 상황을 판정하는 데 반드시 존재하는 판단을 가리키는데, '사회는 반드시 발전한다'라는 주장이 여기에 속한다. 이와 달리 확실한 부정적 판단은 사물의 상황을 판정하는데 절대 존재하지 않는 부정적 판단을 가리킨다. '지구는 절대로 정지하지 않는다'라는 주장은 확실한 부정적 판단을 가리킨다.

한 업체의 재무사무실에서 캐비닛이 도난당했다. 경비실의 에릭과 제시가 현장을 샅샅이 조사한 뒤 대화를 나눴다.

> 에릭: 상황 판단했을 때, 이번 도난 사건의 범인이 회사 내부 인물이 틀림없다는 것 같군.
> 제시: 반드시 내부 인물의 소행이라고는 생각하지 않아.
> 에릭: 내부인의 소행이 아니라고 판단하는 근거가 뭐지?
> 제시: 틀렸어, 네 뜻을 오해했군. 난 '반드시 그렇지 않다'라고 이야기하지 않았네. '그렇지 않을 수도 있다'라고 말한 것뿐이야.

위의 대화에서 에릭이 제시의 말을 오해한 원인은 양상판단의 '반대관계'와 '모순관계'를 명확하게 구분하지 못했기 때문이다. '반드시 내부 인물의 소행이라고는 생각하지 않는다'라는 제시의 말은, '내부 인물의 소행이 분명하다'라는 것을 부인한다. 하지만 '내부인의 소행이 아니라고 판단하는 근거가 뭐지?'라고 묻는 에릭은, 제시가 '내부 인물의 소행이 절대 아니다'라고 판단한 것으로 이해했다. 반대관계에 따르면 반드시 P라는 명제가 거짓일 경우, '반드시 P가 아니다'라는 참이 나올 수 없다. 모순관계에 따르면 반드시 P라는 명제가 거짓이면 'P가 아닌 것이 분명하다'라는 주장은 참이 된다. 그러므로 제시의 말은 논리적으로 아무런 문제가 없다.

양상판단을 사용하려면 반드시 객관적 양상에 부합해야 한다. 객관적으로 가능성을 지닌 사물이라고 해서, 확실한 양상판단을 사용해도 반영될 수 없다. 객관적으로 필연성을 지닌 사물은 일반적으로도 불확실한 양상판단을 사용해서 반영될 수 없다. 그렇지 않으면 양상을 혼동하는 오류를 범하게 된다. 예를 들어 '특정 지역에 가뭄이 발생하여 올해 생산량이 줄어들 것이 분명하다'라는 문장에서, 확실한 판단의 표현은 적절하지 않다. 실제로 가뭄에 적극적으로 대항할 수 있는 조처를 한다면 생산량이 회복될 뿐만 아니라 심지어 생산량이 늘어날 수도 있다. 그러므로 불확실한 판단을 사용해서 표현하는 것이 옳다.

이번 장의 맨 처음에 우주에서 건너온 듯한 정체불명의 물건을 일본이 발견했다는 소식에, 사람들은 '지구를 방문한 외계인이 타고 온 비행선에서 지구로 떨어진 외계 식물일 수도 있다'라며 강한 호기심을 드러냈다. 이는 실제에 부합하는, 불확실한 긍정적 판단이다. 하지만 증거가 충분하다면 민들레처럼 생긴 물체가 지구 밖에서 날아온 식물이 분명하다고 증명해야 한다. 그러므로 불확실한 판단을 통해 관련 내용을 표현하는 것은 적절하지 않다.

'넘어지다'를
'배웠다'로 바꿔라

    배에 돛 단 듯 순탄한 인생이란 존재하지 않는다. 제아무리 많은 재화를 쌓아두고 고귀한 신분을 지녔다고 해도 실패의 위험에서 벗어날 수 없다. 무슨 일이든 간섭, 방해와 같은 부정적인 현상이 존재하기 때문이다. 그로 인해 우리의 능력과 의지가 시험당할 때 과감히 실패의 위험에서 벗어나야 한다. 그렇다고 해서 실패가 부정적인 의미만 담고 있는 것은 아니다. 실패를 통해 우리는 경험과 교훈을 얻을 수 있다. 실패를 통해 얻은 지혜와 능력을 무기 삼아 똑같은 실수를 반복하는 어리석음을 모면할 수 있다. 그뿐만 아니라 실패를 통해 우리는 내 의지와 다른 방향으로 달아나는 삶이라는 존재에 당당히 맞설 수 있고 자기 의지력을 기를 수도 있다.

1832년, 당시 스물세 살의 링컨은 정치가가 되겠다는 꿈에 부풀어 있었다. 하지만 주 의원 선거에서 재차 낙선하고 떨어지고 말았다. 그 후 링컨은 사업가로의 변신을 꾀하며 회사를 차렸지만, 일 년도 지나지 않아 회사는 파산했다. 그리고 그 후 17년 동안 링컨은 회사 때문에 진 빚을 갚기 위해 사방으로 도망치기도 하고, 빚을 갚기 위해 닥치는 대로 일해야 했다. 1838년 링컨은 재기하겠다는 열정을 불태우며 주 의회 의장 선거에 도전했지만, 낙선의 고배를 마셔야 했다. 1843년 미국 국회의원 경선에 뛰어들었지만, 이번에도 낙선했다. 1846년 국회의원 선거에 재도전한 링컨은 국회의원으로 당선되는 데 성공했다. 하지만 자신이 속한 주의 현역 관리를 뽑는 선거에서 두 번 연속 떨어지고 말았다.

　　1854년 상원 경선에 뛰어들었지만 실패한 데 이어 그로부터 2년 뒤에 펼쳐진 미국 부통령 제명 선거에서도 결국 패하고 말았다. 또다시 2년 뒤에 치러진 상원 경선에서 또 패했다. 그리고 마침내 1860년 링컨은 미국 대통령으로 당선되는 데 성공했다. 그의 업적은 그 후 미국 전체 사회에 지대하게 작용했으며, 그 공로를 인정받아 링컨은 러시모어 국립기념지에 거대한 두상을 남긴 네 번째 대통령으로 뽑히는 영광을 얻었다.

　　링컨은 거듭되는 실패에도 좌절하거나 자신을 포기하지 않았다. 자신의 꿈을 포기할 수 없다는 생각에 링컨은 이를 악문 채 끊임없이 도전함으로써 자신의 삶을 주재할 수 있었다. 단 한 번도 넘어지지 않고 승승장구한 사람은 갑작스레 닥쳐온 위기에 버티지 못하고 결국 무너지기 마련이다. 그런 점에서 적당한 실패는 우리에게 오히려 도움이 되지만 실패에 직면했을 때 손가락 하나 까딱하지 못한다면 우리에게 아무런 힘도 되지 못한다. 실패 앞에서 실패를 오롯이 마주한 채 경험과 교훈을 스스로 체득해야 비로소 실패가 가져다주는 긍정적인 효과를 흡수할 수 있다. 또한 이를 발판으로 더욱 강하게 성장할 수 있다.

인생이라는 길에는 평지보다 구불구불한 험지가 훨씬 많다. 그러다 보니 성공은 수많은 실패로 이뤄진다. 미국 GE의 창립자는 성공으로 가는 길은, 당신이 실패하는 횟수를 두 배로 늘려줄 것이라고 이야기하기도 했다. 하지만 실패는 개인에게는 '부정적인 자극'을 가져다주므로 불쾌감, 좌절, 자기 비하 등의 감정을 심어준다. 우리는 이를 어떻게 극복할 것인가?

실패하거나 좌절한 후에 주관적·객관적 원인을 충분히 분석함으로써 해결책을 도출하는 것 외에 기대치를 낮추는 것도 효과적이다. 실패, 좌절이 때로는 객관적 원인이나 불가항력적 요소에 의해 일어나지만, 기대치가 너무 높아 생기는 경우가 월등히 많기 때문이다. 기대치를 적당히 조절함으로써 성공의 희열을 얻을 수 있다. 부지런히 목표를 실천하고 자신감을 끌어올리다 보면, 자기 비하와 같은 부정적인 정서에서 점진적으로 벗어나고 극복할 수 있다.

성공학의 대가 나폴레온 힐은 실패의 이유가 무엇이든, 끊임없이 성장하는 과정의 하나일 뿐이라고 지적했다. "성공은 여러 개의 발걸음으로 구성된다. 삶의 밑바닥을 걷는 걸음 역시 그저 그중 하나일 뿐인데, 그 때문에 앞으로 나아가기를 멈춘다면 무척 어리석은 생각이라 하겠다."라고 하버드대학교 출신의 철학자 역시 실패를 두려워하지 말라고 충고한다. 실패 앞에서 기죽지 않고, 시련을 동력으로 승화해야 한다. 비관적인 생각을 긍정적인 힘으로 발전시킨다면 성공은 머지않아 우리의 손에 쥐어질 것이다.

삶의 밑바닥을 헤맬 때라도 절대 좌절하지 마라. 일시적인 실패 때문에 삶의 모든 행복을 빼앗겨서는 더더욱 안 된다. 성공은 열심히 노력하는 자의 몫이다. 앞으로 나가기 위해 발버둥 칠 때, 성공은 어느새 당신 옆에 서 있을 것이다.

하버드의 지혜

하버드대학교의 졸업식에 참석한 《해리포터》의 작가 조앤 롤링(Joanne K. Rowling)은 실패에 대한 자신의 경험담을 들려줬다. "여러분 대부분은 아마 처절히 실패해 본 적 없겠지만, 그렇다고 해도 전혀 실패하지 않는 일도 없을 겁니다. 현실에 안주하며 어떠한 실패도 저지르지 않으려고 매달리는 것 자체가 이미 실패한 인생입니다. 그래서 전 실패가 그리 나쁜 것만은 아니라고 생각합니다." 실패하더라도 비겁하게 도망치거나 자포자기하지 마라. 용감하게 실패를 마주하고 그 속에서 교훈을 찾아내 자신의 언행을 바로잡아라.

하버드 논리학 강의

상식에서 벗어나야
기적을 만들 수 있다

호떡집에 불난 것처럼 바쁜 시내의 한 음식점, 잠시도 쉬지 않고 들이닥치는 손님으로 정신없는 주인은 땀을 뻘뻘 흘리면서도 연신 웃음을 지었다. 고객의 편의를 위해 주인은 1층과 2층을 쉽고 빠르게 오갈 수 있도록 에스컬레이터를 설치하기로 마음먹었다. 가게 이곳저곳을 살펴본 인테리어 관계자가 공사를 하려면 가게 문을 며칠 동안 닫아야 한다고 하자, 주인은 말도 안 된다며 다른 방법을 찾아보라고 다그쳤다. 인테리어 관계자는 며칠 동안 공사 방법을 고민했지만 별다른 해결책을 찾지 못했다.

결국 두 사람은 화를 참지 못하고 가게 안에서 대판 싸우기 시작했다. 그 모습을 지나가던 청소부가 구경하다가 주인에게 다가가 싸움을 말리며 입을 열었다. "내가 인테리어 관계자라면 가게 밖에 엘리베이터를 설치하라고 하겠소." 그 말에 서로 멱살을 잡던 두 사람의 눈빛이 번쩍였다. 건물 밖에다 엘리베이터를 설치하는 공사가 훨씬 쉬울 뿐만 아니라, 고객의 편의 문제도 쉽게 해결할 수 있을 터였다. 이처럼 해결하기 어려운 문제라도 생각의 전환을 통해 쉽게 해결할 수 있다.

모든 사람은 새로운 대상에 호기심을 품기 마련이다. 자기 생각이나 호기심을 과감히 드러내고 그 답을 찾기 위해 상식에 도전하는 사람이 있는가 하면, 이런저런 걱정 때문에 호기심을 억지로 누른 채 새로운 것, 또는 미지의 영역에 맹목적으로 두려움을 느끼는 사람도 있다. 사실 과감하게 돌파하고 미지의 대상에 도전하는 능력은 한 개인이 성장하고 성숙하고 있다는 증거라 할 수 있다. 상식을 깨뜨리는 과정을 거쳐 다양하고 새로운 사물을 경험할 수 있고, 더 다양한 지식을 학습하고 소중한 삶의 경험을 쌓을 수 있다. 이 모든 건 개인이 사회에 안정적으로 적응하고 발전하는 데 필요한 소중한 양분이 된다.

예전에, 미국 북부에서 며칠간 연속 폭설이 쏟아지는 바람에 고압전선이 끊어지면서 수백만 명의 사람들이 추위와 어둠의 공포에 처하게 됐다. 미국 GE사는 긴급회의를 열고 여러 분야의 전문가와 함께 강력한 제설 대책을 논의하기 시작했다.

회의의 목표가 제시된 후, 참석자들은 열띤 토론을 벌이며 다양한 의견을 제시했지만, 실천 가능성이 거의 없어 보였다. 회의 중간의 휴식 시간에 한 엔지니어가 농담 삼아 헬리콥터에 빗자루를 달아 눈을 치우는 건 어떠냐고 이야기를 꺼냈다. 본인은 우스갯소리로 생각

162

하고 한 말이었지만 그 이야기를 들은 사람들은 전혀 불가능한 이야기는 아니라며 개선책을 찾기 시작했다. 결국 참석자 전원의 논의를 거쳐 간단하면서도 효과적인 제설 대책이 마련됐다. 헬리콥터의 프로펠러가 빠르게 회전할 때 발생하는 강력한 바람을 이용해 눈을 치우기로 한 것이다. 몇 번의 이론검증과 현장실험을 통해 헬리콥터의 프로펠러가 눈을 치우는 데 큰 도움이 된다는 사실을 확인했다. 그후 몇 번의 수정을 거쳐 현장에 투입된 프로펠러 제설기는 수백만 명의 주민에게 전기를 재공급하는 역할을 톡톡히 해냈다.

치열한 경쟁사회에서 성공하려면 창의적인 생각으로 학습하고 탐색해야 한다. 기존의 지식을 발판 삼아 끊임없이 새로운 지식, 새로운 방법을 모색해야 한다. 오늘날과 같은 시대에 모든 사람의 생존환경에 커다란 변화가 일어나면서, 한 치도 내다보기 어려운 미래가 우리 앞에 펼쳐지고 있다. 이러한 환경에서 과감하게 도전하고 상식을 파괴할 수 있는 용기와 능력을 갖춰야만 기적을 만들 수 있다.

켄 로빈슨(Ken Robbins)은 뛰어난 사업가로, 힘든 과정을 거쳐 괄목할 만한 성과를 거둔 것으로 알려져 있다. 어항 파는 영업일에 뛰어든 켄 로빈스는 트렁크 가득 어항을 싣고 기세 좋게 주변 마을을 찾아갔다. 하지만 그곳 사람들은 물고기에 아무런 관심이 없었던 터라 켄 로빈스는 어항을 한 개도 팔지 못했다. 그의 사정을 딱하게 생각한 친구가 어항을 사려는 사람들이 있을 만한 곳을 찾아보라고 권유하기도 했다.

하지만 켄 로빈스는 포기하지 않고 시내의 대형매장으로 달려가

금붕어 500마리를 산 뒤, 마을 근처에 자리 잡은 작은 냇가에 물고기를 풀어놓았다. 물속을 유유히 헤엄치는 형형색색의 물고기를 난생처음 보게 된 마을 사람들은 크게 기뻐했다. 심지어 어떤 사람은 물속으로 뛰어 들어가 물고기를 손으로 잡기도 했다. 그들은 물고기를 담아둘 어항이 필요하다는 생각에 켄 로빈스를 제 발로 찾아갔다. 그들뿐만 아니라 물고기를 잡지 못한 사람들도 켄 로빈스를 찾아가 어항을 팔라고 했다. 지금 당장 어항에 넣을 물고기가 없지만 내일 아침에 물고기를 잡게 되면 새로 산 어항에 넣으려 했기 때문이다.

이렇게 해서 수천 개의 어항이 삽시간에 날개 돋친 듯 팔려나갔다. 제법 많은 돈을 쥐게 된 켄 로빈스는 이 돈을 '종잣돈' 삼아 더 큰 사업에 뛰어들었다.

일반적인 사유의 틀에서 스스로 벗어나는 순간, 문제를 해결할 방법이 생각보다 많다는 사실을 깨달을 수 있을 것이다. 그중에서 최고의 방법을 선택한다면 문제를 더욱 효과적으로 해결할 수 있다. 그렇지 않다면 이를 악문 채 맨땅에 헤딩하는 것뿐이다. 상식이란 창조력을 옭아매는 족쇄다. 상식의 한계에서 벗어날 수 있다면 성공으로 통하는 문을 열 수 있다. 그렇지 않고 틀 안에 머물러 있는 쪽을 선택한다면 영원히 성공으로 통하는 문을 찾지 못할 것이다.

하버드의 지혜

하버드대학교 비즈니스 스쿨의 교수 커트(John Kurt)는 알 수 없는 것에 대한 선전포고는 지능을 높여주는 결과를 가져다준다고 지적했다. 끊임없는 변화 속에서 상식을 깨는 사람만이 지혜를 차지할 수 있다. 그들은 자신이 고수하던 태도, 생각을 바꿈으로써 자신에게 도전하고 자신의 한계를 뛰어넘는다. 끊임없이 생각을 혁신하고 내공을 키우면서 기존과는 다른 자아를 만들어 간다. 사회가 발전함에 따라 개인 역시 발전해야 한다. 시대와 함께 구시대의 유물에서 벗어나고 상식에 도전할 줄 알아야 한 단계 높은 성공을 추구할 수 있다.

도피는 가장
멍청한 자기방어다

    1898년 미국과 스페인 사이에 치열한 전투가 벌어지자, 미국 대통령 윌리엄 매킨리(William McKinley)는 스페인 정부에 맞서는 가르시아에게 연락을 취하려 했지만, 그가 쿠바의 깊은 밀림 속에 은신하고 있던 터라 마땅히 연락할 방법이 없었다.

    사태가 점점 심각해지자, 매킨리 대통령은 가르시아에게 자필 편지를 전해 줄 특사를 찾으라고 명했다. 이에 군 정보당국이 앤드루 서머스 로완(Andrew Summers Rowan) 중위를 추천했다. 중요한 임무를 맡게 되었다는 소식에 로완의 마음은 무겁기만 했다. 그도 그럴 것이 가르시아라는 사람을 한 번도 만난 적 없었기에 대체 그가 어떻게 생긴 사람인지, 또 어디에 살고 있는지, 서신을 어떻게 건네줘야 할지 막막했기 때문이다. 게다가 멀고 먼 쿠바의 밀림까지 길고 긴, 위험천만한 여정이 자신을 기다릴 것이 불 보듯 뻔했다.

하지만 로완은 물러서지 않고 용감히 임무를 받아들였다. 군인이라면 자신의 맡은 바 임무를 충실히 수행하고 자발적으로 나서야 한다고 판단했기 때문이다. 하물며 국가의 운명이 걸린 일이라면 망설일 이유가 없었다. 로완은 대통령의 밀서를 품고 즉시 쿠바로 향했다. 생사의 고비를 넘나드는 여정 끝에 로완은 가르시아 장군에게 밀서를 전하며 자신의 임무를 완벽하게 수행했다. 이 일로 로완은 전투의 판세를 뒤집은 승리의 주역으로 떠올랐다.

"비밀이 없다는 게 삶의 비밀이죠. 당신의 목표가 무엇이든 목표를 위해 기꺼이 대가를 치를 준비가 됐다면 목표를 손에 쥘 수 있을 거예요."라고 미국의 유명한 토크쇼 MC 오프라 윈프리(Oprah Winfrey)는 말했다. 인간은 태어난 이상, 필연적으로 온갖 시련과 고난을 마주해야 한다. 어쩌면 발걸음을 뗄 때마다 시련의 벽에 부딪히고 쉴 새 없이 잔뜩 뒤엉킨 문제를 풀어야 할지도 모른다. 가는 곳마다 생각지도 못한 위협이 우리의 발목을 붙잡을 수도 있다. 이러한 어려움은 삶, 또는 업무에서 비롯된 것일지도 모른다. 다만 중요한 것은, 시련을 마주하는 당신의 태도다. 어려움에 도망칠 것인가?, 아니면 용감히 맞설 것인가? 선택의 결과가 당신의 미래를 결정한다.

대개 우리는 시련 앞에서 한발 물러난다. 실패하거나 아니면 무거운 책임을 져야 할지 두렵기 때문이다. 그래서 일어난 모든 상황을 회피하려 한다. 내가 감당할 수 있을 만한 일, 내가 하고 싶은 일만 하려 하지 나와 관련 없어 보이는 힘든 일을 외면하거나 강하게 거부한다. 온전히 이기적인 생각이라고 이야기할 수는 없지만 도망치는 것이라고 분명히 말할 수 있다. 어려운 문제가 일어날 때마다 우리는 항상 겁을 집어먹고 문제를 피해 갈 방법을 찾는데 몰두한다. 이러한 생각과 자세로는 우리 자신을 더욱 나약하고 초라하게 만들 뿐이다.

오랫동안 소크라테스는 유약한 문인의 이미지로 대중에게 알려져 있었지만, 사실 그는 웬만한 사내보다 훨씬 듬직하고 책임감도 높은 '상남자'였다. 한때 군인이었던 소크라테스는 전투에 참여했다가 다친 동료들이 포로로 끌려가는 장면을 목격했다. 적군의 진영에 쳐들어간 소크라테스는 적의 공세에 맞선 끝에 동료들과 아군의 무기를 몽땅 되찾은 뒤 무사히 복귀하기도 했다. 이 일로 소크라테스는 나라에서 내리는 최고 명예훈장을 받기도 했다. 누군가가 목숨을 걸면서 적의 진영에 뛰어 들어간 이유를 묻자, 소크라테스는 껄껄 웃으며 남자라면 당연히 해야 하는 일뿐이라고 대답했다.

말년의 소크라테스는 진리와 철학을 전파하는 일에 매진했으나 부패한 당국에 의해 사형선고를 받고 말았다. 집행일을 며칠 앞두고 한 친구가 도망치라고 권유했지만, 소크라테스는 그렇지 않겠다며 담담히 입을 열었다. "내 믿음을 지키기 위해 내가 감당해야 할 최후의 책임이네."라고 말했다. 진리의 전파라는 중임을 짊어진 소크라테스는 책임은 생명보다 고귀하다는 평소 지론대로 청년을 가르치는 일에도 언제나 당당했다.

책임은 자아실현, 자기계발, 자존감 및 자아 성장의 일부이기도

하다. 과감한 책임감은 강인함과 용기를 보여줄 뿐만 아니라 삶과 사회가 개인에게 부여한 숭고한 사명감, 인생관과 가치관에 대한 태도와 마음가짐의 표현이기도 하다. 또한 혈기 넘치는 젊은이가 지혜와 연륜 넘치는 어른으로 성장하는 상징이기도 하다.

고통은 언제나 실패하고 포기한 사람의 몫이다. 하버드대학교에서 4년 동안 공부한 사람이라면 가장 절실하게 깨닫는 교훈이다. 어려움에 대하는 당신의 마음가짐은 앞으로 당신이 걸어야 할 삶의 여정에서 보게 될 장면이기도 하다. 시련에 부딪혔을 때, 희망은 항상 고난과 함께 찾아오며, 도전의 그림자 속에 기회가 숨어있다는 사실을 명심하기를 바란다. 어려움에 기죽지 않고 당당히 맞설 때, 그리고 문제를 해결하기 위해 최선의 노력을 기울일 때 경쟁과 도전에서 승리할 기회가 비로소 당신에게 주어질 것이다.

하버드의 지혜

'스스로 책임지고, 스스로 도전하라'라는 말은 하버드 학생들이 학교에 들어가서 가장 먼저 익히는 생존 방법이다. 하버드대학교가 전 세계 고등 교육기관 중에서 가장 빼어난 성과를 올렸다는 것은, 치열한 경쟁과 냉혹한 승부가 여타의 대학과 비교도 할 수 없다는 뜻이다. 선발, 육성, 훈련은 하버드대학교가 인재를 육성하고 키우는 유일한 방법이다. 모든 하버드 학생은 어떤 시련이 부닥치더라도 도망치지 않으며 용감하게 마주해야 한다는 사실을 잘 알고 있다.

'칭찬'이라는
이름의 향수

세상에 듣기 좋은 말을 싫어하는 사람은 아마 없을 것이다. 자신을 칭찬하는 이야기를 들으면 당연히 기분 좋고 자신이 왠지 대단한 사람이라도 된 것 같은 우쭐한 기분이 들기도 한다. 하지만 사회에 뛰어든 뒤에도 주변의 칭찬에 이런 반응을 보인다면 당신이 아직 철이 덜 들었다는 뜻이다. 인간관계에 훤한 사람이라면 듣기 좋은 칭찬이 냄새가 그윽할 뿐 마실 수 없는 향수와 같다는 것을 잘 알고 있다.

상사가 당신을 칭찬했다면 상사의 신뢰와 가르침에 감사를 표하는 것 외에도 자신이 좀 더 개선해야 할 점은 없는지 즉시 반성해야 한다. 동료가 당신을 칭찬하면 듣기 좋은 몇 마디 말로 쉽게 넘어가는 사람이 아니라는 걸 알리기 위해 다른 사람을 칭찬해야 한다. 부하직원의 칭찬에는 좀 더 조심히 반응해야 하는 편이 좋다. 기분 좋

하버드 논리학 강의

은 칭찬이라도 항상 경계를 늦추지 말아야 한다. 듣기 좋은 말 뒤에 어떤 의도가 숨겨져 있는지 살펴봐야 한다. 고객의 칭찬 역시 경계의 대상이다. 계약서에 잘못된 내용은 없는지, 당신에게 불리한 내용은 없는지 몇 번이고 살피는 편이 좋다.

이러한 충고에 당신은 어쩌면 너무 지나친 것 아니냐며 반감을 품을지도 모르겠지만 이것이 인간관계의 현실이다. 어떤 말도 그저 듣기 좋은 걸로 끝나지 않는다. 그 뒤에는 눈에 보이지 않는, 또는 들리지 않는 수많은 말이 교묘히 감춰져 있다. 당신에게 필요한 성장의 양분이 될 수도 있지만 당신을 위험한 함정에 빠뜨릴 가능성이 더 크다.

광고회사에서 근무하는 토마스는 평면설계 업무를 담당하고 있다. 자기 일을 사랑하는 토마스는 회사에 가장 먼저 출근하고 가장 늦게 퇴근할 만큼 그 누구보다도 성실히 일했다. 그런 그를 눈여겨본 상사가 모두가 모인 단체회의에서 종종 토마스를 치켜세우기도 했다. 상사의 칭찬에 신이 난 토마스는 예전보다 더 열심히 일에 매달렸다. 하지만 상사가 자신을 칭찬할수록 동료들 사이에서 고립되는 자신을 발견했다.

상사가 자신을 칭찬하면 사무실의 동료들, 특히 나이 많은 동료들이 묘한 눈빛으로 자신을 바라보는 것이었다. 상사의 칭찬이 동료들과의 사이가 멀어지게 하는 차단벽이 되었다는 생각에 토마스는 무척 좌절했다. "열심히 일한 것이 잘못이란 말이야? 자기들도 칭찬받고 싶으면 열심히 일하면 되잖아!"

사실 토마스는 자신도 모르는 사이 칭찬에 '중독'됐다. 상사가 토마스를 끊임없이 칭찬한 것은 토마스의 업무 능력이 뛰어나서가 아니라, 토마스를 칭찬하면서 업무에 좀 더 매진하도록 유도하는 동시에 동료들의 질투심을 자극함으로써 토마스가 자만심에 빠지지 않도록 '감시망'을 세우기 위함이었다. '스포트라이트', '모범' 효과를 노린 상사의 칭찬은 일반적으로 관리그룹에서 흔히 사용하는 방법으로 적극적이고 진취적인 '모범'을 세워 모두 그를 감시하도록 만드는 효과를 지닌다. 아마도 상사는 토마스에 대해 십중팔구 이렇게 생각하고 있을 것이다. "죽기 살기로 일하겠다는 놈이 드디어 나타났군. 해이하지 않도록 모두에게 두 눈 똑바로 뜨고 저 녀석을 지켜보라고 해야겠어."

상사만 '칭찬'을 관리 방법으로 사용한 것이 아니라, 동료 또는 친구들도 칭찬을 도구로 이용할 수 있다. 누군가가 걸핏하면 당신에게 실력이 대단하다는 둥, 학벌이 부럽다는 둥, 승진은 따 놓은 당상이라는 둥 듣기 좋은 소리만 잔뜩 늘어놓는다면 상대를 조심하는 편이 좋겠다. 그의 말 뒤에는 당신에게서 떨어지는 콩고물을 받아먹으려 하거나, 심지어 당신을 밟고 일어서려는 음흉한 속내가 숨어있을지도 모른다. 상대는 당신을 치켜세우며 당신의 마음 한쪽에 슬며시 둥지를 틀어 상사나 다른 동료에 대해 안 좋은 이야기를 나누거나 누군가를 해코지하려는 음모를 함께 세운다. 요컨대 당신을 '공범'으로 끌어들이면서 공감대를 만드는 것이다. 이처럼 악의적인 의도를 품은 칭찬은 향수가 아니라 맹독이다!

달콤한 '맹독'으로 상대를 유혹해 곤경에 빠뜨리는 수법은 오래전

하버드 논리학 강의

부터 존재했다. 위에서 예로 든 토마스의 경우 역시 직장에서 흔히 볼 수 있는 장면이다. 직장 아닌 다른 커뮤니티에서도 달콤한 사탕발림에 넘어가 토사구팽 되는 모습을 심심치 않게 볼 수 있다. 그래서 칭찬을 들었을 때의 가장 효과적인 행동은 대뇌가 칭찬에 현혹당하지 않도록 한쪽으로 듣고 한쪽으로 흘려듣는 것이다.

미국의 유명한 작가 윌리엄 포크너(William Faulkner)는 전력을 다해 동료와 경쟁하지 말라고 지적했다. "당신이 신경 써야 할 것은 당신이 지금보다 더 강해져야 한다는 것이다." 다시 말해서 누군가에게 칭찬받거나 듣기 좋은 소리를 들어도 자신이 어떻게 행동해야 하는지 스스로 알고 있어야 한다는 뜻이다. 고작 몇 마디 말 때문에 상황을 객관적으로 볼 수 있는 시야가 가려진다면 자신의 주제를 파악할 수 없다.

주변과의 관계를 '차단' 시키는 칭찬은 실제 행동을 통해 무너뜨려야 한다. 상사로부터 칭찬이나 포상을 받은 후, 다른 동료 앞에서 득의양양한 모습을 보여선 절대 안 된다. 자신보다 나이가 많은 동료 앞에서는 더더욱 고개를 숙여야 한다. 상대의 경쟁심을 자극할 만한 언행을 최대한 자제해야 당신에 대한 상대의 적개심을 최소화하고, 나아가 사회라는 틀 안에 무사히 안착할 수 있다.

하버드대학교의 한 교수는 칭찬을 두고 '다른 사람에게 써 주는 백지수표'라고 말했다. 그래서 칭찬은 함부로 해서도 안 되고, 똑같은 말을 여러 번 반복해도 안 되며, 쓸데없이 말할 필요도 없다. 장소와 상황에 맞지 않는 말은 하는 이를 쉽게 곤경에 빠뜨릴 수 있다. 똑같은 말을 여러 번 반복하는 것 역시 궁극적으로는 효용을 떨어뜨릴 수 있다. 제아무리 듣기 좋은 말이라도 여러 번 듣게 되면 상대가 거짓말을 하는 건 아닌지 의심하게 만든다. 칭찬보다는 상대의 진심에서 나오는 말에 귀를 기울여야 한다. 쓴소리에도 귀를 열어둬라. 자신에게 도움이 되는 말이라면 마음에 똑똑히 새겨둬야 한다.

비난하기 전에
칭찬하라

공자는 '도가 있으면 도를 찾아 천하를 주유하고 도가 없으면 단한 발짝도 움직일 수 없다'라고 했다. 도가 있으면 정의가 바로 서고 어려운 상대도 단숨에 제압할 수 있는 것 같은 기분이 든다. 하지만 도가 있다고 해서 마음대로 할 수 있다는 뜻은 아니다. 도를 얻었다는 건 도덕적, 법률적으로 내세울 기회를 얻었다는 것일 뿐, 상대를 설득했다는 뜻과는 일맥상통하지 않는다. 상대의 마음을 사로잡기 위해서는 무엇보다도 뛰어난 언변술이 필요로 하기 때문이다. 상대가 당신의 의견을 받아들이지 않는다면 선의에서 비롯된 비평이라고 해도 아무런 쓸모도 없다. 그래서 도를 바로 세울 때는 무엇보다도 상대의 체면을 세워줘야 한다. 상대의 잘못을 집요하게 지적하면 상대를 설득하기는커녕 오히려 상대로부터 반감을 사거나 심지어 화를 북돋울 수 있다.

　사람이라면 누구나 자존심을 갖고 있는 법이다. 자신이 손해 본다
고 해도 자신을 향한 사람들의 손가락질이나 비난이 듣기 좋을 리 없
다. 그래서 죽어도 자기 잘못을 인정하지 않으려 한다. 그래도 무조
건 주변의 이야기를 귀 닫을 수는 없기에 견고하기 짝이 없는 방어적
인 태도에도 작은 틈이 생겨난다. 바로 그 틈을 찾아 돌아선 마음을
되돌릴 수 있는 계기를 찾는다면 반드시 상대를 설득할 수 있다. 상
대를 설득하려는 당사자는 말하기 능력이 무엇보다 중요하다. 결론
적으로 말해서 '도'는 만능이 아니다. 머리가 깨어있지 못한 사람에게
아무리 유익한 이야기를 들려줘봤자 소귀에 경 읽기나 다름없기 때
문이다. 게다가 도덕적 명분을 갖췄다고 해도 상대의 잘못을 너그럽
게 생각하지 못한다면 상대에게 상처를 줄 수 있을 뿐만 아니라, 상
대가 자기 잘못을 스스로 깨닫지 못하게 만들 수도 있다. 이러한 상
황이 펼쳐지면 상대는 당신의 충고를 외면하거나 심지어 당신에게
반감을 품을 수도 있다.

　당신의 주장이 옳다고 생각하는 사람이 많을수록 당신의 이야기
에 힘이 실린다. 나에 대한 주변의 신뢰를 바탕으로 상대를 설득할
수 있다. 그렇다고 해서 지나치게 위압적인 태도로 상대를 압박해서
는 안 된다. 자칫하다가는 상대를 설득하기는커녕 당신에 대한 반감
만 키울 뿐이다. 상대에게 당신의 의견을 앞세울 때는 조심스럽게 접
근해야 한다. 당신의 의견이 옳다 또는 주변 사람들로부터 인정받았

하버드 논리학 강의

다는 이유로 상대의 의견을 무시한다면 오히려 상대에게 더 큰 상처를 줄 수 있다. 그래서 일과 사람을 대하는 데서 상대의 체면을 살려주는 것이 무엇보다 중요하다. 아무리 당신의 이야기에 많은 사람이 동의한다고 해도 서로의 갈등을 최소화할 수 있도록 상대에게 운신의 여지를 남겨줘야만 상대의 마음을 사로잡을 수 있다. 다음 이야기를 통해 처세의 방법을 알아보자.

자신이 운영하는 공장에 발을 들여놓은 슈왑의 눈에 몇몇 직원들이 작업실에서 담배를 피우는 모습이 포착됐다. 그들의 머리 위에는 '금연'이라는 경고판이 대문짝만하게 쓰여 있었는데도 태연하게 담배를 피우는 모습에 슈왑은 속에서 천불이 일어나는 것 같았다. '여기 금연이라는 경고판이 떡 하니 붙어있는데도 담배를 피우다니 설마 네 놈들은 전부 장님이냐?'라는 말이 목구멍까지 차올랐지만 애써 침착한 표정으로 다가가 직원들에게 담배를 건네며 조용히 입을 열었다. "밖에 나가거든 담배 좀 버려주면 고맙겠군." 그제야 직원들은 자신들의 잘못을 깨닫고는 다시는 작업장 안에서 담배를 피우지 않았다.

슈왑은 직원들에게 큰 소리로 호통을 치지 않고, 상대의 자존심을 지켜주면서 문제점을 지적했다. 이처럼 다른 사람의 잘못을 지적할 때는 반드시 상대의 체면을 살려줘야만 당신의 마음 씀씀이를 상대로 깨달을 수 있다.

상대를 설득하거나 경쟁자를 정복하려면 이치에 상관없이 상대에게 여지를 남겨줘야만 서로의 갈등을 불식시킬 수 있다. 상대를 궁지에 몰아넣고 위협해 봤자 상황만 악화시킬 뿐이다.

하지만 목소리 큰 놈이 이긴다는 것이 우리가 처한 현실이다. 자신을 지키기 위한 이치, 상식이라는 방패를 무기 삼아 상대를 난처하게 만드는 것은 물론, 상대를 위협할 수도 있다. 자신의 주장이 상식에 맞는다며 상대의 비난을 듣는 둥 마는 둥 해선 안 된다. 상식이 통하지 않는 사람을 상대해야 할 때 일방적으로 몰아붙여서도 안 된다. 자칫 잘못하면 상대를 자극해 상황을 악화시킬 뿐이다.

1923년 미국 대통령 자리에 오르게 된 캘빈 쿨리지(John Calvin Coolidge)는 평소 과묵한 성격으로 '조용한 캘빈'이라는 별명을 지닌 인물이다. 말이 많지 않은 쿨리지지만 필요한 경우 주옥같은 명언을 남기기도 했다.

쿨리지의 여비서는 무척 매력적인 여성이지만 덤벙거리는 성격이라 종종 실수를 저지르곤 했다. 어느 날 아침, 쿨리지는 여비서가 멋진 옷을 입고 출근하는 것을 보며 매력적이라고 칭찬했다. 과묵하기로 유명한 대통령의 칭찬에 우쭐해진 여비서가 환한 미소를 짓자, 쿨리지는 미소로 화답하며 대답했다. "당신의 업무 능력도 외모처럼 매력적이리라 믿습니다."

그날 이후 여비서는 대충 훑어보던 서류를 하나씩 꼼꼼히 살피기 시작했다. 이 사실을 나중에 알게 된 쿨리지의 친구가 그에게 좋은 아이디어였다며 어떻게 생각해 냈는지 물었다.

"그거야 아주 간단해. 이발사에게 턱수염을 밀어달라고 해본 적 있나? 턱수염을 밀기 전에 비누칠한다네. 그래야 면도할 때 아프지 않기 때문이라네."

하버드 논리학 강의

일화에서 나오는 대로 말 때문에 다른 사람에게 피해를 주지 않도록 조심하는 것이 올바른 말하기의 기본원칙이라 하겠다. 사실 우리가 겪게 되는 수많은 갈등은 장소와 상황에 맞지 않는 '직언' 때문에 불거진다. 타인에게 의견 또는 생각을 제시할 때는 상대가 받아들일 방법을 적극 활용하는 편이 좋다. 온화한 태도, 세심한 단어의 선택은 상대를 설득할 수 있는 강력한 무기다.

하버드의 지혜

하버드대학교에서 소개한 성공을 위한 25가지 명언 중에는 다음과 같은 내용이 포함되어 있다. "다른 사람을 자주 비난하는 편이라면 다른 사람을 칭찬해 본 적 있는지 살펴보라. 비난하기 전에 상대를 먼저 치켜세우는 것이 훨씬 효과적이다. 상대에게 자기 뜻을 관철하고 싶다면 비난 대신 상대를 칭찬하라." 당신의 주장이 설득력이 있을 때, 많은 사람으로부터 인정을 받을수록 상대를 궁지에 몰아넣지 말고 자세를 낮춰야 한다. 쥐가 구석에 몰리면 문다는 말처럼 지나친 언행은 역효과를 불러일으킬 수 있다.

상대의 체면을
세워줘라

　　하버드대학교의 심리학자는 사람들이 다른 사람의 실수를 발견하고 이를 바로잡으려 할 때 희열을 느낀다는 사실을 발견했다. 많은 사람이 다른 사람의 잘못을 찾기 위해 갖은 노력을 기울이지만 정작 가장 중요한 사실을 잊어버린다. 즉 거의 모든 사람은 자기 행동이나 결정에 대해 왈가왈부하는 것을 좋아하지 않을 뿐만 아니라 누군가에게 자신의 실수를 들키길 원치 않는다는 점이다.

　　울창한 밀림에서 사냥꾼의 아이가 실수로 제 목에 사냥 줄을 감고서 괴로워하고 있었다. 아이가 발버둥 칠수록 밧줄은 아이의 가녀린 목을 점점 옥쬈다. 힘이 빠진 아이가 간신히 숨을 헐떡이고 있을 무렵, 지나가던 나무꾼이 아이를 구해줬다. 이 소식을 나중에 알게 된 사냥꾼은 자식을 구해준 나무꾼에게 고맙다며 연신 머리를 숙였다.

그러던 어느 날, 산에 나무하러 나섰던 나무꾼이 길을 잃고 말았다. 해가 진 가을 산에서 죽는다고 생각하던 그 순간, 사냥꾼이 나타나 나무꾼을 자신이 머무는 초가집으로 데려갔다. 사냥꾼은 지난번 신세를 진 보답으로 진수성찬을 대접했다. 이튿날 아침, 사냥꾼은 나무꾼에게 밤새 잘 잤냐고 묻자, 나무꾼은 눈살을 확 찌푸렸다. "덕분에 목숨은 건졌소만 당신한테서 나는 냄새 때문에 밤새 잠을 설쳤소!" 그 말에 화가 난 사냥꾼이 이를 악물며 보답의 뜻으로 자기 어깨를 도끼로 찍으라고 말했다. 나무꾼은 그러고 싶지 않았지만, 사냥꾼의 기세가 워낙 흉흉했던 터라 그의 말대로 도끼로 어깨를 내려쳤다.

그로부터 몇 년이 지난 뒤 사냥꾼을 우연히 만난 나무꾼이 어깨의 상처는 어떻게 됐냐고 물었다. "그깟 상처야 아프다가 아물면 그뿐이지만 그때 당신이 네게 한 말은 평생 잊지 못할 거요!"

말 한마디에 천 냥 빚을 갚기도 하고 사람 목숨이 오고 가기도 한다. 이처럼 말, 특히 악담은 상대에게 큰 상처를 남긴다. 그래서 사람들과 이야기할 때 아무 생각 없이 툭 던진 말이 상대에게 상처를 주지 않았는지 항상 신중히 살펴야 한다.

말은 상대에게 당신에 대한 반감을 심어주는 것은 물론, 말한 자신에게도 재앙을 가져다준다. 그래서 때로는 에둘러서 이야기할 줄 아는 지혜가 필요하다. 모든 사람은 저마다의 영역을 가지고 있다. 그리고 그 안에서 다른 사람에게 자신에 대한 좋은 이미지를 심어주려 한다. 요컨대 대중 앞에 서면 더 강력한 자존심과 허영심을 드러낸다는 뜻이다. 이러한 심리상태에서 사람들은 다른 사람의 꼼수나

잔꾀를 드러냄으로써 상대의 부족한 점을 비웃으며 상대에게 더 큰 상처를 남긴다.

영국 황실에서 인도의 각 지역에서 초청된 지도자를 위한 성대한 연회를 개최했다. 현명한 윈저 공이 이번 연회의 주최자로 나서게 되었다. 이번 행사는 정치적으로 무척 중요한 의미를 지니고 있었기에 윈저 공은 작은 것 하나 넘기지 않고 자신이 직접 처리했다.

윈저 공의 치밀한 계획하에 파티는 순조롭게 진행됐다. 파티가 막바지에 이르자, 윈저 공은 특별히 은그릇에 받아둔 세숫물을 가져오라고 말했다. 그러자 인도 지도자들은 윈저 공이 특별히 준비한 차라고 생각해서 망설임 없이 세숫물을 들이마셨다.

그 파티에 참석한 영국 귀족들은 안절부절못했다. 공개적인 자리에서 상대의 실수를 직접 지적할 수는 없는 노릇, 자칫 잘못했다가는 영국과 인도 사이의 갈등으로 번질 수도 있었다.

모두가 어찌해야 할지 몰라 당황하던 그 순간, 윈저 공이 미소를 띤 채 세숫대야에 받아온 물을 시원하게 들이켰다. 나머지 사람들도 세숫물을 앞다투어 마시기 시작했다. 이렇게 해서 누구의 기분을 상하게 하지 않고도 윈저 공은 지혜롭게 문제를 해결했다.

곤경에 처했거나 체면을 깎인 사람에게 적절한 순간에 위기에서 빠져나올 '계단'이 된다면 당신에 대한 사람들의 호감은 물론, 자신의 이미지를 크게 알릴 수 있을 것이다.

하버드대학교의 학자 빌리 샌데이(Billy Sanday)는 한 강연에서 인간은 다른 사람의 단점을 밝히기 좋아하지만, 이는 무척 비열한 짓이라고 비난했다. "자신조차 스스로 통제할 수 없는 사람이 어떻게 남을 비난할 권리가 있겠습니까?" 사람과의 사귐 역시 이러하다. 다른 사람에게 날카롭게 이를 세운다면 당신도 다른 사람에게 비난받을 수 있다. 다른 사람의 상처를 헤집기 좋아한다면 다른 사람 역시 당신에게 고통을 줘도 된다. 다른 사람의 '체면'을 세워주고 궁지에서 나올 수 있는 '계단'이 되어줄 때 다른 사람도 당신에게 힘이 되어줄 것이다.

논리적 추리와 행복 논리

추리는 개념, 명제처럼 인류의 사유형식이지만 개념과 명제를 기반으로 한 사유형식이다. 두 개 또는 두 개 이상의 명제로 구성된다는 점에서 추리는 명제의 서열로서, 한 개 또는 몇 개의, 이미 알려진 명제에서 또 다른 새로운 명제를 끌어내는 사유형식이다. 추리는 여러 개의 '그래서'라는 형태의 연결사를 통해 전반부의 한 개 또는 여러 개의 명제와 마지막 명제를 연결해서 이뤄진다. 모든 추리는 전제와 결론이라는 두 가지 요소로 구성된다. 연결사의 전반부 명제는 전제이고 연결사의 후반부 명제는 결론이 된다. 전제는 추리에 필요한 명제, 결론은 전제에서 끌어내는 새로운 명제를 가리킨다.

색안경을 낀 채 주변 사람이나 사물을 대할 때 우리의 마음은 부정적으로 변한다. 긍정적인 측면에서 상황을 바라보다 보면 잿빛으로만 가득했던 세상이 장밋빛으로 변하는 엄청난 변화를 경험할 수 있다. 하버드대학교 심리학 교수 웨일스 로드맨(Wales rodman)은 학생들에게 이렇게 이야기했다. "우리의 귀는 경쾌한 새의 울음소리, 아름다운 음악을 들으면 대자연의 축복을 경험하게 됩니다. 그리고 우리의 눈이 황금빛으로 물든 단풍과 숲속에 피어난 이름 모를 꽃을 볼 때마다 하느님의 자비를 느끼게 되죠." 당신의 세상을 바꾸고 싶다면 세상을 대하는 당신 자신의 태도부터 바꿔야 할 것이다. 당신의 마음이 바로 설 때 당신이 속한 세상도 바로 서는 법이다. 이것이 바로 행복의 논리다.

달걀은 모두 둥글다≠둥근 것은 모두 달걀이다

《이솝 우화》에 등장하는 '개와 소라'를 알고 있는가? 평소 달걀을 즐겨먹던 개가 우연히 둥근 소라를 발견했다. 소라를 달걀이라고 생각한 개는 단숨에 조개를 집어삼켰다. 얼마 뒤 배가 아파지기 시작하자, 개는 그제야 자신이 먹은 것이 달걀이 아니라는 사실을 깨달았다. "이렇게 멍청할 데가 있나! 둥근 건 죄다 달걀이라고 생각하다니……."

이야기 속에 등장하는 개는 달걀이 모두 둥그런 것을 보고는 세상에 존재하는 모든 둥근 물체는 모두 달걀이라고 생각한다. 그 결과, 둥근 소라를 꿀꺽 집어삼켰다가 복통에 시달리고 만다. 논리적 관점에서 개는 직접추리, 즉 '달걀은 모두 둥글다'라는 이야기에서 '모든 둥근 물건은 모두 달걀이다'라는 결론을 도출해 냈다. 하지만 이는 잘못된 직접추리다.

이른바 추리란, 이미 알고 있는 판단에서 새로운 판단을 끌어내는 사유 과정이다. 개념을 형성하고 판단을 배우는 작업을 통해 사람들의 사유 활동은 보다 적극적으로 전개된다. 우리가 평소 흔히 이야기하는 '한번 생각해 볼게', '고민해 볼게'라는 말은 개념, 판단을 사용해서 추리하는 사유 활동에 속한다. 이를테면 봄비가 내렸다면 농작물 생장에 도움이 된다고 추리할 수 있다. 미세먼지가 발생할 것이라는 기상캐스터의 보도를 듣고선 효과적인 예방 작업을 떠올릴 수도 있다. 의사라면 환자의 증상을 보고 진단을 내릴 것이고, 탐정은 철저한 조사를 통해 결론을 얻는다. 기업 관리자는 경제정보에 따라 판매 상황과 실적 등을 추리한다. 요컨대 이 모든 건 사유의 추리 과정에 해당한다.

추리는 전제와 결론으로 구성되는데, '전제'는 추리하는 데 근거가 되는 판단을, '결론'은 추리된 새로운 판단을 가리킨다. 예를 들어,

진정한 기업가는 창조 정신을 지닌 사람이다.

———

그러므로 창조 정신을 지닌 사람은 진정한 기업가다.

이는 정확한 추리로, 밑줄 위는 추리가 근거로 하는 판단 즉 전제가 된다. 선 아래는 추리된 새로운 판단으로 결론이 된다. 여기서 선은 전제와 결론이 추리 관계에 있다는 것을 보여준다. 추리를 표현하

하버드 논리학 강의

는 언어 형식은 주로 원인-결과 복합구로 구성되는데, '왜냐하면~ 그래서 ~ 하다', '~ 때문에 ~이다' 등의 연결사가 주로 쓰인다. 때로는 연결사가 생략되기도 하는데, 예를 들어 '우리는 하버드 학생이기 때문에 시대를 선도해야 한다'라는 문장에서 연결사를 생략하면 '하버드 학생으로 우리는 시대를 선도해야 한다'로 수정할 수 있다. '~ 때문에 ~이다'는 연결사가 없어도 전반부의 판단과 후반부의 판단이 전제와 결론이라는 도출 관계를 맺고 있어 추리가 형성된다. 그래서 '~때문에' 또는 '그래서~'만 생략해도 무방하다.

추리는 관점에 따라 다양한 종류로 나눌 수 있는데, 전제에 들어 있는 판단 수에 따라 직접추리(하나의 판단에서 하나의 판단 도출)와 간접추리(두 개 또는 두 개 이상의 판단에서 하나의 판단 도출)로 구분할 수 있다. 사유 과정의 특징에 따라 연역적 추리(일반 인식에서 개별 인식 도출), 귀납적 추리(개별 인식에서 일반 인식 도출), 유비 추리(개별 또는 한 종류의 인식에서 개별 또는 한 종류의 인식 도출)로 구분할 수도 있다. 그 밖에도 다양한 분류법이 존재하지만 여기서는 직접추리를 집중적으로 다뤄보겠다.

직접추리는 이미 알고 있는 판단에서 새로운 판단을 도출하는 추리로, 다양한 추리 방법을 지니고 있다. 예를 들어 판단 부분에서 이야기한 '논리 방정식'은 이미 알고 있는 판단의 참, 혹은 진실에 의해 동일한 소재의 기타 판단이 참 또는 거짓인지 판단할 수 있다. 직접추리의 한 형식으로서, 다음의 사례를 들어 구체적으로 설명해 보겠다.

모든 근로자는 노동자다. (참)

―――――

그래서 일부 근로자는 노동자가 아니다. (거짓)

위의 예시는 성질판단이라는 '논리 방정식'의 모순관계를 통해 구성된 직접추리다.

가장 자주 사용되는 직접추리법으로 환질법과 환위법이 있다. 환질법은 기존의 판단 연결항이 지닌 성질을 변경함으로써 새로운 판단을 도출하는 방법을 가리킨다. 이를테면,

논리는 유용하다.

―――――

그래서 논리는 유용하지 않은 것이 아니다.

위의 예시는 환질법에 의한 직접추리로, 기존의 판단 '맺음말'인 '~이다'를 '~아니다'로 수정하는 동시에 기존의 판단 술어인 '유용한'에 모순되는 '유용하지 않다'를 사용해서 새로운 판단 술어를 만들어냈다. 이렇게 해서 판단의 성질을 바꾸어도 원래 의미를 유지할 수 있다. 환질법 역시 역 추리가 가능하며, 그 의미 또한 유지될 수 있다.

환위법은 기존 판단문의 주사, 빈사의 위치를 바꿈으로써 새로운 판단을 끌어내는 직접추리법이다. 예를 들어,

일부 청년은 하버드대학교 교수다.

————————

그래서 일부 하버드대학교 교수는 청년이다.

　기존 판단문의 주사인 '청년'과 빈사인 '하버드대학교 교수'의 위치를 서로 맞바꿔 새로운 판단을 도출하는 환위법 추리에 속한다. 환위법 추리는 주사, 빈사의 위치를 맞바꿔야 한다는 점 외에도 반드시 지켜야 할 원칙이 하나 있다. 바로 기존의 판단문에 부주연(일정한 판단이 어떤 개념의 일부에만 주장되거나 관계하는 것) 된 개념은 새로운 판단에서도 주연을 변경해서는 안 된다. 이 원칙을 위반하면, 기존 판단에 포함된 개념의 외연이 비정상적으로 확대될 수 있다. 주연은 판단이 그 자체만으로 직접 또는 간접적으로 주사(빈사)의 모든 외연을 판정하는 것을 가리킨다. 이러한 판단의 주사(빈사)를 주연이라고 부르고, 반대의 경우를 가리켜 부주연이라고 말한다. 예를 들어,

모든 소설은 문학작품이다.

————————

그래서 일부 문학작품은 소설이다.

　단순하게 주사, 빈사만 바꾸면 '모든 문학작품은 소설'이라는, 실제와 전혀 맞지 않는 결과를 얻게 된다. 기존 판단문에서 부주연된 개념 '문학작품'이 새로운 판단문의 주사와 맞교환되면서 주연의 개념을 변화시켜 개념의 외연을 비정상적으로 확장시켰다. 그러므로

반드시 '모든'이라는 단어를 '일부'로 수정해서 개념의 외연이 일관성을 유지해야 한다. 이를 논리적으로는 '제한 환위법'이라고 부른다.

환위법 추리를 파악하면 어떤 말을 거꾸로 사용해도 될지, 또는 해서는 안 될지 쉽게 파악할 수 있다. 또한 직접 맞교환할 수 없는 내용에 대해서도 바꿔 써도 그 의미가 변하지 않도록 표현할 수 있다. 이를테면 앞에 등장하는 이솝우화 속 개는 환위의 오류를 범했다. 다시 말해서,

모든 달걀은 둥글다.
그래서 모든 둥근 것은 달걀이다.

———

그 결과 소라를 삼킨 바람에 복통을 앓아야 했다.

'삼단논법'의 추리 과정

　지혜로운 아판티에 관한 서아시아 지역의 전설 중에 '두 마리 낙타 이야기'를 먼저 소개하겠다.

　뜨거운 어느 여름날, 국왕과 대신은 아판티와 함께 야외사냥에 나섰다. 지글지글 타오르는 햇살 아래, 사냥감을 잡기 위해 바쁘게 뛰어다닌 이들은 마치 물을 뒤집어 쓴 것처럼 온몸이 땀으로 흠뻑 젖어 있었다. 이들은 아판티의 어깨에 자신의 젖은 옷을 걸쳐두었다.

　가뜩이나 자신도 땀에 찌든 마당에 이들의 젖은 옷을 어깨에 걸쳐두자 아판티의 얼굴에 땀이 비처럼 쏟아졌다. 어찌나 덥고 힘든지 아판티의 얼굴이 벌겋게 물들었다. 그 모습에 국왕은 실소를 금치 못했다. "아판티, 대단하구나. 당나귀처럼 무거운 짐을 번쩍 지다니……."

　그 말에 아판티는 무척 기분이 상했지만 아무렇지도 않은 듯 평온하게 입을 열었다. "이 정도야 별것도 아니죠. 당나귀 두 마리의 짐을 너끈히 짊어질 수 있으니 말입니다."

이 이야기에서 아판티는 국왕의 비웃음을 교묘히 맞받아쳤다. 겨우 한마디에 불과했지만 '삼단논법' 추리 과정이 포함되면서 국왕은 제 손으로 얼굴에 먹칠을 하고 말았다.

당나귀 두 마리의 짐을 짊어지고 있다,
국왕과 대신의 짐을 내가 짊어지고 있다,

———————

그러므로 국왕과 대신의 옷은 당나귀 두 마리의 짐이다.

대전제인 첫 번째 문장에 '국왕과 대신의 옷을 내가 짊어지고 있다'라는 사실이 더해지면서 '국왕과 대신의 옷은 당나귀 두 마리의 물건이다'라는 결론을 끌어낼 수 있다. 한마디로 말해서 국왕과 대신은 두 마리의 당나귀인 셈이다. 물론 아판티가 짊어진 것은 두 마리 당나귀의 물건이 아니고, 국왕과 대신 역시 당나귀가 아니다. 아판티는 삼단논법을 사용해 참이 아닌 전제에서 참이 아닌 결론을 끌어내며 국왕을 조롱했다.

'삼단논법'은 세 가지 성질의 판단을 기초로 구성된다. 즉 한 가지 공통 개념이 포함된 이미 알고 있는, 두 가지 판단을 사용하는데 '공통 개념'이라는 매개체를 통해 새로운 판단을 끌어낸다. 예를 들어,

194

프로그래머는 정신노동자다,

해론은 프로그래머다,

―――――

그러므로 해론은 정신노동자다.

위의 삼단논리에서 '프로그래머는 정신노동자다.', '해론은 프로그래머다.'라는 문장은 이미 알고 있는 두 가지 판단에 속한다. '프로그래머'라는 공통 개념이 매개체로 활용되면서 '해론은 정신노동자다.'라는 새로운 판단을 끌어냈다. 앞에 소개한 아판티 이야기에서도 두 번째 문구와 결론이 생략되었을 뿐, 삼단논법을 사용하고 있다.

삼단논법이 정확히 이뤄지기 위해서는 반드시 두 가지 조건을 만족해야 한다. 참된 전제와 정확한 형식이 바로 그것이다. 전제가 거짓이라면 참인 결론을 100% 얻을 수 있다고 보장할 수 없다. 형식 역시 추리 과정이 반드시 추리 규칙을 준수해야 한다. 추리 규칙을 위반하면 전제가 제아무리 참이라고 해도 참인 결론에 100% 도달할 수 있다고 보장할 수 없다. 그러므로 참된 전제와 정확한 형식은 정확한 삼단 추리를 가능케 하는 2대 필수 조건이라 하겠다.

삼단 추리의 일반규칙은 크게 일곱 가지로 대략적인 내용은 다음과 같다.

첫째, 삼단논리에는 전혀 다른 세 가지 개념만 존재할 수 있다. 전혀 다른 네 가지 개념이 등장할 때 오류가 생기게 된다. 예를 들어,

인민 군중은 역사를 창조한다.

나는 군중이다.

———————

그러므로 나는 역사를 창조한다.

위의 예시에 사용된 전제에는 인민 군중, 역사 창조, 나, 군중이라는 네 가지 다른 개념이 포함되어 있다. 화자는 '군중'과 '인민 군중'을 중명사(공통 개념)로 간주해 삼단 추리를 진행했다. 대전제에서 '인민 군중'은 집합개념에 해당한다. 인민 군중이라는 전체 대상에 있어서 '역사 창조'는 모든 사람이 역사를 창조할 수 있다는 뜻과는 다르지만, 소전제에 등장한 '군중'은 비 집합적 개념이므로 개별적인 의미로 사용할 수 있다. 즉 모든 군중에 대해 사용할 수 있다. 물론 이렇게 해서 도출된 결론은 신뢰할 수 없다.

둘째, 전제에 등장하는 중명사는 최소한 한 번 확대할 수 있다.

수많은 비즈니스 리더는 모두 하버드대학교 졸업생이다.

투자의 귀재 워런 버핏은 비즈니스 리더다.

———————

그러므로 워런 버핏은 하버드대학교 졸업생이다.

추리 전제에 등장하는 중명사는 '비즈니스 리더', 하지만 대전제와 소전제에서 모두 확장되지 않는다. 다시 말해서 대전제의 중명사 '비즈니스 리더'와 대명사 '하버드대학교 졸업생'은 연계하고, 소전제에 포함된 중명사 '비즈니스 리더'는 소명사 '워런 버핏'과 연계한다. 이렇게 되면 소명사 '워런 버핏'과 대명사 '하버드대학교 졸업생'은 아무런 관계도 맺을 수 없다.

셋째, 전제에 포함된 부주연 개념은 결론에 이르러 주연으로 변경되어서는 아니 된다. 예를 들어,

하버드 학생은 반드시 타의 모범이 되어야 한다.
나는 하버드 학생이 아니다.

———————

그러므로 나는 타의 모범이 될 필요가 없다.

대전제의 대명사 '반드시 타의 모범이 되어야 한다'라는 내용은 긍정판단의 빈사로서 부주연 되지만, 결론에 이르러 부정판단의 빈사로 사용되면서 주연되는 변화를 보여준다. 이처럼 전제에서 특정 상황만 판단하는 부분이 결론에 이르러 특정한 상황을 판단하는 전체로 변경되어서는 아니 된다. 그렇지 않으면 '대명사 확장'의 오류를 범하게 된다.

넷째, 두 가지 부정 전제로는 결론을 얻을 수 없다.

뉴욕은 켄터키주에 위치하지 않는다.

하버드대학교는 뉴욕에 위치하지 않는다.

──────

그러므로 하버드대학교는 켄터키주에 있다.

해당 추리 과정에서 두 가지 전제 모두 부정적 판단으로, 중명사인 '뉴욕'과 대명사인 '켄터키주', 그리고 소명사인 '하버드대학교' 모두 아무런 관계가 없다. 중명사가 매개체 역할을 수행할 수 없기에 소명사와 대명사가 어떤 관계를 맺고 있는지 원천적으로 추정할 수 없다. 그러므로 상술한 추리에서 얻어낸 결론은 그저 가능한 한 가지 상황에 불과할 뿐, 필연성을 지니지 못하므로 논리에 어긋난다.

다섯째, 전제에 한 가지 부정이 포함될 때 결론 역시 부정일 수밖에 없다.

미신은 모두 과학이 아니다.

점은 미신이다.

──────

그러므로 점은 과학이 아니다.

대전제가 부정판단이므로, '미신'은 모두 '과학'과 상충한다는 결론에 도달하지만, 소전제는 긍정판단으로서, '점'은 '미신'에 속한다고 판단한다. 중명사 '미신'이 대명사 '과학'과 상충하는 동시에, 소명사

'점'을 포함하고 있기에 소명사 '점'과 대명사 '과학'은 상충할 수밖에 없고 결론 역시 100% 부정적이다.

여섯째, 특칭 전제가 두 개일 때는 결론을 도출할 수 없다.

일부 공무원은 자유당 소속이다.
일부 여성은 공무원이다.

————————

그러므로 일부 여성은 자유당 소속이다.

여기서 등장하는 두 가지 전제는 모두 특칭판단에 속한다. 추리된 내용을 살펴보면, 결론은 실제 상황에 맞지만, 추리의 형식이라는 측면에서 봤을 때는 이러한 결론을 얻을 수 없다. 일부 '공무원'과 '자유당 소속'이 매칭되고, '여성'과 '공무원'이 매칭될 경우, '여성'과 '자유당 소속'은 결코 매칭될 수 없기 때문이다. '일부 여성은 자유당 소속이다'라는 문장은 여러 관계에서 한 가지 가능성에 불과할 뿐이므로, 추리는 논리성을 잃는다.

일곱째, 전제에 특칭이 포함된 경우, 결론 역시 특칭에 제한될 수밖에 없다.

모든 기독교인은 하나님이 존재한다고 인정한다.
일부 정부 관리는 기독교인이다.

그러므로 일부 정부 관리는 하나님의 존재를 인정한다.

이번 추리의 대전제는 전칭판단으로, '기독교인'이 모두 '하나님의 존재를 인정한다'라고 판단한다. 소전제에도 특칭판단이 등장하면서 '정부 관리'의 일부가 '기독교인'이라고 판단한다. 이렇게 되면 일부 정부 관리가 하나님의 존재를 인정한다고 할 수 있지만 이들을 모든 정부 관리로 확대할 수 없다. 그러므로 도출된 결론은 특칭에 의해 제한될 수밖에 없다.

위의 일곱 가지 규칙에 따라 아판티의 추론을 살펴보면 규칙을 충실히 따르고 있다는 것을 확인할 수 있다. 하지만 거짓 전제를 사용했기 때문에 도출된 결론이 100% 참이라고 이야기할 수 없다. 자신을 비웃은 황제를 조롱하기 위해 아판티가 일부러 논리적 오류를 범했기 때문이다.

잘못된 추론을 버리고
정확한 결론을 얻어라

한 기업의 재무부는 연말 심사 과정에서 24만 6천6백만 달러가 장부에서 사라졌다는 사실을 발견했다. 재무부의 심사 담당자 로드먼은 모든 소득, 지출 항목을 두 번이나 꼼꼼히 살펴봤지만, 아무런 원인도 찾아내지 못했다. 고민 끝에 그는 이미 퇴직한 회계사 하워드에게 SOS를 보냈다. 오랜 경력과 경험을 바탕으로 하워드는 회계장부를 빠르게 분석한 끝에 합계 과정 또는 잔액, 그도 아니면 장부 기록에 오류가 있을 것으로 판단했다.

하지만 이 문제는 장부 명세서에서 발견된 것이므로, '합계 과정에 문제가 있다'라는 첫 번째 상황은 존재할 수 없다. 그래서 하워드는 명부상에 기록된 고객의 잔액을 다시 꼼꼼히 살펴봤지만, 여전히 아무런 문제도 발견하지 못했다. 다시 말해서 잔액이 잘못 결제되었을 것이라는 가능성이 존재할 수 없다는 뜻이다. 그러므로 그의 처음 판단대로 명부상의 잘못은 기록을 제대로 적지 못해서 생긴 것이 분명하다.

잘못 기록했다면 가능성은 크게 두 개, 한 가지 항목의 기록만 틀렸거나 아니면 두 가지 또는 그 이상의 항목들을 잘못 기록했을 것이다. 재무부 담당자가 두 번이나 관련 내역을 살펴봤지만, 여전히 잘못된 항목을 찾을 수 없다는 이야기에 하워드는 가능성은 그리 크지 않지만 한 가지 항목의 기록이 틀려서 생긴 일이라고 판단했다.

수천 개에 달하는 항목 중에서 잘못 기록된 항목을 어떻게 찾아낸단 말인가? 하워드는 24만 6천6백 달러라는 숫자가 지닌 특징에 주목하며 두 가지 가능성을 제시했다. 첫째, 24만 6천6백 달러가 짝수라는 점을 감안할 때 소득-지출이 뒤바뀐 채 잘못 기록될 수 있다. 만일 수령자와 지불자의 정보가 바뀐 채 기록되었다면 해당 항목의 비용은 12만 3천3백 달러여야 한다. 하지만 거래 내역에서 12만 3천3백 달러의 행방을 찾지 못했다. 둘째, 24만 6천6백 달러라는 금액을 표시한 단위의 소수점 위치가 잘못 기록된 데 원인이 있을 수 있다. 예를 들어 돈을 지불하는 쪽에서 2.74를 27.4로 잘못 기록했거나, 돈을 받은 쪽에서 27.4를 2.74로 기록하는 바람에 24.66이라는 숫자가 사라진 것이다. 그래서 하워드는 영수증을 뒤져 2만 7천4백 달러의 행방을 찾기 시작했다. 기록에서 해당 내용을 확인한 하워드는 돈을 지불한 쪽에서 2만 7천4백 달러를 27만 4천 달러로 소수점을 잘못 찍었기 때문에 생긴 오해라고 설명했다. 영수증과 장부상의 기록을 꼼꼼히 대조한 끝에 하워드의 분석이 정확하다는 것이 입증됐다.

다른 사람이 찾지 못한 문제의 원인을 하워드는 어떻게 해서 정확하게 찾아낼 수 있었을까? 재무 업무에 대한 다년간의 경험을 바탕으로 하워드는 과학적인 관리법을 찾아냈다. 일단 문제가 발생했다는 사실을 인지한 하워드는 즉시 과학적 분석을 시작했다. 세 번에 걸친 그의 분석은 하나같이 선언 추리의 부정긍정식을 정확히 사용하고 있다. 1단계 '합계 오류'와 '잔액 오류'를 부정함으로써, 장부 기록이 잘못 기록된 원인이 '잘못된 장부 내역'에 있다는 사실을 추론했다. 2단계 '두 가지 또는 두 가지 이상 되는 잘못된 장부 내역'을 부정하면서 '한 가지 잘못된 장부 내역' 때문에 생긴 문제일 수 있다는 가능성을 제시했다. 3단계 '돈을 받은 쪽과 낸 쪽의 거래기록이 뒤바뀌었다'라는 가능성을 부정함으로써 '잘못된 소수점 위치 표시'라는 결과를 추정했다. 세 가지 추론을 종합한 결과 실제로 관련 내용에 오류가 있음을 확인했다.

선언추리는 선언판단을 전제로 선언지의 논리 관계에 따라 진행되는 추리로서, 호환적 선언추리와 비호환적 선언추리로 존재한다.

호환적 선언추리는 호환적인 선언판단을 전제로 호환적인 선언판단의 선언지가 지닌 논리 관계에 따라 진행되는 추리를 가리킨다. 호환적인 선언판단에 따라 최소한 한 개의 선언지가 참인 논리적 성질을 지녀야 한다. 참인 선언지가 한 개 있다고 해서 나머지 선언지가 모두 거짓이라고 추정할 수 없지만, 대신 거짓인 선언지가 한 개 있는 경우 나머지 선언지가 모두 참이라고 추정하는 건 가능하다. 그러므로 호환적 선언추리는 정확한 한 종류의 추리 형식, 즉 부정긍정식

만 수용할 수 있다는 결론을 얻을 수 있다. 예를 들어,

일을 잘 해내지 못하는 데는 주관적인 원인 또는 객관적 원인이 존재한다.
해당 업무를 잘 해내지 못한 것은 주관적 원인 때문이 아니다.

———————

그러므로 해당 업무를 잘 해내지 못한 것은 객관적 원인 때문이다.

호환적 선언추리의 부정긍정식으로서, 전제 중의 선언판단 '일을 잘 해내지 못하는 데는 주관적인 원인 또는 객관적 원인이 존재한다'에서 선언지 '주관적 원인'과 '객관적 원인' 모두 호환적 관계를 지닌다. 그 때문에 그중 한 가지 선언지를 긍정하는 방법을 통해 다른 선언지를 부정할 수 없다. 오로지 그중 한 가지를 부정함으로써 나머지를 긍정해 부정긍정식을 구성할 수 있다. 위의 예시에서 하워드가 장부를 조회하는 과정에서 가장 먼저 사용한 선언추리가 바로 이러한 형식이다.

장부가 잘못 기록된 원인은 '합계 오류', 또는 '잔액 오류', 또는 '기재 오류'일 것이다.
장부가 잘못 기록된 원인은 '합계 오류'도 아니고, '잔액 오류'도 아니다.

———————

그러므로 장부가 잘못 기록된 원인은 '기재 오류' 때문이다.

전제 중의 선언판단에 등장하는 세 개의 판단 '합계 오류', '잔액 오

류', '기재 오류' 사이에 호환 관계가 형성된다. 즉 장부가 잘못 기록된
데 위의 세 가지 상황이 동시에 존재할 수도 있다. 그러므로 호환적
선언추리의 부정긍정식을 응용하는 편이 적절하다. 세 가지 가능한
상황에서 두 가지 상황을 부정하면 나머지 한 가지 상황을 긍정할 수
있다.

이러한 선언추리는 두 가지 원칙을 결론으로 끌어낼 수 있다.

첫째, 하나의 선언지를 긍정하면 또 다른 선언지를 부정할 수 없
다.

둘째, 하나의 선언지를 부정하면 또 다른 선언지를 긍정할 수 있
다.

비호환적 선언추리는 비호환적인 선언판단을 전제로 비호환적인
선언판단의 선언지가 지닌 논리 관계에 따라 진행하는 추리를 가리
킨다. 비호환적인 선언판단에 따르면 오로지 하나의 선언지만 참이
라는 논리적 성질을 지닐 수 있다. 즉 참인 하나의 선언지에서 나머
지 선언지가 거짓이라는 결과를 끌어낼 수 있고, 일부 선언지가 거
짓이면 나머지 선언지는 참이라는 결과를 도출할 수 있다. 그러므로
비호환적인 선언추리는 긍정부정식과 부정긍정식이라는 두 가지 명
확한 추리 형태를 지니게 된다.

우리는 시련에 직면해 앞으로 나아가던 뒤로 물러서든 선택해야 한다.

우리는 시련에 직면해 앞으로 나아가야 한다.

———

그러므로 우리는 시련에 직면해 뒤로 물러나서는 안 된다.

이러한 비호환적인 선언판단과 하나의 선언지를 긍정하는 것을 전제로 나머지 선언지를 부정하는 결론을 도출할 수 있다. 이러한 추리 형식을 긍정부정식 추리라고 부른다.

자동차는 수동 모드, 아니면 자동모드를 사용한다.
이 차량은 수동 모드를 사용하지 않는다.
———————
그러므로 이 차량은 자동모드를 사용한다.

이러한 비호환적인 선언판단은 일부 선언지에 대한 부정을 전제로 나머지 선언지를 긍정하는 결론을 도출하는데, 이를 부정긍정식 추리라고 부른다. 장부를 살펴보는 과정에서 하워드가 두 번째, 세 번째로 응용한 선언판단이 바로 이러한 형식이다. 그중에서도 두 번째 추리를 살펴보자.

장부가 잘못 기재된 원인은 하나의 기록이 잘못되었거나, 아니면 두 개 또는 두 개 이상의 기록이 잘못 기록된 데 있다.
내역 비교 결과, 두 개 또는 두 개 이상의 기록이 잘못 기재될 수 없다.
———————
그러므로 하나의 기록이 잘못 기재되었다.

하버드 논리학 강의

세 번째 추리는,

기재 오류는 돈을 받는 쪽과 지불해야 하는 쪽의 내역이 정반대로 기록됐거나,
아니면 소수점 위치를 잘못 기록했기 때문이다.
기재 오류는 돈을 받는 쪽과 지불해야 하는 쪽의 내역이 정반대로 기록됐기 때문
은 아니다.

———————

그러므로 기재 오류는 소수점 위치를 잘못 기록했기 때문이다.

두 번에 걸친 추리 형식 모두 비호환적인 선언판단의 선언지 하나
를 부정함으로써, 또 다른 선언지를 결론으로 하는 비호환적인 선언
판단을 긍정하는 부정긍정식을 도출했다. 이러한 점을 통해 비호환
적인 선언추리의 규칙을 알아낼 수 있다.

첫째, 선언지를 긍정하면 나머지 선언지를 부정할 수 있다.

둘째, 일부 선언지를 부정하면 나머지 선언지를 긍정할 수 있다.

'반값 학비 소송'에서
비롯된 '딜레마'

고대 그리스의 현자로 명성이 자자한 프로타고라스(Protagoras)는 변론에 뛰어날 뿐만 아니라 법률에도 정통한 인물이다. 어느 날, 유에르투스라는 젊은이가 프로타고라스를 찾아와 법률을 배우고 싶다며 자신을 제자로 받아달라고 청했다. "지금 제가 가진 것이 없으니 먼저 학비를 반만 내고 나머지 반은 훗날 승소하면 갚겠습니다."

하지만 학업을 마친 뒤에도 아무도 유에르투스에게 변호를 의뢰하지 않은 바람에 오랫동안 나머지 학비를 갚지 못했다. 참다못한 프로타고라스가 법률을 통해 문제를 해결하자며 찾아왔다.

"내가 소송에서 이기면 판결에 따라 넌 나머지 학비를 갚아야 한다.
내가 소송에서 지면 협의에 따라 넌 나머지 학비를 갚아야 한다.

내가 소송에서 이길 수도 있고, 아니면 질 수도 있다.
───────
그러므로 넌 어쨌든 나머지 학비를 내야 한다."

그러자 유에르투스는 스승의 주장에 승복하지 않고 꿋꿋이 자신의 주장을 펼쳤다.

"제가 소송에서 이기면 판결에 따라 전 나머지 학비를 갚지 않아도 됩니다.
제가 소송에서 지면 협의에 따라 나머지 학비를 갚지 않아도 됩니다.
제가 소송에서 이길 수도 있고, 아니면 질 수도 있겠죠.
───────
그러므로 전 나머지 학비를 내지 않아도 됩니다."

'반값 소송'이라는 이름으로 널리 알려진 일화에서 스승과 제자는 팽팽히 맞서며 자신의 주장을 내세웠다. 두 사람의 주장 모두 이치에 맞는 것처럼 들린다. 대체 누가 맞고 누가 틀린 걸까?
논리학의 관점에서 두 사람 모두 궤변을 늘어놓고 있다고 분석할 수 있다. 이른바 궤변이란, 각종 논리 형식을 이용해 잘못된 해명을 늘어놓는 것으로 사실상 논리에 맞지 않는다. 스승과 제자는 추리를 펼치는 전제에 전혀 다른 두 가지 근거를 사용했는데 이는 논리적으로 허용되지 않는다. 즉 동일한 사유 과정에서 '판결'에 따르면서 '협의'를 동시에 근거로 삼을 수 없다. '협의'를 따를 때 '판결'을 동시에 사용해선 안 된다. 스승과 제자 모두 두 개의 근거를 동시에 사용해 문제를 평론했다. 자신에게 유리한 내용을 근거로 삼은 것인데 이러한 방식으로는 문제를 해결할 수 없다. 이처럼 이들이 사용한 추리 방식을 논리적으로는 '딜레마 추리'라고 부른다.

딜레마 추리는 가언 선언추리라고도 부르는데, 두 개의 가언판단과 선언지가 두 개인, 하나의 판단을 전제로 이뤄진 추리를 가리킨다. 딜레마 추리의 기본유형은 크게 네 가지로 구성된다.

첫째, 단순구조형은 두 개의 충분조건을 지닌 가언판단의 전건을 긍정함으로써 후건을 결론으로 인정하는 추리를 끌어낸다. 예를 들어,

> 호랑이를 자극하면 호랑이가 사람을 문다.
> 호랑이를 자극하지 않아도 호랑이는 사람을 문다.
> 호랑이를 자극하거나 호랑이를 자극하지 않는다.
>
> ──────
>
> 그래도 호랑이는 사람을 문다.

고대 그리스의 현자 프로타고라스와 그의 제자 유에르투스가 변론에서 사용한 딜레마 추리는 단순구조형에 속한다.

둘째, 단순파괴형은 두 개의 충분조건을 지닌 가언판단의 후건을 부정함으로써 전건을 결론으로 부정하는 딜레마 추리를 끌어낸다. 예를 들어,

하버드대학교에 들어가고 싶다면 결심해야 한다.

하버드대학교에 들어가고 싶다면 조치해야 한다.

결심하지 않거나 조치하지 않는다.

———————

그러므로 하버드대학교에 들어갈 수 없다.

전제 중에서 두 가언판단의 후건은 다르지만, 전건이 동일하기에 선언판단을 통해 전혀 다른 두 후건을 각각 부정함으로써 동일한 전건의 판단을 부정하는 판단을 결론으로 끌어낼 수 있다. 결론은 단순한 판단인데다, 전체 추론이 후건을 부정하는 방식으로 구성되기 때문에 이를 단순파괴형이라고 부른다.

셋째, 복합구성형은 두 충분조건을 지닌 가언판단의 전건을 긍정함으로써 서로 다른 두 후건을 지닌 선언판단을 결론으로 인정하는 딜레마 추리를 끌어낸다. 이를테면,

상품의 품질이 떨어지면 소비자의 신뢰를 얻을 수 없다.

상품 공급이 부족하면 소비자의 수요를 만족시킬 수 없다.

상품의 품질이 떨어질 수도 있고, 상품 공급이 부족할 수 있다.

———————

그러므로 소비자의 신뢰를 얻을 수 없거나 소비자의 수요를 만족시킬 수 없다.

전제 중에서 두 가언판단의 전건과 후건이 모두 다르기에 선언판

단을 통해 서로 다른 두 전건을 각각 인정함으로써 다른 후건을 인정하는 선언판단을 결론으로 끌어낸다.

넷째, 복합파괴형은 두 충분조건을 지닌 선언판단의 후건을 부정함으로써 서로 두 다른 전건을 지닌 선언판단을 결론으로 부정하는 딜레마 추리를 끌어낸다. 이를테면,

영어를 잘 하고 싶다면 많이 읽고 많이 써야 한다.
수학을 잘 하고 싶다면 연습문제를 많이 풀어야 한다.
많이 읽고 많이 쓰지 않고, 연습문제도 많이 풀지 않는다.
———————
그러므로 영어를 잘 못하고, 수학을 잘 못한다.

전제 중에서 두 가언판단의 전건과 후건이 모두 다르기에 선언판단을 통해 서로 다른 두 후건을 각각 부정함으로써 다른 전건이 포함된 선언판단을 부정하는 결론을 끌어낸다.

위의 네 가지 딜레마 추리 형식은 실제 응용과정에서 탄력적으로 운용할 수 있다. 생략할 수도 있고 순서를 뒤바꿀 수도 있지만 전제의 진실성과 추리 형식의 정확성은 반드시 보장되어야 한다. 전제에 거짓 판단이 포함됐거나 추리가 규칙을 위반할 때 모두 필연적 결론을 도출할 수 없다. 프로타고라스와 유에르투스가 '학비 소송'에서 사용한 딜레마 추리의 형식은 정확했지만, 전제 중 두 가언판단의 근거

가 상호 모순적이다. 다시 말해서 두 가언판단은 동시에 참일 수 없으므로 그중 하나는 반드시 거짓이라 하겠다. '판단'과 '협의' 중에서 오로지 하나의 근거만 참이므로 '판결'에 따라 성립된 가언판단이 참이라면 '협의'에 따라 성립된 가언판단은 거짓이 된다. 이렇게 해서 스승과 제자 두 사이의 '딜레마 추리'는 모두 거짓인 전제가 포함되어 있으므로 도출된 결론 모두 참이 아니라 하겠다.

인과관계를 연구하는
다섯 가지 방법

1960년 영국의 한 농장에서 상한 땅콩을 먹은 닭과 오리 약 10만 마리가 폐사하자, 사체를 부검한 끝에 암 때문에 죽게 됐다는 사실이 밝혀졌다. 1963년에도 누군가가 상한 땅콩을 쥐, 물고기와 개에게 먹였는데 이들 모두 암으로 죽고 말았다. 동물의 종류가 다양한 만큼, 그들의 생리적 특징과 생활 조건 모두 다르지만 '상한 땅콩'이라는 문제의 원인은 동일하다. 즉 상한 땅콩이 이들을 암에 걸려 죽게 만든 원인이었다. 훗날 상한 땅콩에 대한 화학 분석을 통해 '아플라톡신(Aflatoxin)'이라는 발암물질을 발견했다. 그 결과, 아플라톡신 때문에 수많은 가축이 폐사했다는 정황을 파악할 수 있었다.

이는 인과관계를 연구하는 방법을 사용해서 사물의 현상 사이에 존재하는 인과관계를 보여주는 사례라 하겠다. 인과관계에 대한 사

하버드 논리학 강의

람들의 이해를 돕는 방법을 논리적으로 살펴보면 다음과 같다.

1. 일치법

합의법이라고도 불리는 일치법은 특정한 현상이 나타나게 된 동일한 원인을 다양한 현상에서 찾아냄으로써, 해당 요소와 특정 현상 사이에 인과관계가 존재하는지 확인하는 방법이다. 위의 사례처럼, 1960년과 1963년이라는 서로 다른 시대와 장소에서 동일한 현상이 나타났다. 각 장소에서 사육하던 가축의 품종, 생리적 특징, 생활 조건이 서로 달랐지만, '상한 땅콩'을 먹어서 '암으로 목숨을 잃는 상황'은 동일했다. 이처럼 일치법을 통해 상한 땅콩을 먹은 동물들이 암으로 폐사했다는 결론을 잠정적으로 얻을 수 있다.

일치법은 서로 다른 상황에서 공통점을 찾으려 하며, 개연성을 띤 결론을 얻는다는 특징을 보인다. 사물의 관련 요소가 대개 복잡하기 때문이다. 표면적으로는 똑같아 보이지만 실상은 전혀 다르거나, 표면은 다르지만, 실제는 완전히 동일한 상황이 존재할 수도 있다. 그러므로 일치법을 사용하려면 분석 대상이 많을수록 결론의 신뢰성 역시 높아진다는 점에 주의해야 한다. 동일한 원인을 다룰 때는 표면에서만 살피지 말고 동일한 원인을 최대한 정확하게 확인해야 한다.

2. 차이법

다른 상황에서 다른 원인을 찾아냄으로써 해당 원인과 실제 나타난 특정 현상의 인과관계를 확인하는 방법이다. 예를 들어 2개월 된 어린 돼지 300마리를 기를 수 있는 양돈장 두 곳이 있다. 한 곳에서는

A 사료를, 나머지 한 곳에서는 B 사료를 먹였는데 B 사료를 먹은 돼지에 비해 A 사료를 먹은 돼지의 체중이 더 빠르게 증가했다. 이 점을 통해 A 사료가 B 사료보다 가축의 성장에 더욱 촉진한다는 결론을 도출할 수 있다.

위의 사례는 차이법을 응용한 사례로, 양돈장 두 곳에서 동일한 성장 조건을 갖춘 동일한 수량의 돼지에게 종류가 다른 사료를 일정 기간 먹인 뒤 체중 변화를 확인했다. 그 결과, A 사료가 돼지의 체중 변화에 더욱 효과적이라는 결과를 얻을 수 있었다.

일치법과 차이법은 인과관계를 논증하는 두 가지 기본 방법으로 광범위하게 응용된다. 효과 면에서 차이법이 일치법보다 한 단계 발전해 있다. 공식·비공식 상황에서 모두 비교가 가능하기에 신뢰성이 높은 편이다. 수많은 연구기관의 실험 모두 해당 방법을 통해 진행되는데, 이를테면 한 도시에서 지역농산물의 영향력을 높이기 위해 신선육, 채소, 과일 등 식품의 신선함을 장기간 유지할 방법을 고안·실시했다. 식품용 인큐베이터에서 발생하는 고에너지 전자 또는 인공 복사에너지를 식품에 적용하면 식품 표면에 함유된 대장균과 살모넬라균이 대량 감소해, 복사에너지를 받지 않은 식품보다 더 오랫동안 신선도를 유지할 수 있다는 사실을 발견했다.

3. 일치 차이 병용법

합의 차이 병용법이라고도 불리는 일치 차이 병용법은 두 사례에 대한 고찰로부터 출발한다. 각 사례 모두 약간의 상황을 내포하고 있는데, 그중 한 사례에 공통점이 존재하는 덕분에 공통된 현상이 나타난다. 또 다른 사례에는 해당 공통점이 존재하지 않아 공통된 현상이 나타나지 않는다. 이를 통해 해당 공통 요소와 특정 현상 사이에 인과관계를 논증한다. 이를테면 누군가가 남녀노소를 두 그룹으로 나눠 실험을 진행했다. A그룹은 한 방에서 2일 연속 누워만 있어야 했고, B그룹은 한 방에서 매일 네 번, 총 40분 동안 운동할 수 있도록 했다. 실험 결과 A그룹 참가자들은 실험이 끝난 후 피로, 변비, 식욕감퇴, 어지러움, 두근거림 등의 증상을 호소했다. 이에 반해 B그룹은 평소와 다름없는 상태를 보였다. 이를 통해 '운동'이 B그룹 참가자들이 '평소와 다름없는' 상태를 유지할 수 있었던 원인이었으며, '운동이 생명에 영향을 준다'라는 주장이 옳다는 것을 입증했다.

해당 실험은 개별적인 두 가지 상황을 단순 비교하는 것이 아니라, 두 가지 사례를 비교하는 것이다. 매일 네 차례 운동한 그룹을 '공식 그룹', 매일 운동하지 않은 그룹을 '비공식 그룹'으로 지정한다. 공식 그룹에 속한 참가자는 비록 개인적인 조건이 100% 똑같지 않지만, 운동이라는 공통점을 가지고 있기에 발생한 상황은 평소와 '다름없다'. B그룹의 경우 참가자의 조건이 완전히 동일하지 않지만 운동하지 않았다는 공통점 때문에 피로, 어지러움 등의 공통된 현상을 보였다. 이러한 사례를 통해 일치 차이 병용법의 전 과정은 사실상 두 그룹의 사례에서 각각 공통점을 취한 뒤에 차이점을 구하는 통합적인 방법임을 알 수 있다.

일치 차이 병용법의 결론 역시 개연성을 지니지만 단순히 일치법 또는 차이법을 쓰는 것보다 훨씬 신뢰할 수 있다. 두 사례 간의 공통점이 많을수록 결론의 신뢰성 또한 높아진다. 비공식 그룹 사례의 선택과 공식 그룹의 사례가 서로 비슷할수록 결론을 더욱 신뢰할 수 있다.

4. 공변법

공변법은 서로 다른 상황에서 변화 요소가 포함되어 있고, 변화 현상이 해당 변화 요소와 대응됨으로써 해당 요소와 변화하는 현상 사이에 인과관계가 있는지 논증한다. 예를 들어서 상하이에서 우물 탐사사업은 1860년에 첫 삽을 뜬 이래, 1949년 전야까지 모두 708개의 우물을 개발했다. 매일 24만 톤의 수량을 확보했지만, 지면이 35㎜ 주저앉았다. 1955년에는 개발된 우물의 수가 854개로 확대되며 일일 수량이 34만 톤에 달했다. 하지만 54㎜에 달하는 지면이 주저앉았다. 1960년에는 우물의 수량이 1,183개로 증가하면서 일일 수량 역시 56만 톤을 기록했지만 지면 침강 폭이 93㎜로 늘어났다. 위의 수치를 통해 개발한 우물의 수가 늘어날수록, 지하수 사용량이 증가할수록 지면 하강률이 높아진다는 사실을 발견할 수 있다.

위의 사례는 일치 차이 병용법을 사용해서 상하이의 지면이 내려앉은 현상의 원인을 분석했다. 역사적으로 세 가지 시기를 고찰함으로써, 개발된 우물이 늘어남에 따라, 지면 하강 폭 역시 지속해서 증가하는 공통된 변화 현상을 발견할 수 있었다. 이를 통해 우물 수와 지면 침강 폭 사이에 인과관계가 있음이 발견됐다.

5. 잉여법

잉여법은 복합적 원인이 복합적 현상을 일으키는 상황에서 이미 알고 있던 인과 부분을 제외함으로써 나머지 부분 사이에 인과관계가 있는지 논증하는 방법이다. 예를 들어 프랑스의 유명한 물리학자인 마리 퀴리는 폐우라늄 광석에서 분리한 염화라듐에서 순수한 금속 라듐을 얻는 데 성공했다. 폐광석에 함유된 우라늄을 측정한 마리 퀴리는 샘플에 함유된 방사성이 순수한 우라늄보다 훨씬 높다는 사실을 발견했다. 다시 말해서 폐광석 샘플 중에서 순수 우라늄과 일부 방사성이 인과관계를 맺고 있을 뿐만 아니라, 나머지 부분에 아직 발견되지 않은 또 다른 방사성 원소가 존재한다는 뜻이었다. 해당 분석을 토대로 마리 퀴리는 약 반년에 걸친 연구 끝에 폐우라늄 광석에서 소량의 검은색 분말을 분리하는 데 성공했다. 순수라듐을 함유한 염화 화합물을 추출한 것이다.

이는 잉여법을 사용한 전형적 사례로서, 폐우라늄 광석에 함유된 아직 밝혀지지 않은 방사성 물질은 복합적 원인에 해당한다. 이에 따라 발생한 복합적 현상은 모든 폐우라늄 광석에서 측정된 방사성이 순수한 우라늄보다 높다는 현상을 가리킨다. 그중에서 우라늄과 그로 인해 발생한 방사성은 이미 알고 있는 인과적 부분으로, 해당 내용을 제외함으로써 나머지 부분 사이에 인과관계가 있음을 논증한다.

위의 다섯 가지 인과관계 논증법은 실제 응용과정에서 종종 결합되기도 하고 통합적으로 운용되기도 한다. 이러한 방법은 인과관계를 논증하기 위해 제공되는 수단일 뿐, 해당 방법만으로는 논증하기에는 역부족이다. 관련된 구체적인 지식과 실제 상황에 대한 정확한 이해, 과학적 분석이 반드시 수반되어야 한다. 그렇지 않으면 사물의 진정한 인과관계를 파악할 수 없다.

동일 타입의 사물은 동일한 이치를 내포할 수 있다

18세기 중엽, 오스트리아의 의사 오엔브루거는 환자를 진단하던 중, 심각한 증세가 없는데도 미처 손쓸 새도 없이 사망하는 상황을 목격했다. 시신 해부를 통해 그는 흉강에 고름이 가득 찼다는 사실을 발견했다. 앞으로 같은 증세를 보인 환자가 나타나면 어떻게 치료해야 할 것인가? 환자가 고통을 겪다 죽어가는 모습을 무기력하게 지켜봐야 할 것인가? 고민하던 그의 머릿속에서 양조업에 종사하던 아버지가 술이 가득 들어있는 술통을 손으로 툭툭 두드리던 모습이 스쳐 지나갔다. 통을 두드려서 나는 소리로 아버지는 남은 술의 양을 측정했는데 이상하게도 항상 정확했다. 그 순간, 오엔브루거의 머릿속에 황당한 생각이 떠올랐다. '사람의 흉강도 술통과 비슷하지 않을까? 손으로 환자의 흉부를 두드려서 나는 소리로 흉강에 문제가 있는

하버드 논리학 강의

지 알 수 있지 않을까?' 그래서 오엔브루거는 병례를 연구한 끝에 '인체 흉부를 두드려서 나는 소리로 흉강 내부의 질병을 발견할 방법'이라는 논문을 발표하며 '타진법'이라는 의료법을 발명했다.

오엔브루거는 어떻게 해서 '타진법'을 발견할 수 있었을까? 여기에는 다양한 원인이 존재한다. 예를 들어 오엔브루거는 의료업의 발전을 위해 연구에 매진하겠다는 결심과 환자의 고통을 치료해 주고 싶다는 강렬한 욕망을 반드시 지녀야 한다. 그래서 손으로 술통을 두드리던 아버지의 모습에서 타진법을 연상할 수 있었다. 논리적으로 볼 때 오엔브루거의 사유 과정은 유비 추리 과정에 속한다.

유비 추리는 두 가지 또는 둘 이상 되는 사물이 특정 속성에서 동일하다는 특징을 근거로 이들이 또 다른 속성에서도 동일하다는 추리를 도출하는 방법을 가리킨다. 위의 예시에도 오엔브루거는 과거 자신의 아버지가 술통을 손으로 두드리는 방법과 사람의 흉강을 손으로 두드리는 방법을 비교함으로써 술통을 두드려 남은 술의 양을 알아냈다는 사실을 통해 인체의 흉강에 어떤 병법이 존재하는지 알아내려 했다.

네덜란드의 과학자 호이겐스는 빛의 성질을 연구하던 중 빛과 소리 현상을 비교한 끝에 둘 사이에 존재하는 수많은 성질이 무척 비슷하다는 사실을 발견했다. 이를테면 빛과 소리에서 직선으로 전달, 반사, 굴절, 방해하는 등의 현상을 공통으로 찾아냈다. 그 밖에도 소리의 전파가 파동 상태의 성질을 이미 가지고 있다는 사실에서 호이겐스는 빛의 전달도 광파 상태의 성질을 지닐 수 있다고 추론함으로써 '광파'라는 개념을 제시했다.

유비 추리는 서로 다른 두 대상을 비교함으로써 개별 또는 한 가지 타입의 인지에서 또 다른 개별 또는 또 다른 타입의 인지를 끌어내는 추리 형식이다. 일반적인 사실에서 개별적인 연역적 추리를 끌어내는 방식과도 다르고, 개별적인 사실에서 일반적인 귀납추리를 끌어내는 것과도 다르다.

유비 추리가 결론을 끌어낼 수 있는 것은, 객관적 사물의 다양한 속성이 각자 독립적인 것이 아니라 서로 연계되어 있기 때문이다. 두 가지 사물이 수많은 속성에서 같다면 그 밖의 속성에서도 동일할 가능성이 농후하다. 이는 유비 추리의 객관적 기반이지만, 세상에 존재하는 수많은 사물 중 100% 일치하는 존재가 없다는 사실에 주의해야 한다. 무척 유사한 두 가지 사물 사이에도 차이는 존재하기 때문이다. 두 개 또는 두 가지 타입의 사물 사이에도 엄연한 차이가 존재하므로, 두 개 또는 두 가지 타입에 속하는 사물의 동일한 속성을 토대로 다른 속성도 동일하다는 추론이 100% 참이라는 뜻은 아니다. 즉 도출된 결론이 참일 수도 있고 거짓일 수도 있다. 그러므로 유비 추리를 통해 도출된 결론의 신뢰성을 높이려면 다음의 몇 가지 사실에 주의해야 한다.

첫째, 유비 대상 사이에 동일한 속성이 늘어날수록 도출되는 결론의 신뢰성 역시 높아진다. 예를 들어 신약의 약효를 시험하려면 고등동물을 대상으로 약효를 실시한 결과를 토대로 인체에 사용할 수 있는 약효를 추론한다. 그래야 결론의 신뢰성이 높아진다. 고등동물과 인간의 동일한 속성이 많기 때문이다. 인간과 동일한 속성이 적은 하등동물을 유비했을 때 도출된 결론의 신뢰성이 낮을 수밖에 없다.

둘째, 유비 대상의 동일한 속성과 유비의 속성 사이에 필연적 연관성이 존재해야 결론의 신뢰성이 높아진다. 동일한 속성과 유비 속성 사이에 필연적 연관성이 없다면, 동일한 속성이 제아무리 많다고 해도 결론의 신뢰성은 떨어지기 마련이다. 지구와 달을 유비해 보자. 지구와 달 모두 별이며, 자체적으로는 빛날 수 없다. 또한 자전, 공전 등의 현상이 일어난다. 이처럼 동일한 속성이 다양하지만, 지구에 생물이 산다고 해서 달에도 생물이 산다고 추론했을 때 그 결론은 신뢰성을 잃는다. 왜냐면 이러한 모든 동일 속성과 생물 사이에 필연적 연계 관계가 존재하지 않기 때문이다. 달에는 생물이 존재하는 데 필요한 물과 공기 등의 조건을 갖추지 못했다.

셋째, 유비 추리에서는 유비 속성과 모순되는 속성이 존재해서는 아니 된다. 예를 들어 A 자동차 공장에서 생산된 소형차의 품질이 국제적인 수준을 갖추는 데 성공했다. 한편 B 공장에서도 A 공장과 거의 동시에 생산 투입에 들어갔다. 현대화된 설비를 대거 도입하며 생산 규모, 기술력 모두 비슷한 수준까지 갖췄지만, 비효율적인 관리팀 때문에 품질 관리가 엄격히 이뤄지지 않았다. 두 공장의 조건 모두 비슷하므로 A 공장이 대기업이 될 수 있다면, B 공장도 대기업이 되었어야 옳다. A 공장의 상황을 유비했을 때 도출될 수 있는 결론이기 때문이다. 하지만 유비 조건 중에 성공한 대기업과 서로 모순되는 속성이 존재한다. 무능한 관리팀은 제품 품질을 따지지 않기 때문에 결코 대기업으로 발전할 수 없다. 두 공장 사이에 유사한 조건이 제아무리 많다고 해도 기본적인 문제가 해결되지 않는 한, 두 업체가 같은 수준에 오를 수 없으므로 이러한 유비 추리 결론의 신뢰성을 잃는다.

유비 추리를 통해 획득한 결론이 개연성을 띠더라도 사람들이 세상을 인식하고 세상을 바꾸는 과정에서 여전히 중요한 의미를 지닌다. 일상생활이든 과학연구든 유비 추리는 흔히 사용하는 추리 방법으로, 사람들의 사유를 계발하고 과학 학설을 제공함으로써 과학적 발견을 견인하기도 한다.

과감한 추측 없이,
위대한 발견도 없다

　고인류학자는 고원(古猿)이 인류의 조상으로 800~1,400만 년 전에 살았으며, 인류의 가까운 친척인 남원(南猿)과 유인원은 20~400만 년 전에 생존했다고 주장한다. 하지만 고원 이후, 남원과 유인원 시대가 오기 전 약 400만 년이라는 긴 세월 동안 인류의 조상은 어떤 모습을 하고 있었을까? 당시 상황을 알 수 있는 화석 자료가 거의 존재하지 않기 때문에 고대 인류학자들은 온갖 가설을 제시했다.

　1960년 영국의 인류학자 알리스터 하디(Alister Hardy)는 지질사 연구를 통해 400~800만 년 전 아프리카 동부와 북부가 바닷속으로 가라앉았다는 사실을 발견했다. 그는 이 과정에서 일부 고원이 바다에서 살게 되면서 수생 인간으로 진화했으며, 그 후 수백 만년이라는 시간이 흐른 뒤 바닷물이 빠지면서 수중생활에 적응한 수생 유인원이 다시 육지로 돌아와 인류의 조상이 되었다고 주장했다. 또한 수중생활을 통해 인간은 두 발로 직립 보행하거나 폐로 호흡할 수 있는 능력을 갖추면서 향후 인류의 직립보행, 두 손 사용, 언어를 통한 사교활동 등 중요한 진화를 위한 조건을 만들어냈다고 지적했다. 이를 두고 수생 유인원 이론이라고 부른다.

이 가설이 제시된 이후 일부 과학자들은 계속해서 연구에 박차를 가했다. 영국의 과학자 모건(Morgan)은 인류가 털 대신 두터운 피하지방을 갖게 된 원인에 대해 수중 포유동물의 특징이라고 주장했고, 하버드대학교 교수 덴턴(Denton)은 인류가 소금 섭취와 관련된 기능을 갖추지 못한 것은 수생생물과 유사하다고 지적했다. 그밖에 엘멧(Elmet), 구든(Gudden)은 인류의 잠수 기능은 물범과 무척 비슷하다고 주장했다. 해당 기능은 대뇌의 특정 부위로부터 지배를 받는데 인류가 이 기능을 사용해서 자신의 언어를 발전시켰다는 것이다.

1974년 에티오피아에서 '루시'라는 이름의 원인 화석이 발견되었다. 300만 년 전에 살았던 루시는 지금까지 발견된, 가장 오래된 인과(人科) 동물화석으로, 연구 결과 그녀의 골반이 무척 발달한 데 반해 하체는 가냘픈 것으로 확인됐다. 수중에서 살아가는 포유동물에게서만 나타나는 특징이라고 하지만 지금까지 가설을 직접적으로 입증할 수 있는 화석 자료가 많지 않아 과학적인 논증을 펼칠 수 없었다. 그로 말미암아 해당 가설의 신뢰성과 설득력이 무척 빈약하다. 사실 수생 유인원 이론의 다양한 논증, 이를테면 인류의 체표에 털이 없거나 피하지방이 발달한 것 모두 비 수생생물이 지닌 진화의 특징을 설명

226

하버드 논리학 강의

할 수 있는 자료로 활용할 수 있다. '루시'의 가녀린 하체 역시 개체의 발육이 제대로 이뤄지지 않은 상황을 설명할 수 있으므로 '수생 유인원 이론'은 그저 가설에 불과할 뿐이다.

가설은 이미 알고 있는 사실, 소재와 과학적 원리를 근거로 사물의 알 수 없는 원인 또는 규율의 가정을 설명한다. 예를 들어 우주 천체가 변한다는 '성운 가설', 지구 표면의 '대륙이동 가설', 세계를 미시적으로 바라보는 '광양자 가설' 등이 여기에 포함된다.

세상에 일어나는 온갖 현상에 관한 사람들의 연구는 관찰된 현상에서 출발해 특정한 추측을 끌어내는 방식으로 진행되는데, 이러한 추측의 사유형식이 바로 가설이다. 가설은 비교적 복잡한 사유형식 구조를 지니고 있어, 각종 추리 형식 및 논리법을 통합적으로 운용함으로써 과학적 발전을 종종 선도하기도 한다.

가설이 객관적으로 인증되면 과학적 이론으로 발돋움할 수 있다. 가설의 형성 및 발전은 크게 세 단계로 나눠 진행된다.

첫째, 가설의 제시. 가설을 제시하려면 먼저 사실을 관찰하고 소재를 파악하는 동시에 상상, 추측, 각성을 운용할 줄 알아야 한다. 뉴턴은 과감한 추측 없이는 위대한 발견도 없다고 이야기했고, 막스 플랑크(Max Karl Ernst Ludwig Planck)는 가설은 상상력이 작용한 결과물이라고 설명했다. 상상, 추측, 각성 등은 모두 창조적인 사유에 속한다. 사실 관찰, 창조적인 사유의 토대 위에서 논리적 추리를 펼침으로써 판단을 내려야 하는데, 이때 해당 판단에 근거해 가설을 제시해야 한다.

논리적 추리는 가설을 제시하는 과정에서 중요한 역할을 담당한다. 당시 이미 발견된 원소 63종으로 귀납·분석한 멘델레예프의 원소주기율은 귀납법을 통해 제시된 가설이다. 이와 반대로 천문학자가 인력을 계산하던 중에 추측·발견한 해왕성은 연역법을 통해 제시된 가설로, 해왕성의 발견을 두고 연역법의 승리라고 말하기도 있다. '빛의 파동설'을 주장한 호이겐스 역시 빛과 소리를 대상으로 유비를 동원해 자신의 가설을 제시한 바 있다.

가설을 제시하는 과정에서 다양한 추리 방법을 고루 활용해야만 복잡한 연구를 정확히 판단할 수 있다. 예를 들어 인류의 기원이 수생 유인원에서 비롯됐다는 연구를 위해서는 연역법을 활용해야 한다. 일반적인 수생 포유동물의 특징을 기준으로 인간에게서 수생동물의 특징을 찾아내야 한다. 귀납법은 인체의 일부 속성, 특징을 개괄함으로써 인간의 조상이 물속에서 생활했다는 결론을 얻어내야 한다. 유비법의 경우, 인간과 특정 수생 포유동물의 분야별 특징을 비교하는 방식을 고려해야 한다. 결론적으로 말해서 가설은 미지의 사유 과정을 추측하는 과정으로서, 추리를 통해서만 반드시 완성될 수 있다.

둘째, 가설의 연역. 가설은 제기되면 반드시 연역을 통해 입증되어야 한다. 즉 가설의 내용에 따라 추론하고, 가설에 맞는 특정한 상황을 판단해야 한다. 예를 들어 우리는 뉴턴의 만유인력 법칙을 통해 별끼리 서로 작용한다는 사실을 알아내고, 태양과 주변 행성의 위치와 운행 궤도를 미루어 짐작할 수 있다. 진공상태에서 서로 다른 중량을 지닌 물체가 동시에 떨어진다는 원리에 따라 깃털과 동전이 진공상태에서 동시에 떨어진다는 현상도 추리할 수 있다. 또한 화학원소 주기율에 따라 특정 원소의 원자량과 성질을 알 수도 있고, 인류의 기원이 수생 유인원이라는 가설에 따라 현대인에게 물에서 생존했던 흔적이 남아있다는 사실을 추정할 수 있다. 이처럼 가설의 연역은 가설을 전제로 전개되는 연역적 추론으로, 가설의 일반원리에 따라 가설에 맞는 특정한 상황을 추정할 수 있다. 추론할 수 있는 사례가 많을수록 가설의 신빙성 역시 커진다.

셋째, 가설의 인증. 가설 추론을 통해 얻게 되는 결론은 반드시 실험을 통해 정확성을 인증받아야 한다. 실험을 통해 정확한 결론이라고 인정받아야만 비로소 신뢰할 수 있기 때문이다. 가설에 대해 검열효과를 지닌 실험을 우리는 '판단성 실험'이라고 부른다. 이를테면 만유인력의 법칙에 따라 별이 태양 주변을 타원형으로 돌며, 태양이 타원의 한 가운데 위치한다는 사실을 계산할 수 있다. 물체의 자유낙하법칙에 따라 진공상태의 시험관에서 깃털과 동전을 이용해 서로 다른 중량을 지닌 물체가 동시에 낙하한다는 현상을 증명할 수 있다. 이러한 실험은 가설을 입증하는 작용을 지닌다. 가설이 제시된 후 실험을 통해 증명되는 사례가 많을수록 가설의 신뢰성은 높아진다.

가설에 따라서 제시된 예언이 실험을 통해 사실임으로 입증되고, 기존 실험의 오류를 바로잡는다면 해당 가설은 더 큰 설득이 있을 수 있다. 실제로 멘델레예프의 원소주기율에 따르면 1871년 당시 '갈륨(Gallium)'이라는 새로운 원소의 비중은 5.9~6.0이었으나 1875년에 프랑스의 화학자 부아보드랑(Paul Emile Lecoq de Boisbaudran)은 스펙트럼 분석법을 통해 갈륨의 실제 비중이 4.7이라는 사실을 발표했다. 그 후 멘델레예프는 부아보드랑에게 갈륨의 비중은 4.7이 아니라 5.9~6.0이라고 주장하는 서신을 보냈다. "비중을 다시 재보시오. 아마도 당신이 발견한 건 순수한 갈륨이 아닐 거요." 멘델레예프의 충고대로 재실험에 나선 부아보드랑은 갈륨의 비중이 4.7이 아니라 5.96이라는 사실을 확인했다. 이 일로 멘델레예프의 예언에 힘이 실리면서 가설에 그쳤던 그의 원소주기율은 엄연한 과학 이론으로 승격할 수 있었다.

과학 발전사를 쭉 살펴보면 과학 발전의 법칙이 관찰과 실험을 통해, 논리적 사고와 창조적 사유를 통해 가설을 제시한 뒤 인증과 수정을 거쳐 과학 이론으로 자리 잡는다는 사실을 알 수 있다. 이러한 순환과정이 끊임없이 반복되면서 점진적으로 발전한다는 점에서 가설은 인류가 인지하고 능동적으로 세상을 바꾸는 과정에서 무척 중요한 의의를 지닌다.

불행하지 않다면 행복의
소중함을 알 수 없다

전투 중에 용감히 싸우다가 한쪽 다리를 잃은 퇴역군인이 고향 집으로 돌아가던 길에 우연히 이상한 이야기를 들었다. 자신이 머문 곳 근처에 무슨 병이든 다 낫게 해 준다는 신비의 샘물이 있다는 것이 아닌가! 현지인들은 그 샘물을 '성수'라고 부른다는 이야기에 퇴역군인은 지팡이를 짚고 샘물을 찾아 나섰다. 마을 사람에게 샘물의 위치를 알려달라고 하자, 상대는 딱하다는 표정으로 입을 열었다.

"설마하니 거기에 가서 다리를 내려달라고 하느님께 기도라도 할 셈이오?"

"아뇨. 새로운 다리를 달라고 기도할 생각은 없습니다. 그저 한쪽 다리를 잃은 후에 어떻게 살아가야 할지 도와달라고 기도하려는 것 뿐입니다."

'불행'이라는 자극을 만나야 비로소 불행하지 않았던 시간이 얼마나 소중하고 귀중한지 알 수 있다. 퇴역군인도 다리 한쪽을 잃은 후에야 비로소 건강한 두 다리를 얼마나 소중한지 깨달았다. 그래서 남은 다리로 계속해서 살아갈 수 있는 지혜와 용기를 하느님께 구한 것이다.

수천 피트 상공을 날아가는 비행기에 몸을 실은 당신. 갑작스레 나타난 난기류로 비행기가 위아래로 요동치기 시작했다. 거대한 바다 위에 정처 없이 떠다니는 나뭇잎처럼 대자연의 위력 앞에 첨단장비로 무장한 비행기는 속수무책이었다. 노련한 기장 덕분에 위기에서 벗어난 비행기가 안전하게 착륙하고 나서야 안전한 여행이 얼마나 즐거운 일인지 깨달을 수 있었다. 어느 날 아침, 평소와 다름없는 시간에 일어났는데 어찌 된 영문인지 머리가 깨질 듯 아프기 시작했다. 그제야 기분 좋게 일어나서 아침을 맞이하는 것이 얼마나 행복한 일인지 깨달았다.

비행기를 타든 몸이 건강하든 행복이라는 상태에 금세 무감각해진다는 데 문제가 있다. 한때 마음 졸이는 일이 생겼어도 시간이 지나면 의례적인 것으로 받아들인다. 이러한 상황에서 갑작스레 찾아온 불행이라는 자극은 우리의 삶에서 가장 중요한 것을 재발견할 기회를 제공한다.

뮤지컬영화《마이 페어 레이디》에는 상대의 말만 듣고도 출신지를 알아낼 만큼 언어학 전문가인 교수 헨리 히긴스 교수가 평소 사투리가 심한 코벤트 가든에 꽃 파는 여인 일라이자 둘이틀을 상류사회의 여인으로 변신시키겠다는 내기를 친구와 하면서 시작된다. 일라이자가 자신의 곁을 떠난 후에야 히긴스 교수는 자기 손에서 교양 있는 여인으로 재탄생한 그녀를 자신이 사랑하고 있음을 깨닫게 된다. 괴짜인 히긴스 교수에게는 일라이자를 더 이상 만날 수 없다는 사실이 생애 최대 불행이겠지만 그 불행 때문에, 비로소 자신의 속마음을 눈치챘다. 두 사람의 러브스토리는 이별을 통해 비로소 잊을 수 없는 삶의 소중한 추억으로 새겨진다. 위의 사례들은 불행해야 행복의 가치를 알 수 있다는 이야기를 증명한다.

20세기 미국의 음악 거장 프랭크 시나트라(Frank Sinatra)는 자신의 조국에 대해 이렇게 이야기했다. "미국은 불완전한 나라다. 하지만 난 불완전한 이 땅에 태어나서 무척 기쁘다. 만일 미국이 완벽한 나라였다면 불완전한 나라가 완벽하게 변화하며 성장하는 희열을 결코 느끼지 못했을 것이다."

완벽한 무언가를 얻었다는 것은 이보다 더 나은 것을 얻을 수 있다는 기대감을 잃게 만든다. 자신이 얻은 무언가가 불완전해야 비로소 완벽하게 만들겠다는 욕구와 희망이 생기기 마련이다. 지나치게 행복한 삶도 행복의 가치를 떨어뜨린다. 살아가면서 불가항력적인 불행이 존재해야 더욱 행복하게 살겠다는 희망도 생기는 법이다. 아무런 시련이나 실패 없이 그저 성공하는 삶은 오히려 더욱 열심히 살아야 한다는 의욕을 떨어뜨린다.

셰익스피어는 《헨리 4세》에서 불행과 행복에 대해 이렇게 설명했다. "운명이 적혀있는 책장을 펼치는 순간, 시대의 변화를 미리 알 수 있을 것이다. 높은 산이 평평한 대지로 변하고 거대한 대륙이 푸른 바다로 변하는 거대한 변화를 한눈에 확인할 수 있을 것이다. 그에게 사람의 삶 또한 이와 다를 바 없다. 생명의 잔에 남은 술이 얼마나 되는지 그에게는 다 보일 것이다. 모든 걸 미리 알 수 있고 자신의 삶을 들여다볼 수 있다면, 과거와 현재는 물론, 미래에 어떤 좌절이 자신을 기다리고 있는지 다 알 수 있을 것이다. 하지만 가장 행복한 젊은이라면 책장을 덮은 채 그저 앉아서 죽기만을 기다릴 것이다."

행복은 무척 흥미로운 존재다. 행복은 사람들이 심리적으로 느끼는 만족감으로, 만족스러운 삶을 살아가려면 반드시 무언가가 결핍되어야 한다는 전제조건이 존재해야 하기 때문이다. 모종의 결핍이 생겨날 때 사람들은 비로소 만족하지 못하고 부족한 것을 채우기 위해 끊임없이 노력하게 된다. 그런 점에서 결핍은 행복을 위한 필수조건이라 하겠다.

"우리가 즐거운 생각을 하고 있으면 우리의 삶도 즐거워진다. 반대로 궁색 맞은 생각을 하고 있으면 우리의 삶도 초라해진다. 뭔가를 두려워하는 마음이 들면 우리의 몸과 마음에 병이 든다."라고 데일 카네기(Dale Carnegie)는 말했다. 불행, 특히 개인의 힘으로 일시적으로 운명을 바꿀 수 없는 불행이 찾아올 때 우리는 평소와 다름없으면서도 낙관적인 태도로 삶을 마주해야 한다. 이는 맹목적인 낙관주의가 아니라 미래에 대한 자신의 굳은 믿음으로, 삶은 항상 아름답다는 신뢰의 표현이다.

이 과정에서 '불행'은 그 자체만으로 우리를 강하게 만들지 않는다. 오히려 우리를 더욱 위축시킬 수 있고 심지어 분노하고 초조하게 만든다. 우리를 더욱 강하게 만드는 것은, 불행을 대하는 우리의 마음가짐이다. 우리가 불행을 마주할 때, 불행의 진짜 함의를 깨달을 때 비로소 불행 속에서 더 많은 교훈을 얻고 점차 성장할 수 있다.

하버드의 지혜

하버드대학교에서 수학한 중국의 유명한 문학가인 임어당은 삶을 이렇게 평가했다. "행복과 불행 사이에는 당신이라는 얇은 종이가 한 장 있다. 당신이 행복하다고 생각하면 행복해지고, 불행하다고 생각하면 불행해진다." 하버드대학교에서 많은 영향을 받은 그는 삶에 대한 하버드대학교의 태도를 담담히 소개했다. "행복으로 통하는 길은 항상 가시밭길이고 거친 황무지가 드넓게 펼쳐져 있다. 그 속에서 시련을 견디겠다는 의지를 잃는 순간, 내일 찾아올 성공의 휘광도 사라진다."

일희 일비 하지 마라

하버드대학교에서 사회적으로 성공을 거둔 유명 인사를 상대로 지금 행복한지 묻는 설문조사를 실시한 적 있었다. 사회적인 명성과 풍족한 그들의 삶은 보통 사람에게는 부러움의 대상이었다. 누군가에게는 부러움을 넘어 숭배라고 할 정도로 행복해 보이는 삶이지만 정작 그 삶의 주인공들은 삶의 의미가 전혀 없다고 이야기했다. 오히려 자신보다 못한 조건을 가진 사람을 부러워한다는 의외의 결과도 있었다.

행복이란 무엇인가? 이 물음에 대해 사람들은 저마다 다른 이야기를 들려줄 것이다. 하버드대학교의 심리학 전문가에 따르면 행복은 마음속에 차곡차곡 쌓이는 기쁨, 만족이라고 한다. 단순한 육체적 또는 물질적 만족감이나 돈, 명예로 쌓아 올린 행복은 조악할 뿐만 아니라 진실하지 않다.

부잣집에 시집가서 신분 상승을 꿈꾸는 한 아가씨가 있다. 천신
만고 끝에 상류 가정의 며느리가 되었지만, 그 삶은 자신이 생각하던
모습과는 크게 동떨어져 있었다. 결국 마음의 고통을 견디지 못한 여
인은 불행했던 결혼생활을 정리했다. 어떤 사람은 세상에 자신의 명
성을 알리면 삶의 가장 큰 기쁨을 누릴 수 있다고 생각했다. 하지만
성공을 거둔 이후 그는 자신의 곁에 아무도 없다는 사실을 깨달았다.
돈과 지위만 있으면 자신이 원하는 모든 걸 얻을 수 있다고 생각했던
사람도 자신에게는 돈 외에 아무것도 없다는 사실을 깨닫고 크게 후
회했다.

'얻는 것이 있으면 잃는 것이 있는 법이다.'라는 말은 누구나 다 아
는 이야기지만 정작 사람들은 '얻는 것'과 '잃는 것'의 관계를 제대로
이해하지 못한다. 뭔가를 얻었다고 해서 세상을 다 가진 것처럼 뛸
듯이 기뻐하다가도 뭔가를 잃으면 세상을 다 잃은 것처럼 낙담한다.
왜냐하면 사람들은 뭔가를 얻는 것을 지극히 자연스럽게 생각하며
이를 행복이라고 생각하기 때문이다. 이에 반해 뭔가를 잃는다는 것
을 부자연스럽게 여겨 매우 불행하다고 생각한다.

우거진 인도의 밀림에는 호두를 즐겨 먹는 원숭이 무리가 살아간
다. 사냥꾼은 원숭이를 잡기 위해 나무상자에 호두를 넣은 뒤 원숭이
가 손을 넣었다 뺄 수 있는 크기의 구멍을 뚫어둔다. 냄새를 맡고 다
가온 원숭이가 나무상자 안에 손을 넣는 순간, 호두를 움켜쥔 손이

구멍에 걸려 덫에서 빠져나오지 못한다.

조악하기 짝이 없는 함정이지만 나무상자에 손을 넣은 원숭이는 십중팔구 사냥꾼의 그물을 피하지 못한다. 사냥꾼이 나타나기 전에 손에 쥔 호두를 놓고 손을 빼면 되지만 불행히도 원숭이는 절대로 손에 쥔 호두를 놓으려 하지 않는다. 손에 쥔 호두 몇 알 때문에 꼼짝없이 사냥꾼에게 잡히고 만다.

배를 채우기 위해 멍청한 실수를 저지르는 원숭이를 비난할 수는 없다. 왜냐하면 원숭이로서는 호두를 갖기 위해 생각지도 않게 생명의 대가를 치러야 하기 때문이다. 그렇다고 해서 위험에 처한 순간에도 손에 쥔 호두를 놓기는커녕 오히려 나무상자에 손을 넣은 채 달아나는 모습은 쉽게 이해하기 어렵다.

원숭이는 호두 몇 알에 자신의 모든 걸 거는 바람에 사냥꾼에게 사로잡힌다. 손에 쥔 호두를 놓으면 자유의 몸이 될 수 있지만 원숭이에게 호두는 자유를 빼앗기는 한이 있더라도 결코 놓을 수 없을 만큼 매력적이다. 그렇다면 인간은 어떠한가? 우리는 세상의 진짜 모습을 제대로 간파할 수 있는가? 유혹 앞에서 의연히 자리를 박차고 나올 수 있는가? 외부적인 조건에 사로잡혀 행복으로 가는 길을 스스로 포기하고 있지는 않은가?

'이해득실'을 행복을 가늠하는 척도로 삼는다면 당신의 즐거움과 행복은 결코 오래도록 지속될 수 없다. 우리의 삶에서 '득'과 '실'은 본디 상호보완적인 상생의 관계를 맺고 있기 때문이다. 쉽게 말해서 얻는 게 있으면 잃는 것이 있고, 잃는 게 있으면 얻는 게 있기 마련이다.

대지가 양분과 수분을 잃는 바람에 초목은 꽃을 틔우고 과실을 맺는다. 봄과 여름의 녹음이 사라지면 그 자리에 황금빛 수확의 결실이 맺힌다. 인간 역시 마찬가지다. 혈기 넘치는 청춘이라는 세월을 다 보내고 나면 인간은 비로소 여유를 배우게 되고 성숙한 인격체로 성장한다. 짧은 우리네 삶을 허투루 보내지 않고 항상 즐겁게 살아가려면 '득'에 초연할 줄 알아야 한다. 손에 쥘 물질의 양에 따라 일희일비하는 단편적인 자세를 지양해야 한다. 앞서 이야기한 것처럼 '득'과 '실'은 본디 상호보완적이기 때문이다.

배를 타고 먼 바다로 나가던 청년은 목적지를 얼마 남겨두지 않고 갑자기 불어닥친 태풍에 휘말려 좌초하고 말았다. 모든 승객이 차가운 바닷물 속으로 모습을 감추는 동안, 거대한 파도가 청년에게 달려들어 그를 멀리 떨어진 섬으로 밀어 보냈다. 구사일생으로 목숨을 건졌지만, 청년은 이곳이 사람이 전혀 살지 않는 무인도라는 사실을 발견했다. 청년은 지나가는 배에 구조를 요청할 생각에 하루 종일 바다만 내다봤지만, 개미 새끼 하나 지나가지 않았다. 살아남기 위해 청년은 섬 이곳저곳에서 주워 온 나무로 집을 짓고 그 안에 불을 피워 물고기를 구워 먹기도 하고 추위를 달래기도 했다. 어느 날, 먹을 것을 구하러 나선 청년이 깜빡하고 불을 끄지 않은 바람에 힘들게 지은 집이 몽땅 타버리고 말았다. 시커먼 연기가 뭉게뭉게 피어오르는 걸 보면서 청년은 크게 좌절했다. 이 순간, 세상에서 자신보다 불행한 사람은 없을 것이라며 울부짖던 청년은 삶의 의지를 포기해 버렸다. 그리고 그다음 날 아침, 절망에 빠진 청년의 귀에 파도가 뭔가가 부덮혀 나는 소리가 들리기 시작했다. 혹시나 하는 마음에 해변으로 달려간 청년은 거대한 배가 자신이 있는 쪽으로 다가오고 있다는 사실을 깨달았다. 가까스로 구조된 청년은 배에 탄 사람들에게 어떻게 자신을 발견했냐고 물었다. "자네가 피운 거대한 연기를 발견하고 혹시나 하는 마음에 와 본 거라네." 그에게서 살아야겠다는 생존의 이유를 빼앗아 간 불이 결국에는 그의 목숨을 구했다.

우리의 삶에서 '득'과 '실'에 대한 정의 또는 구분은 명확하지 않다. '득'과 '실'의 의미가 순식간에 변하기 때문이다. 우리는 살아가면서 온갖 '이해득실'을 경험하게 된다. 그리고 그에 따라 우리 역시 일희일비한다. 영국의 위대한 시인 밀턴(John Milton)은 두 눈의 시력을 모두 잃었을 때 자신의 최고 걸작을 탄생시켰고, 독일의 음악가 베토벤(Ludwig van Beethoven) 역시 두 귀의 청력을 모두 잃었을 때 주옥과 같은 작품을 선보였다. 위대한 피아니스트 파가니니(Nicoló Paganini)는 평생 고통에 허덕였지만, 세상에 아름다운 선율을 선사했다. 그들이 위대한 업적을 남길 수 있었던 것은, '이해득실'에 연연하지 않고 남이 가진 것을 자신이 갖지 못했다고 해서 자신이 불행하다고 생각하지 않았기 때문이다. 그들은 그저 담담히 있는 그대로의 삶 자체를 차분히 마주했을 뿐이다.

하버드대학교 심리학 교수인 엘렌 랭거는 삶의 희비는 무상하다고 이야기하며 평상심으로 세상을 대해야 한다고 주장했다. 그리고 평상심으로 결핍되고, 갑자기 찾아온 비일상적인 이를 대하는 것이 더욱 중요하다고 지적했다. 꽃이 피고 지는 것이 자연의 이치이듯, 사람의 죽고 사는 것, 만나고 헤어지는 것 모두 만세불변의 법칙이다. 그래서 무언가를 잃거나 얻는 일에 담담히 대할 줄 알아야 한다. 무언가를 얻었다고 크게 기뻐하거나, 무엇을 잃었다고 슬퍼할 필요 없다. 그저 지금의 삶을 즐기는 것이야말로 진정한 승자의 여유라 하겠다.

살아야 희망도
품을 수 있다

　우리는 온갖 분야에서 한계를 드러내고 끊임없이 부족함을 드러낸다. 그로 인해 언제든지 예상치 못한 사건에 휘말리고 불행을 겪게 된다. 자칫 한눈을 파는 사이에 자신의 소중한 것을 잃을 수도 있고, 인생의 최대 고비에 직면하기도 한다. 한 번의 불행만으로도 우리는 부와 명예, 또는 사랑을 잃을 수 있고 자신의 모든 게 물거품처럼 사라지는 것을 무력하게 바라만 보는 처지로 내몰릴 수도 있다.

　한참 발레 연습 중이던 소녀가 갑작스레 터진 지진으로 연습실에서 미처 빠져나오지 못했다. 거대한 기둥이 그녀의 다리를 덮친 탓에 사건 현장에 그대로 매몰되고 말았다. 구조대원의 헌신적인 노력으로 소녀는 간신히 목숨을 건졌지만, 평생 한쪽 다리를 절어야 했다.

병원에서 의식을 차린 소녀에게 식구는 물론, 의사마저 이 사실을 차마 알리지 못했다. 멋진 발레리나가 되겠다는 소녀의 꿈을 누구도 차마 깨고 싶지 않았기 때문이다. 하지만 소녀는 다리를 마음대로 움직일 수 없다는 사실을 이미 알고 있었지만 애써 담담한 표정을 지었다. 자신이 충격을 받을까 봐 전전긍긍하는 엄마를 본 소녀는 오히려 엄마를 위로했다. "엄마, 전 괜찮아요. 살아서 정말 다행이에요."

삶은 우리에게 눈물과 아픔을 가져다주기도 하지만 함부로 절망의 구렁텅이에 밀어 넣지 않는다. 삶은 우리에게서 뭔가를 빼앗아 가기도 하지만 우리를 위해 뭔가를 남겨두기도 한다. 삶에 자신의 모든 것을 빼앗긴 사람은 존재하지 않는다. 대개 삶 때문에 많은 걸 잃거나 빼앗기더라도 삶은 우리에게 가장 중요하고 소중한 존재를 곁에 남겨둔다. 삶의 무게에 지쳐 쓰러질 때 우리는 중요한 사실을 종종 잊곤 한다. 그것은 바로 우리가 운 좋게도 살아있다는 것이다. 살아가는 한 희망은 존재한다. 살아야만 기적이 일어날 가능성이 존재하고, 살아야만 자신의 삶을 다시 바로잡을 기회도 얻을 수 있다.

살아야 한다는 것은 더 이상 참담하지 않을 정도로 비참한 요구이지만 모든 걸 상징하는 말이기도 하다. 끝이 없는 절망의 구렁텅이에 빠졌을 때, 한 줄기 빛도 비추지 않을 만큼 어두운 고통의 골짜기를 건널 때조차 우리는 자신의 삶을 진지하게 성찰해야 한다. 그러다 보면 운 좋게 살아있다는 사실을 떠올리며 우리의 생명이 삶에 의해 무너지지 않았다는 사실을 기억해야 한다. 살아야만 자신의 삶을 용감하게 마주할 수 있고, 살아야만 자기 삶의 무게를 고스란히 짊어질 수 있다.

한 사내가 자신의 상황을 비관하며 하느님을 찾아가 도움을 청했다. 하느님이 자신이 도와줘야 할 이유를 들려달라고 하자, 사내는 불쌍한 표정을 지으며 파산해서 지금 땡전 한 푼 없다고 대답했다. 하지만 하느님은 고개를 가로저으며 아무런 말도 하지 않았다. 사내는 두 다리를 영영 쓰지 못하게 되었다며 울음을 터뜨렸지만, 하느님은 여전히 고개를 가로저었다.

지난 며칠 동안 아무것도 먹지 못했다는 이야기에도 하느님은 들은 척도 하지 않자, 사내는 왜 자신을 도와주지 않느냐고 화를 냈다. 그러자 하느님이 사내에게 반문했다.

"넌 살아있지 않더냐? 왜 즐겁게 살 생각을 하지 않는단 말이냐?"

"살면 뭐 하겠습니까?"

"살아있으면서도 아무런 소용이 없다니, 내가 널 도와줄 필요도 없겠구나."

누군가는 세상을 바라볼 수 있는 두 눈을 잃고도 두 귀로 세상을 듣기도 한다. 사람들과 이야기할 수 없지만 대신 상대의 환한 미소를 볼 수 있는 두 눈을 가졌다는 사실에 만족하는 사람도 있다. 제 발로 걸어 다닐 수 없지만 대신 두 손으로 누구보다 먼 곳을 마음껏 여행하는 사람도 있다. 이처럼 삶은 우리에게 행복을 만끽할 기회를 선사한다. 자신에게 없는 무언가를 원망하고 갈구하는 것보다는 대신 누릴 수 있는 행복에 감사하고, 누구보다도 침착하고 강인한 심성을 지녀야 한다.

절망의 끄트머리에 이르기 전까지 쉽게 절망하지 마라. 자신의 힘으로 해결할 수 없는 지경으로 내몰리기 전까지 함부로 포기하지 마

라. 모든 삶에는 예상치 못한 상황이 언제든지 펼쳐질 수 있다. 그렇다고 해서 삶에 대한 믿음을 버려서는 안 된다. 대개 우리의 삶에 아무것도 남지 않은 최악의 상황은 거의 펼쳐지지 않는다. 우리에게는 아직 침착한 심성이 남아있고 삶의 여정을 계속 걸어갈 힘이 남아있다. 아름다운 미래를 만들 수 있는 역량이 아직 남아있는 것이다.

불완전한 삶에서 우리는 자신의 한계를 경험하며 무력감, 자괴감, 심지어 절망을 느끼기도 한다. 하지만 순식간에 지나가는 짧은 봄날에도 햇빛은 눈부시게 빛나고 대지를 적시는 가랑비가 촉촉이 내린다. 이처럼 삶은 언제나 아름답게 빛난다. 삶이 때로는 가혹하게 느껴지기도 하고 고통스럽게 다가오기도 하지만 결코 절망해서는 안 된다. 삶에 지쳐 절망한다면 당신의 마음이 아주 단단하지 못하다는 뜻이다. 우리가 여전히 살아있는 한, 우리에게 아무것도 없는 것이 아니다. 아직 살아있다면 우리에게 결코 희망이 없다는 뜻은 아니다.

생명을 지녔다는 것은 즐거운 일이며 건강한 삶을 영위한다는 것은 충분히 자랑스러운 일이다. 건강은 삶의 기반으로서, 제아무리 많은 재화를 움켜쥐고 있다고 해도, 모두가 부러워할 만한 사회적 입지에 올랐다고 해도 건강을 잃는 순간, 모든 건 물거품처럼 눈 깜짝할 사이에 사라질 수 있다. 건강하다는 것은 삶에 대한 희망을 지키는 것이다. 생명은 우리에게서 가치 있는 존재를 앗아갈 수 있지만 우리에게 가장 소중한 것을 함부로 빼앗지는 못한다. 가장 소중한 존재가 우리에게 남아있는 한, 우리는 나 자신에게 이렇게 이야기할 수 있을 것이다. "모든 게 아직은 그렇게 나쁘지 않아!"

행복은 손에 쥔 한 줌
모래와 같다

"삶에는 두 가지 비극이 존재한다. 하나는 행복이 우리를 찾아왔을 때 그 가치를 미처 알아차리지 못하고 하찮게 여기다가 행복이 떠나간 뒤에 후회하는 것이다. 그리고 나머지 하나는 행복을 무척 소중히 여기는데도 행복이 우리의 곁을 매몰차게 떠나는 것이다." 한 작가의 말처럼 삶은 항상 우리를 곤혹스러운 처지에 몰아넣곤 한다. 소중히 여기는 것일수록 쉽사리 우리의 곁을 떠나고, 우리가 붙잡으려고 하는 것일수록 잡히지 않는다.

행복 추구는 모든 사람의 목표이지만 성급하게 굴어봤자 결코 만족스러운 결과를 얻을 수 없다. 행복이 우리의 손아귀에서 소리 없이 빠져나가는 것은, 우리가 행복을 손에 넣기 위해 지나치게 집착하고 안간힘을 쓰기 때문이다. 삶은 저울과 같다. 저울 한쪽에 우리 자신을 올려두고 나머지 한쪽에는 행복을 올려놓고 그 사이에서 균형을 이루려 한다. 하지만 억지로 균형을 맞추려 할수록 균형은 쉽게 깨진다.

더 이상 대중의 관심을 받지 못하게 된 할리우드 배우가 연예계에서 강제로 은퇴할 처지로 내몰렸다. 한때 최고의 인기를 구가하며 잡지와 TV에서 맹활약하던 자신의 옛 모습을 떠올리며 그는 만감이 교차했다. 화려한 조명이 내리쬐는 무대, 대중의 뜨거운 시선, 커다란 박수 소리가 사라진 지금의 삶은 그에게는 무료하고 따분하기에 그지없었다. 자신이 평범한 사람이 되었다는 사실이 무엇보다도 견디기에 어려웠다. 전성기로 다시는 되돌아갈 수 없다는 것을 자신조차 잘 알고 있었기에 어쩔 수 없이 눈앞의 현실을 받아들여야 했다.

오래 참으면 병이 된다는 말처럼 그는 끝내 심각한 우울증에 걸려 점점 마르기 시작했다. 주변에서 더 이상 과거에 미련을 두지 말라고 충고했지만, 그는 갑작스러운 변화를 도저히 받아들일 수 없었다. 하루하루 괴로운 시간을 보내던 그에게 엄마가 조용히 입을 열었다. "네가 이름을 알리기 전에 살았던 모습과 지금 모습이 다를 것 없단다. 넌 그저 원점으로 돌아온 것뿐, 뭔가를 잃은 것이 절대 아니란다!"

삶은 고독한 불꽃놀이와 같다. 불꽃이 터질 때는 눈부시게 아름답고 화려하지만 새하얗게 불탄 후에는 고독과 회한만 남는다. 우리는 화려한 불꽃처럼 타오르길 원하지만, 불꽃이 타고난 뒤의 처량함을 외면하려 한다. 청춘의 열정을 만끽하면서도 청춘이 끝난 후의 공허함을 마주하지 못한다. 사랑의 달콤함을 즐기면서도 사랑이 끝난 후

하버드 논리학 강의

의 슬픔을 두려워한다. 눈부신 환영의 매력에 흠뻑 빠지면서도 환영이 사라진 후의 허무함을 걱정한다.

삶에서 죽음, 유에서 무, 그리고 득에서 실에 이르는 과정은 삶의 여정이다. 누구도 쉽게 벗어날 수 없고 함부로 회피할 수도 없다. 우리는 죽음을 직면하는 것을 두려워하지만 사실 죽음은 생명의 종식이 아니라 생명이 주어진 시간을 벗어난 것뿐이다. 행복을 잃을까 두려워하기도 하지만 행복을 잃는다고 해서 모든 걸 잃는 것이 아니다. 그저 더 나은 것을 위해 손에 쥔 것을 내려놓는 것뿐이다.

행복은 약하다. 아무 생각 없이 움켜쥐기만 해도 행복은 쉽게 깨질 수도 있다. 물론 행복을 깨뜨리겠다는 생각은 추호도 없었지만, 행복은 슬쩍 움켜쥐기만 해도 부서질 정도로 약하다. 하지만 어쩌면 행복은 우리의 손길이 필요로 하지 않을 수도 있다. 오히려 그보다는 행복에 더 큰 공간을 제공함으로써 지나친 집착을 스스로 경계할 필요가 있다. 어떠한 상황에서도 안정을 유지하며 자연스레 그 흐름에 몸을 맡긴다면 가장 완벽한 결과를 얻기 위해 안간힘을 쓸 필요 없다.

한 사내가 산에 올랐다가 무척 아름다운 야생화를 발견하고는 집에 꽂아놓고 감상할 요량으로 꽃을 꺾었다. 그런 뒤 꽃을 화병에 꽂아두고는 사람들에게 자랑하기 바빴다. 사람들은 무척 아름다운 꽃이라며 어디서 이런 꽃을 꺾었냐고 물었다. 꽃이 어찌나 아름다운지 사람들은 자신도 꽃을 꺾어 집안을 치장할 생각이었다.

실컷 꽃을 자랑한 뒤 집으로 돌아오던 길에 사내는 이웃집 할머니를 만났다. 품 안의 꽃병을 꺼내든 사내에게서 자초지종을 들은 할머니는 어여쁜 꽃이지만 더는 야생화는 아니라고 말했다. 산에서 꺾어 왔으니, 누가 봐도 야생화가 분명한데 그렇지 않다는 할머니의 이야기를 사내는 도저히 이해할 수 없었다. "자네가 꽃을 꺾어 집으로 가져온 순간부터 이 꽃은 더 이상 야생화가 아니라네. 진짜 야생화라면 산이나 들판에 피어나 오랫동안 꽃망울을 터뜨려야 할 테니까!" 할머니의 이야기에 사내는 부끄러운 듯 고개를 숙였다.

행복을 꽉 움켜쥘수록 더 빨리 손안에서 빠져나간다. 마치 연날리기처럼 연을 높이, 멀리 날리려면 연이 날아오를 수 있는 공간이 필요하고, 손안의 줄을 최대한 많이 풀어야 한다. 손에 쥔 실을 풀지 않으면 연은 결코 높이 날아오를 수 없다. 행복도 적당히 풀어놓아야 한다. 행복 역시 성장의 공간, 마음대로 날아오를 수 있는 자유가 필요하기 때문이다. 그래서 행복과 적당한 거리를 유지하면서 행복의 성장법칙을 파괴하지 않도록 노력해야 한다.

하버드의 지혜

하버드대학교 신학대학원 교수인 제니 가솔(Jenny Gasol)은 행복은 얻을 수 있지만 동시에 얻지 못할 수도 있다고 이야기한다. 원한다면 행복해질 수 있고 원치 않는다고 해도 행복해질 수 있다고 주장하기도 했다. 다시 말해서 자연의 섭리에 따를 때 모든 것이 행복해질 수 있다. 인연이 없는 물건을 얻거나 얻지 못해도 그만이듯, 원하든 원치 않든지 당신이 상황을 바꿀 수는 없다. 그럴 바에야 차라리 자연의 순리를 따르는 편이 좋다. 무력하게 포기하는 것이 아니라 지혜로운 삶을 위해 반드시 갖춰야 할 수양과 경험의 노하우라 하겠다.

부유할수록
행복한 것은 아니다

　돈과 행복의 관계에 대해 하버드대학교 심리학 교수 로이(Roy)는 공개수업에 자세히 설명했다. "어린 소년이 1달러를 잃고서 길 위에서 울음을 터뜨렸습니다. 그 모습이 불쌍했는지 지나가던 사람이 아이에게 1달러를 건네며 울지 말고 집에 돌아가라고 타일렀죠. 하지만 아이는 울음을 그치는커녕 오히려 더 크게 울기 시작했습니다. '1달러를 잃어버리지 않았다면 지금 2달러가 있을 텐데…….' 우리가 사는 세상에는 이야기 속의 소년과 같은 사람을 쉽게 찾아볼 수 있습니다. 돈의 유혹에 넘어가 스스로 불행하다고 생각하는 사람이 많다는 뜻이죠." 우리는 돈을 사용해서 수많은 욕구를 채울 수 있다. 최신 유행하는 옷을 입을 수도 있고 맛있는 음식을 즐길 수도 있다. 쾌적하면서도 편리하고 화려한 삶을 영위할 수도 있다. 정신적 측면을 제

외했을 때, 부자가 가난한 사람보다 훨씬 행복한 것은 지극히 당연할 것이다. 하지만 로이 교수는 하버드대학교 심리학 전문가가 조사 연구를 통해 얻은 결론은 다르다고 말한다. 돈이 행복과 정비례한다는 것은 돈이 많을수록 행복하다는 뜻은 아니다.

직장인 중 상당수가 월급 하나만 보고 일한다고 말하지만, 돈이 많을수록 행복해진다는 생각은 틀렸다. '월급'은 노동의 대가, 즉 보수일 뿐 일할 수 있는 동력이 아니다. 또한 더 큰 행복은 더더욱 가져다줄 수 없다. 일하는 동력은 수동적인 게 아니라 반드시 자발적인 요인에서 비롯되어야 한다. 행복 역시 자신의 마음에서 비롯된 것이지 물질적인 잣대에 의해 가늠할 수 있는 것이 아니다. 안타깝게도 많은 사람이 월급만 보고 일한다. 정작 우리가 부러워하는 성공한 사람들에게 돈은 궁극적인 목표가 아니다. 이들 모두 스스로 일하고 싶다는 동기 하나로 사업에 뛰어들어 그 속에서 행복을 찾는 데 성공했다.

미국 비아콤(Viacom)의 사장 섬너 레드스톤(Sumner Redstone)은 63세에 거대한 미디어 상업제국을 세우기 시작했다. 현역에서 은퇴해서 편안하게 여생을 보내야 하는 나이에 그는 다시 업무에 복귀하기로 결심했다. 그는 업무일, 공휴일 할 것 없이 자신의 사생활마저 포기한 채 비아콤을 위해 일했다. "솔직히 말해서 돈은 단 한 번도 삶의 동력이 된 적 없습니다. 그보다 제게 소중한 것은 일입니다. 전 엔터테인먼트 사업을 좋아하고 제 회사를 사랑합니다. 제게는 한 가지 바람이 있습니다. 제 삶에서 최고의 가치를 실현하는 데 평생 매진하는 겁니다."

생존, 경쟁의 압박이 날로 가중되는 현실에서 돈이 없으면 아무것도 할 수 없다. 그렇다고 해서 돈만 보고 일하는 사람은 정작 자신이 원하는 만큼의 돈을 쥐지 못한다. 우리가 일에 매진하도록 이끄는 동력은 돈보다는 값진 존재여야 한다. 이를테면 자신의 취미나 흥미, 또는 자신의 꿈이나 목표가 우리를 이끌어야 한다.

하버드대학교에서 미국인 1천여 명을 상대로 조사를 진행한 결과, 그중 절반 이상의 사람이 돈이 자신에게 행복을 가져다주지 않는다고 답했다고 한다. 자산 규모가 1천만 달러를 넘긴 부호 중에서 삼분의 일에 해당하는 대상자는 돈으로 인해 생기는 문제가 돈으로 해결할 수 있는 문제보다 월등히 많은 것으로 나타났다. 일부 고소득자는 경제적 여유 덕분에 삶에 대한 만족도가 높다고 대답했지만, 연구에 따르면 그들이 일상적으로 겪는 일이 저소득자보다 반드시 만족스러운 것은 아니라고 나타났다. 게다가 지금의 생활을 영위하기 위해 더 많은 돈을 벌어야 한다고 고민하는 탓에 쉽게 초조함을 드러내고 불안에 시달리는 것으로 나타났다.

이러한 사례를 통해 우리는 더 많은 돈을 벌기 위해 죽도록 일해도 더 많은 행복을 얻을 수는 없다는 사실을 알 수 있다. 이와는 대조적으로 입사 당시의 월급이 쥐꼬리만큼 적었지만, 꾸준한 노력과 일하는 재미를 통해 얻은 성과, 즉 연봉 인상과 승진이 우리에게 더 큰 성취감과 행복을 가져다준다는 사실을 알 수 있다.

당신의 기호와 상관없이, 당신의 일상생활에서 돈은 무척 중요한 위치를 차지하고 있다. 이 사실을 외면한다면 부유해질 수 없을 것이다. 그렇다고 해서 돈이 중요하다는 말이 우리의 삶을 지배한다는 뜻은 아니다. 진정한 행복을 얻으려면 돈을 사랑하고 돈을 똑똑하게 이용할 줄 알아야 한다는 기본원칙을 충실히 따라야 한다. 돈이 가져다주는 편의를 만끽하고 돈을 존중하며 사용해라. 합리적인 소비를 통해서도 더 많은 돈을 쥘 수 있을 것이다. 하지만 돈 때문에 살아야 한다는 생각은 반드시 버려야 한다. 돈은 하나의 도구, 하나의 교환 방식일 뿐이다. 물론 돈을 쥐고 있는 편이 돈 때문에 평생 일해야 하는 것보다 훨씬 편안하고 즐거울 것이다. 그렇다고 해서 돈의 노예가 되겠다는 선택은 안타까울 뿐이다.

로이 교수는 개인의 행복이 안전, 생리, 사교 등 기본적인 수요를 통해 만족하면 존중, 자아실현과 같은 고차원적인 만족을 추구한다고 지적했다. 어떻게 해야 개인의 다양한 욕구를 만족시킬 수 있을 것인가? 때로 돈은 우리의 욕구를 만족시켜 주지만, 돈의 무게에 따라 행복의 크기를 가늠하는 것은 지나치게 편협한 시각이라 하겠다.

하버드의 지혜

재화 외에도 우리가 추구해야 할 삶의 목표는 다양하다. 예를 들어 취미, 흥미, 사회적 가치 등이 그러하다. 성공에 따른 만족감 역시 재화를 통해서만 평가될 수 없다. 물질적 삶은 쉽게 채워질 수 있지만 정신적 공허함은 쉽게 해결될 수 없다. 인간은 자기 삶의 목표를 위해 끊임없이 노력해야 한다. 정신적 공허함을 채울 수 없다면 삶을 더욱 공허하게 변할 뿐이다. 추구해야 할 목표가 있어야 힘이 생기고 자기 삶에 힘찬 생기를 불어넣을 수 있다.

하버드 논리학 강의

압박을 동력 삼아
자기 발전의 행복을 만끽해라

현대사회의 경쟁이 날로 치열해지면서 삶의 속도 역시 점차 빨라지고 있다. 아침부터 저녁에 이르기까지 온갖 일이 우리를 괴롭힌다. 학교에서는 1점이라도 더 받기 위해 책장을 쉬지 않고 넘기고, 직장에서는 더 높은 실적을 얻기 위해 분주히 뛰어다닌다. 일과를 마치고 돌아온 집, 그렇다고 해서 마음 놓고 편안히 쉴 수 있는 것도 아니다. 이처럼 미래에 대한 걱정, 현실에 대한 불만, 그리고 생존에 대한 압박과 불안, 특히 치열한 경쟁을 마주하며 우리는 한순간도 긴장의 끈을 놓을 수 없다. 잠깐 여유를 부리는 사이에 나의 경쟁자가 열심히 뛰어다닐 것이라는 생각에 왠지 모르게 초조하고 불안하기만 하다. 이처럼 생존의 압박 때문에 우리는 불안과 피로를 호소하는 것은 물론, 심지어 절망을 드러내기도 한다.

이러한 현상을 자세히 들여다보면 과도한 압박은 이루지 못한 기대에서 비롯된다. 그리고 이루지 못한 기대는 자신은 물론 타인에 대한 기대를 모두 의미한다. 일과 학업에서 우리가 직면하는 압박은 리더, 가족에 대한 우리의 과도한 기대에서 비롯된다. 하지만 이보다는 나에 대한 우리의 기대치가 과도하게 높거나 비현실적인 성과를 요구하는 데서 생겨나는 압박의 크기와 강도가 더 큰 편이다. 여기서 후자의 경우, 가장 전형적인 자기 압박의 사례라 하겠다. 또한 다양한 압박에 직면했을 때 경험하게 되는 마음의 불안 역시 우리가 궁지에 몰렸을 때 부담을 가중함으로써 비관적이고 부정적인 정서를 유발한다. 이러한 상태에서 우리의 삶이 과연 행복하다고 말할 수 있을까?

막중한 책임감이 당신의 어깨를 짓누를 때, 누군가와 짐을 나누고 싶다거나 누군가에게 잠시 기대고 싶다는 생각이 드는가? 계속되는 시련에, 세상에서 나 혼자인 것 같은 생각이 드는가? 남들은 척척 해내는 일이 자신에게만 어렵다고 느껴지는가? 가족, 친구보다 나은 자신을 보여주고 싶은가? 만일 그렇다면 온갖 압박을 동력으로 삼는 방법밖에 없다. 더 나은 자신이 되기 위한 분투와 노력을 통해 기대했던 성과를 거두는 것이야말로 우리가 가장 행복한 순간이기 때문이다!

요새 사람들은 사는 게 팍팍하다고 불평한다. 하지만 삶의 무게에 짓눌려 겁에 질린 나머지 현실을 외면하는 사람이 있는가 하면, 삶의 압박 속에서도 꿋꿋이 나아가는 사람도 있다. 요컨대 삶의 압박을 대하는 우리의 태도와 자세에 따라 나타나는 삶의 모습이 제각각이다. 거대한 압박에 직면해 철저한 준비에 나서는 한편, 지레 겁에 질려 자신을 포기하거나 자신을 잃어버려서는 안 된다. 이를 위해서 반드시 자신의 마음가짐부터 단단히 다져야 한다.

대기업의 지사에서 근무 중인 메이린, 그녀는 인력 자원 개발 담당자로 상부로부터 칭찬이 자자한 우수 인재로 평가받는 인물이다. 본사 사장단이 전 지사를 대상으로 하는 시찰 프로젝트를 실시하자, 지사 총책임자는 메이린에게 관련 업무보고를 맡기기로 했다. 이 기회를 잘 활용하면 해당 지사는 물론, 메이린 개인에게도 본사의 관심이 집중될 것이 분명했다. 어쩌면 메이린은 다른 지사의 인력개발 책임자로 승진할 수도 있었다.

메이린 역시 이 사실을 누구보다 잘 알고 있었기에 어느 때보다도 더 열심히 회의를 준비했다. 드디어 대망의 날이 밝았다. 긴장된 마음을 애써 진정시키며 회의장에 도착한 메이린은 차분하게 발표 서류를 훑어보기 시작했다. 그런데 프레젠테이션을 시작하자마자 메이린은 뭔가 잘못됐다는 생각이 들었다. 여태껏 차분했던 마음이 갑자기 흔들리면서 심박수가 가파르게 상승하더니 급기야 다리마저 떨리기 시작했다. 잠꼬대할 정도로 달달 외웠던 핵심적인 내용도 빼먹고 절뚝거리는 모습까지 보였으니 승진 기회는 일찌감치 강 건너간 것이 분명했다.

그동안 뛰어난 모습을 보여줬던 메이린이 왜 이런 실수를 저지른 것일까? 평소와 다름없는 상황이었다면 메이린도 자신의 평소 실력을 충분히 발휘했을 것이다. 하지만 승진 기회가 걸렸다는 생각에 메이린은 평상심을 잃고 말았다.

메이린과는 대조적으로 베버는 무척 무뚝뚝한 사내였다. 주변에서 뭐라고 하든지 그저 묵묵히 자신에게 주어진 일을 해냈다. 오랫동안 재무부서에서 일했던 베버는 입사 첫날, 회사의 재무를 책임지는 재무 총담당자가 되겠다고 마음먹고 꾸준히 노력을 기울였다. 얼마 뒤 원하는 자리에 오르게 된 베버, 오랜 바람을 이뤘다는 기쁨도 잠시 그는 엄청난 무력감에 시달렸다. 재무 총담당자의 자리에 오른 후부터 열심히 일해야 한다는 동력을 잃어버린 탓이다. 그러다 보니 업무상 실수를 저지르는 일도 적지 않았다. 담당자가 자세히 살펴보지 않았다면 회사에 커다란 손해를 입힐 뻔한 적도 있었다.

직장인이라면 위와 비슷한 장면을 한 번이라도 목격한 적 있을 것이다. 그렇다면 압박과 업무 효율 사이에는 대체 어떤 관련이 있는 것일까? 하버드대학교 심리학자는 심리학 이론 중에서 여키스-도슨(Yerkes-Dodson law) 법칙을 이용해서 메이린의 실수와 베버의 실수를 설명했다. '여키스-도슨 법칙'은 압박과 업무 효율 사이에 '∩' 형태의 관계가 존재한다는 것을 보여준다. 즉 적당한 압박은 업무 효율을 최고 상태로 끌어올리지만 과하거나 과소한 압박은 오히려 업무 효율을 떨어뜨린다는 것이다.

업무 난이도가 높을 때 개체의 초조함이 증가하면서, 개체의 적극성, 자발성 및 시련을 극복하겠다는 의지력이 함께 높아진다. 이 순간, 초조함과 불안이 효율을 끌어올리는 작용을 한다. 그리고 초조함과 불안이 적당할 때 개체의 효율은 최정점을 찍는다. 하지만 일정 수준을 초과하는 부정적인 감정은 심리적 부담으로 작용하면서 능력을 제한하고 효율을 떨어뜨린다.

다시 말해서 과도한 또는 과소한 압박은 업무 효율을 떨어뜨린다. 압박이 없으면 업무에 대한 집중력을 떨어뜨려 위기의식이 결여되는 동시에, 책임을 회피하려는 습관을 만든다. 이는 사업의 발전에 있어 무척 불리하게 작용한다. 반대로 압박이 과도할 경우, 능력을 저해함으로써 업무 효율을 떨어뜨린다. 그런 점에서 직장인이라면 압박을 효과적으로 관리하고, 자신이 받은 스트레스를 적당한 수준에서 조절할 줄 알아야 한다. 그래야 업무에 대한 집중력, 인내력을 높일 수 있을 뿐만 아니라 심신의 활력, 업무 효율을 끌어올리면서 업무적 과실을 최소화할 수 있다.

하버드의 지혜

하버드대학교 교수 로버트 브룩스(Robert Brooks)는 압박감은 더 나은 사람이 되겠다는 원동력으로 작용한다고 말한다. 다른 사람에게 뒤처지고 싶지 않다는 의식을 우리 스스로 깨닫는다면 압박감을 적대적으로 대하지 않아도 된다는 것이다. 이와 함께 압박감을 받아들일 수 있도록 마음을 단단히 다지고 자신이 조절할 수 있는 범위 안에서 압박감을 해소할 방법을 배워야 한다. 이런 과정이 오랫동안 반복되면 큰 위기 앞에서도 차분하게 나설 수 있다. 그리고 그 순간 비로소 자신이 한 단계 성숙했다는 행복감을 맛볼 수 있을 것이다.

논리적 논증과 사귐의 논리

논증은 이미 참으로 알고 있는 명제에 근거해 논리적 추리를 거친 후, 또 다른 명제의 진실과 허위를 판단하는 사유 과정이다. 증명에서 사용하는 추리 형식이 다양하다는 점을 감안할 때 논리적 논증은 연역적 논증, 귀납적 논증, 유비 논증으로 나눌 수 있다. 논증의 당사자가 명제를 논증할 때 논거를 거쳐 직접 건너온 명제인지에 따라 논증은 직접적 논증과 간접적 논증으로 구분된다. 논증을 통해 사람들은 이미 알고 있는 지식을 토대로 새로운 지식을 획득할 수 있다. 다른 사람에게 원리를 알리고 정리(定理)를 가르칠 때는, 충분한 논증을 거쳐야만 다른 사람의 신뢰는 물론 인정까지 받을 수 있다는 사실을 명심해야 한다. 진리를 실험하고 실천하는 과정에서 논리적 논증 역시 무척 중요한 역할을 담당한다.

사람은 누구나 예상치 못한 시련에 부딪혔거나 혼자서는 해결하기 어려운 문제에 부딪혔을 때 다른 사람의 도움을 절실히 구한 적 있을 것이다. "인맥만 있으면 쉽게 해결할 수 있을 텐데……." "그 사람하고 아는 사이라면 이 정도 일은 뚝딱 해치울 수 있을 텐데……." 이처럼 '인맥'은 매우 효과적이지만 실제 인맥을 쌓기란 그리 쉬운 일이 아니다. 평소 잠재적인 인맥 자원을 부지런히 개발해야만 곤경에 처했을 때 재빨리 문제를 해결할 수 있다.

신은 존재하는가?

고대 그리스의 철학자 에피쿠로스(Epicurus)는 신이 존재하지 않는다는 주장을 입증하기 위해 다음과 같은 논증에 나섰다.

"우리는 신이 세상의 모든 악이 사라지기를 바란다는 것을 인정할 수밖에 없지만 신은 그렇게 하지 않는다. 어쩌면 악을 박멸할 능력이 있으실지도 모르겠지만 그렇게 할 생각은 없으신 것 같다. 어쩌면 악을 뿌리 뽑아야겠다는 의지도, 능력도 없으실지 모르겠다. 그것도 아니라면 세상의 악을 제거할 의지도 있고 그런 능력이 있으신 것일 수도 있다.

만일 신이 세상의 모든 악이 사라지기를 바라는데도 그렇게 하지 못한다면 이는 '신은 전능하다'라는 믿음에 어긋나는 것이다.

악을 박멸할 수 있는 능력이 신에게 있는데도 그렇게 하지 않으신다는 것은, '신은 선하다'라는 가르침에서 벗어나는 것이다.

악을 박멸하는 일에도 관심이 없고 그렇게 할 수 있는 능력도 없다면 이는 '신은 전지, 전능하며, 선하다'라는 이야기와 일치하지 않는다.

그것도 아니라면, 악을 제거하려는 의지와 능력을 모두 지니셨는데도 세상에는 왜 여전히 악이 존재한단 말인가?

고로 이 모든 건 신은 존재하지 않는다는 문제를 증명한다."

현실 생활에서 우리는 특정 명제의 진실성을 종종 확인하려 한다. 해당 명제를 사용함으로써 특정 행동으로 유도하기 위함이다. 그렇다면 명제의 사실과 거짓 증명을 어떻게 가려야 할까? 이는 논증과 관련된 문제로서, 일반적으로 실천 활동과 논리적 추리를 동원해 명제의 진위를 논증한다.

실천 활동을 통한 확인은, 이를테면 의사가 의료기기를 사용해서 환자를 검사하거나 화학실험을 한 후에 검사 결과를 통해 증세를 판정하는 것과 같다. 수박 장수가 손님에게 꿀수박이라며 작게 자른 수박을 직접 맛보도록 건넨다. 수박 장수가 권유한 수박을 한 덩이 살지 말지 소비자 스스로 결정하는 것 역시 실천 활동을 통한 논증에 속한다.

에피쿠로스가 신의 존재를 부정하며 펼친 논증은 논리적 추리를 통해 명제의 진위를 판단하는 행위에 해당한다. 에피쿠로스는 몇 가지 진실한 명제를 동원해 '신은 존재하지 않는다'라는 명제의 진실성을 판단했다.

논증은 한 가지 또는 몇 가지 진실한 명제를 이용해 또 다른 명제의 진실 여부를 판단하는 사유 과정으로서, 증명과 반박 역시 논증에 포함된다.

증명은 이미 참으로 알고 있는 명제를 토대로 또 다른 명제가 참이라는 것을 입증하는 사유 과정이다. 증기기관의 탄생으로 인류사회의 생산방식이 수공업에서 기계공업으로 발전하면서 생산력이 대폭 향상됐다. 전기기관의 등장으로 사회 생산력이 기계화에서 전자화 단계로 진화했고, 이에 따라 사회 생산력 역시 한 단계 발전했다. 컴퓨터의 등장으로 인류사회의 생산력이 자동화 단계로 진입함에 따라 사회 생산력 역시 비약적으로 발전했다. 위의 사례는 곧 과학기술의 점진적 발전이 생산력의 각 요소에 영향을 줬다는 것을 설명한다. 특히 사람과 도구라는 생산구조의 혁명을 촉진함으로써 자연을 개조할 수 있는 인간의 능력을 한 단계 끌어올린 결정적인 요소라는 걸 논증한다.

이에 반해 반박은 이미 참으로 알고 있는 명제를 토대로 또 다른 명제가 거짓이라고 입증하는 사유 과정이다. 컴퓨터가 사람보다 뛰어나기 때문에 미래에 인간을 대신하고 심지어 인류를 지배할 것으로 생각하는 사람들이 있다. 하지만 이들의 관점은 결코 성립될 수 없다. 시뮬레이션 또는 인공지능은 모두 기계를 통해 이뤄지는 물리적인 과정이지만, 사회성, 능동성, 창조성을 전혀 갖추지 못했다. 뛰어나다는 기능 역시 인간이 설계하고 부여했다는 뜻이다. 즉 시뮬레이션이라는 것도 결국에는 인간의 사유 활동에 동원되는 수단이자 도구에 불과하며, 인간의 의식이 구체화한 사례에 지나지 않는다. 이러한 사실을 통해 컴퓨터의 특정한 기능이 인류의 일부 사유 능력을 뛰어넘는다고 해도 인간의 두뇌에서 일어나는 사고를 완전히 대체할 수 없고 인류를 지배할 가능성은 사실상 '제로'에 가깝다고 이야기할 수 있다.

위의 사례에서도 알 수 있듯, 논증은 층위의 구조가 가장 복잡한 사유 형태로서 개념, 명제 등을 포함한다. 또한 추리 관계가 가장 밀접할 뿐만 아니라 앞에서 말한 지식을 모두 아우른다는 점에서 논증은 개념, 명제, 추리 및 논리적 규칙 등 지식을 통합적으로 운용하는, 일종의 창조력 넘치는 사유 활동이라 하겠다. 하지만 보편적 논리학은 구체적인 논리 과정에서 다루는 구체적인 내용을 연구하지 않고, 형식 구조라는 측면에서 구체적인 논증 과정을 관통하는 가장 일반적인 공통점, 예를 들어 논증의 구조, 유형, 필수규칙 등만을 연구한다.

논증은 논제, 논거, 그리고 논증 방식이라는 3대 요소를 통해 구성된다. 논제는 논증에서 진실성 또는 허위성을 판단하려는 명제로서, '무엇을 논증할 것인가?'에 대한 답변을 주로 담당한다. 내용이라는 측면에서 논제는 논증의 중심 또는 핵심이며, 형식적인 면에서는 논증의 출발점이자 종착점이다. 논거는 논제의 진실성 또는 허위성을 판단하기 위해 사용된, 자체적으로 진실성이 이미 인정된 명제를 가리킨다. '무엇으로 논증할 것인가?'에 대한 물음에 대한 답변으로서, 논증의 기초 또는 근거라 하겠다. 논증 방식은 논거를 사용해서 논제의 참과 거짓을 확인하기 위해 사용된 추리 방식으로서, '어떻게 논증할 것인가?'라는 물음에 대한 답변으로 자주 등장한다. 논증 과정에서 논거와 논제 사이의 논리적 연계 방식이 곧 논증 방식이라 하겠다.

　　논증과 추리 모두 연계된 동시에 엄연한 차이를 보인다. 논증과 추리의 연계 방식은 주로 추리는 논증의 도구이며, 논증은 추리의 운용이라는 형식을 통해 구체화한다. 다시 말해서 논증은 언제나 추리의 힘을 빌려 이뤄지며, 모든 논증의 과정은 추리를 운용하는 과정이다. 하지만 논증과 추리는 다음과 같은 측면에서 엄연히 구분된다. 첫째, 사유 프로세스가 다르다. 논증의 경우 일단 논제가 있어야 논거를 사용해서 논제를 판단할 수 있다. 결론이 전제까지 이르는 셈이다. 이에 반해 추리는 전제에서 출발해 결론에 이른다. 즉 전제가 먼저 존재해야 결론을 도출할 수 있다. 둘째, 형식 구조가 다르다. 논증은 주로 여러 개 또는 여러 종류의 추리 형식을 종합적으로 운용하기 때문에 형식 구조적인 면에서 추리보다 일반적으로 훨씬 복잡한 편이다. 셋째, 논리의 조건이 다르다. 논증은 이미 참으로 알려진 명제를 사용해서 또 다른 명제의 진위를 판단한다. 다시 말해서 논거와 논제 모두 참이어야 한다고 요구한다. 이에 반해 추리는 전제와 결론은 반드시 진실해야 할 것만 주문한다. 넷째, 어떤 논증이든 모두 추리 형식으로 운용되어야 한다. 다만 어떤 추리 형식이든 모두 논증의 도구로서 독립적으로 사용되어야 한다.

　　논증은 과학적 가설을 제시하는 중요한 수단으로서, 모든 과학적 가설은 사실과 이미 알려진 과학적 원리를 기반으로 논리적 논증을 통해 구현되어야 한다. 논증을 거친 가설만이 맹목적인 추정으로 폄하되는 일 없이 진리를 탐색하는 발판으로 취급될 수 있다.

논증의 몇 가지
방식과 방법

논증 방식은 증명 과정에서 사용되는 추리 형식으로서, 연역적 증명, 귀납적 증명과 유비 증명으로 구분된다.

첫째, 연역적 증명은 연역적 추리 형식을 사용해 전개되는 증명으로, 일반적인 원리를 통해 개별적인 사실을 증명한다. 논거와 논제 사이에 필연적인 관계가 존재하는데, 다시 말해서 논거가 논제를 포함한다. 예를 들어,

무릇 진리는 모두 비평을 두려워하지 않는다.

과학은 진리다.

———————

그러므로 과학은 비평을 두려워하지 않는다.

연역적 추리의 다양한 형식은 연역적 증명의 효과적인 논증 방식으로 간주한다. 예를 들어 앞에 소개한 직접추리, 삼단논법, 연언추리, 선언추리, 가언추리, 딜레마 추리 등은 모두 연역적 증명에 포함된다.

　　전제가 결론을 내포하는 필연적 추리라는 점에서 연역적 추리를 통한 연역적 증명은 상당히 강한 설득력이 있다. 논거로 사용된 일반 원리가 신뢰할 수 있고 사물의 상황을 반영한 결과가 사실이라면, 또한 추리 형식이 규칙을 따르고 있다면 논제를 신뢰할 수 있다. 수학의 정리, 법칙의 증명은 일반적으로 연역적 증명에 속하며, 수학의 증명은 일반적으로 연역적 추리를 통해 전개된다.

　　둘째, 귀납적 증명은 귀납적 추리 형식을 사용해서 전개되는 증명으로, 개별적인 사실에 근거해서 일반적인 원리를 증명한다. 영국의 철학자 베이컨(Francis Bacon)이 '배움이 성향을 바꿀 수 있다'라는 주장을 증명하기 위해 사용한 방법을 살펴보자. "역사는 사람을 지혜롭게 만들고, 시는 사람을 슬기롭게 만들며, 수학은 사람을 꼼꼼하게 만든다. 넓은 지식은 사람을 침착하게 만들고, 윤리학은 사람을 진중하게 만든다. 논리학과 수사학은 사람의 언변술을 키워준다. 이처럼 배움은 타고난 기질을 바꿀 수 있다. 그러나 정신적인 결함은 상당한 수준의 학문으로도 메워지지 않는다."

　　귀납적 추리를 사용한 귀납적 증명에서 완전귀납법과 과학귀납법을 사용한 증명만이 효과적 또는 비교적 효과적으로 논제의 진실성을 증명할 수 있다. 불완전한 귀납적 추리로 구축된 증명은 엄격한 증명에서만 보조역할을 담당할 수 있을 뿐, 독립적으로 사용할 수는 없다. 하지만 사실에 입각하고 있다는 점 때문에 엄격하지 않아도 사람들에게 쉽게 받아들여질 수 있다.

셋째, 유비 증명은 유비추리 형식을 사용해서 전개되는 증명으로, 특수성을 지닌 사실을 토대로 특수성을 지닌 사실을 증명한다. 예를 들어, 갈릴레오는 목성의 위성계와 태양의 위성계 사이의 유사성을 비교해 코페르니쿠스의 '태양중심설'을 과학적으로 입증했다. 즉 목성과 태양 모두 거대한 성체로서, 수많은 작은 성체와 한데 연결되어 있으며 모든 소행성은 대부분 하나의 평면 위에서 회전한다는 사실을 밝혀냈다. 목성계에서 가장 큰 별은 성계의 중심에 자리 잡고 있으므로 태양계에서도 면적이 가장 큰 별은 성계의 중심에 있다는 것을 증명했다.

목성의 위성계와 태양계라는 두 대상을 함께 놓고 비교한 유비 추리를 통해 갈릴레오는 태양계에서도 면적이 가장 큰 별이 성계의 중심에 있을 것으로 추측했다. 해당 논제를 과학적 방법을 동원해 입증했는데 이때 사용한 방법이 바로 유비 증명이다.

유비 추리의 결론은 개연성을 지니고 있기에 유비 증명은 논거와 논제 사이에서 필연적으로 논리적 연계 관계를 세울 수 없다. 즉 엄격하지 않은 증명에 속하게 된다. 하지만 생동감 넘치고 명료한 표현, 융통성을 지니고 있어 적당히 사용한다면 특유의 계발성에 힘입어 설득력을 갖출 수 있다. 일반적인 증명 과정에서는 반드시 연역 증명을 위주로 연역 증명, 귀납 증명, 유비 증명을 골고루 사용해야만 비로소 증명의 논증력과 설득력을 강화할 수 있다.

논증 방법은 증명 과정에서 논제와 논제 사이의 연계를 해석하는 데 사용하는 방법을 가리키는데, 직접논증과 간접논증이 여기에 포함된다. 직접논증은 논거를 사용해서 논제를 정면에서 논증하는 방법이다. 다시 말해서 일단 기타 명제의 허위를 통해 논제의 진실성을 간접적으로 논증하는 것이 아니라, 참인 논거를 직접 사용해서 논제를 끌어내는 논증 방법이다. 예를 들어 '4는 짝수다'는 명제를 증명하기 위해 짝수의 정의(짝수이면서 2로 나누었을 때 딱 떨어지는 수)를 논거로 직접 응용한다. 즉 4는 정수이고 2로 나눴을 때 딱 떨어지므로 4는 짝수가 된다.

간접논증은 논증과 논제와 관련된 다른 판단을 거짓으로 간주함으로써 해당 논제가 참이라는 것을 입증하는 논증 방법이다. 크게 귀류법과 선언적 증명으로 구분할 수 있다.

귀류법은 논증을 통해 기존 논제와 상호 모순적인 논제를 거짓으로 간주함으로써 기존 논제가 참이라고 판단하는 간접증명에 속한다. '우리는 교육 발전에 반드시 노력을 기울여야 한다. 그렇지 않으면 빠르게 발전하는 시대에 다양한 인재 수요를 만족시키지 못해 국가와 민족의 문화적 소양을 제고시킬 수 없다.'라는 해당 예시에서 사용한 방법이 바로 귀류법이다. '우리는 교육 발전에 반드시 노력을 기울여야 한다.'라는 논제가 참이라는 것을 입증하기 위해서 일단 '교육 발전에 노력을 기울이지 않는다.'라는 역 가설을 먼저 세운 뒤 해당

역 논제에서 출발하면 '빠르게 발전하는 시대에 다양한 인재 수요를 만족시킬 수 없다.', '국가와 민족의 문화적 소양을 제고시킬 수 없다.' 라는 결론을 얻게 된다. 이렇게 해서 충분조건의 가언명제가 구성된다. 하지만 후건, 즉 역 논제에서 얻게 되는 결론은 사람들이 기대하는 것이 아니므로 반드시 부정되어야 한다. 충분조건의 가언추리에서 사용한 후건 부정식을 통해 역 논제인 '교육 발전에 노력을 기울이지 않는다.'라는 주장이 거짓이라는 결론을 끌어냄으로써 '우리는 교육 발전에 반드시 노력을 기울여야 한다.'라는 주장이 참이라고 판단할 수 있다.

선언 증명법은 논제와 동시에 존재할 수 있는 상황을 일일이 열거한 뒤 해당 내용을 하나하나 부정함으로써, 증명하려는 논제가 참이라는 것을 논증하는 방법이다. 구체적인 전개 과정은 다음과 같다.

1단계: 논증과 관련된 다른 모든 성립 가능한 논제를 열거한다.

2단계: 반드시 논증과 관련된 기타 모든 성립 가능한 논제가 거짓이라는 걸 증명한다.

3단계: 선언 추리의 부정 긍정식을 사용해 논증이 참이라는 결론을 끌어낸다.

이러한 점을 통해 선언 증명법이 '거짓을 제거하고 참을 남겨두는 과정'이라는 사실을 알 수 있다. 그래서 선언 증명법을 배제법이라고 부르기도 한다.

위에서 소개한 일부 증명법은 실제 증명 과정에서 흔히 사용하는 방법의 하나일 뿐이다. 실제 사유 활동에서 증명은 종종 복잡한 형태로 나타난다. 각종 증명 방식과 방법은 상호보완, 통합적 운용을 통해 구체화한다는 점에서, 해당 내용에 대한 이해를 바탕으로 구체적인 상황에 맞게 탄력적으로 활용하고 적절히 운용할 수 있도록 주의해야 한다.

'반박'으로 거짓 명제를 증명하라

논증이 특정 논제의 진실성을 증명한다면 반박은 특정 논제가 거짓이라는 걸 입증하는 데 목적이 있다. 일반적인 증명을 입론이라고 한다면, 반박은 논박으로 표현할 수 있다. 논증은 항상 논제, 논거, 논증 방식을 통해 구성되기 때문에 반박 역시 상대의 논제, 논거, 논증 방식에 반박하는 세 가지 형태로 이뤄진다.

첫째, 논제의 반박은 상대의 논제가 지닌 허위성을 증명한다. 예를 들어 '호가호위(狐假虎威)'라는 말은 다른 사람의 권세를 등에 업거나, 또는 권세에 기댄 사람들을 업신여기는 것을 가리킨다. 대개 폄하의 의미를 담고 있지만 반대로 생각하면 여우가 호랑이의 힘을 이용해 자신의 목적을 달성한다는 뜻이므로, 더욱 쉽고 빠르게 성공할 수 있는 노하우로 사용될 수 있지 않겠는가? 하버드대학교 명예 회원이자 MS의 설립자인 빌 게이츠는 혼자서 100%의 힘을 발휘할 수는 없지만 100명이 각자 1%의 힘을 낸다면 더 큰 성공을 기대할 수 있다고 지적했다. 다른 사람의 힘을 빌려 성공할 수 있다면 현명한 삶의 지혜가 아니겠는가?

이처럼 논제를 반박하는 것은 반박의 주요 임무로서, 논증에서 논제가 중심 또는 핵심이기 때문에 논제를 뒤엎는다면 원천적으로 상대의 논증을 뒤집을 수 있다.

둘째, 논거의 반박은 상대의 논거가 지닌 허위성을 증명한다. 다음과 같은 사례 내용이 있다. '톰을 타살한 범인으로 딕을 지목한 경찰은 그 이유로 딕이 톰과 함께 길을 걸었으며 딕이 사는 집 근처와 주방에서 혈흔이 발견됐다는 이유를 제시했다. 이렇게 해서 감옥으로 끌려간 딕은 법원에 출두해 재판받을 날을 기다리게 됐다. 딕의 변호사는 여러 차례에 걸쳐 증거를 수집하고 조사를 벌인 끝에 톰이 피살된 장소가 딕의 집에서 10㎞ 떨어진 곳이라는 사실을 밝혔다. 딕이 범인이라면 그가 살인을 저지른 후 톰의 시신을 10㎞ 밖에 있는 톰의 집으로 옮겼어야 한다. 하지만 시신을 옮기는 데 걸리는 시간을 계산했을 때 해당 가설은 비현실적이었다. 딕의 집에서 발견된 혈흔의 경우, 조사를 통해 바닥에 떨어진 피는 딕의 아내가 코피를 쏟으며 흘린 것이고 주방에서 발견된 혈흔은 동물의 피라는 사실이 확인됐다. 이렇게 해서 딕은 살인자라는 혐의에서 벗어날 수 있었다.'

논거를 반박하는 것은 반박의 중요한 과정이다. 논제는 참인 논거에서 도출된 것이므로 상대의 논거가 거짓이라는 걸 증명하면 상대의 논제 역시 신뢰를 잃는다. 하지만 상대의 논거를 뒤엎는다고 해서 상대의 논증이 성립될 수 없다는 것만 설명할 뿐 상대의 논제를 뒤집을 수는 없다. 요컨대 논제의 진실성이 여전히 증명되지 않은 셈이다. 논제의 진실성을 확인할 수 없다고 해서 논제가 반드시 허위라는 뜻이 아니다.

셋째, 논증 방식의 반박은 상대의 논거와 논제 사이에 논리적 관계가 없다는 것을 지적함으로써 상대의 논제가 지닌 진실성이 여전히 확인될 수 없다는 점을 증명한다. 사건분석을 위해 열린 회의에서 경찰관 해리는 이미 혐의자로 확정된 인물이 이번 사건의 범인이라고 확신했다. 그 이유는 영상을 판독한 결과 범인의 입가에 쌀알만한 검은 반점이 발견됐는데 혐의자가 똑같은 생리적 특징을 지니고 있다는 것이다. 이번 사건을 합동으로 조사한 여경 존스는 해리의 주장에 강하게 반박했다. "이번 사건의 범인 입가에 검은 반점이 있다는 것은 사실이지만 그렇다고 해서 이번 사건의 범인이라는 법은 없죠. 해리의 추론은 충분조건의 선언 추리에서 후건을 긍정함으로써 전건을 긍정하는 논리적 오류를 범했습니다." 존스의 주장은 논증 방식을 반박하는 사례에 속한다.

주목할 만한 사실은, 상대의 논증 방식을 뒤집었다고 해도 상대의 논제를 반박했다는 뜻이 아니다. 마찬가지로 상대의 논제가 지닌 진실성을 인증해야 하고 의혹을 해결해야 한다는 것으로 설명만 할 수 있다고 해서 상대의 논제가 반드시 허구라고 판단할 수도 없다. 이러한 점에서 논제, 논거, 논증 방식을 반박하는 사례 중에서도 논제를 반박하는 것이 가장 중요하다 하겠다.

　반박 방식은 반박에서 사용하는 또는 주로 활용하는 추리 형식으로서, 마찬가지로 연역 반박, 귀납 반박, 유비 반박으로 나눌 수 있다. 반박 방법은 상대의 논제와 논거 사이에 연계성이 떨어질 때 사용하는 방법으로 직접 반박과 간접 반박으로 구성된다.

　직접 반박은 이미 참으로 알고 있는 명제를 인용해 상대의 논제 또는 논거의 허위성을 직접 판단하는 반박 방법이다. '모든 동물의 피는 붉다'라는 주장은 틀렸다. 예를 들어 게는 동물이지만 게의 피는 붉지 않기 때문이다. 다시 말해서 일부 동물의 피는 붉지 않다는 뜻이다.

　간접 반박은 먼저 상대의 논제가 지닌 모순된 명제가 참이라고 확인한 후에 상대의 논제가 거짓이라고 판단하는 방법이다. 독립증명과 귀류 반박이 여기에 포함된다. 독립증명 반박 방법은 사실 일반적으로 이야기하는 간접 반박법으로, 반박된 대상의 모순된 명제가 참이라고 일단 증명한 뒤에 모순율에 근거해 반박된 대상이 사실 거짓이었다고 증명한다. 귀류 반박은 반박된 명제에서 허위, 황당한 결론을 끌어내고, 나아가 반박된 명제의 허위를 증명하는 간접적 반박 방식이다.

　결론적으로 말해서 우리는 누군가의 주장을 반박할 때 논제, 논거 또는 논증 방식을 반박할 수 있다. 그중에서도 논제의 반박은 반박의 가장 중요한 핵심이자 주안점이 된다. 상대의 논제를 반박해야 상대의 논증이 원천적으로 부정될 수 있기 때문이다. 물론 논거와 논증 방식을 반박하는 것 역시 저마다의 효과를 지닌다. 논거의 반박은 상대에게 자신의 결론에 제공할 수 있는 믿을 만한 사실, 이론적 근거가 없다는 걸 설명한다. 논증 방식의 반박은 자신의 결론에 신뢰할 수 있는 논리적 근거가 없다는 걸 의미한다. 하지만 상대의 논거 또는 논증 방식을 반박한다고 해서 상대의 논제를 원천적으로 부정할 수는 없다.

논증의 규칙과 규율

논제를 논증하려면 다음의 규칙을 반드시 따라야 한다. 논증 과정에서 참으로 입증된 명제가 존재한다면 충족 이유율을 반드시 갖춰야 한다. 충족 이유율이 개인의 의지로 변할 수 없는 필연성을 지니고 있기에 우리는 이를 논증을 위한 필수규칙이라고 말한다. 당신이 충족 이유율을 알든 모르든, 또는 그 존재를 인정하든 말든 당신의 명제가 참으로 입증되면 반드시 충분한 이유를 제공해야 한다. 충분한 이유를 제공하지 않는다면 논제를 참이라고 증명할 수 없다.

충족 이유율이 논증을 벌일 때 반드시 충분한 이유를 제공할 것을 주문한다는 점에서, 필수 조건은 크게 두 가지로 나눠 설명할 수 있다. 하나는 이유는 반드시 참이어야 한다는 것, 나머지 하나는 이유와 논제가 필연적인 논리적 연계 관계를 맺고 있어야 한다. 다음의 두 가지 예시를 통해 충족 이유율에 대해 좀 더 자세히 알아보자.

첫째, 징병소에 나타난 백발노인이 담당자를 찾아가 자신도 입대하고 싶다고 말했다. 담당자는 노인을 슬쩍 쳐다보더니 입대하기에는 나이가 너무 많은 것 같다며 정중히 돌려보내려 했다. 하지만 노인은 물러서지 않고 꼿꼿한 자세로 크게 호통쳤다. "병사가 되기에는 나이가 많을지도 모르겠소만, 쓸 만한 장군이 그리 많지는 않을 텐데!"

전시 중에는 연령 제한에 따라 군인을 뽑기 때문에 담당자는 노인에게 군인이 될 수 있는 조건을 갖추지 못했노라 돌려서 이야기했다. 하지만 노인은 담당자의 말뜻을 알아차리지 못한 채 '병사'의 외연을 확대해 '장군'을 그 범주에 넣은 채 담당자에게 이의를 제기했다. 노인은 병사를 뽑을 때는 장군도 뽑아야 하지 않겠냐고 주장하며 장군을 선발할 때는 나이 제한에 규정은 없다고 지적했다. 하지만 장군은 '병사'에 속하지 않기 때문에 징병에서 장군이라는 직위는 자연히 제외된다. 그런 점에서 노인의 논거는 성립될 수 없으며, 충족 이유율 중에서 이유는 반드시 진실해야 한다는 조건을 위배했다.

둘째, 유명한 발레 전용 공연장의 관객석, 한 남성이 바로 앞줄에 앉은 여성의 어깨를 살짝 두드리며 입을 열었다. "죄송한데 모자 때문에 무대가 잘 보이지 않는군요. 모자 좀 벗어주시겠습니까?" 하지만 여성은 아무 소리도 듣지 못한 것처럼 모자를 벗지 않았다. 화가 난 남성이 모자를 벗어달라고 좀 더 큰 소리로 이야기했다. "이번 공

하버드 논리학 강의

연을 보려고 20달러를 썼는데 모자 때문에 아무것도 볼 수 없단 말입니다!" 그러자 여성은 아무렇지도 않은 듯 대답했다. "이 모자 때문에 전 200달러를 썼다고요. 여기 있는 모든 사람이 내 모자를 보도록 말이죠!"

위의 논증에서 남성은 발레를 보기 위해 20달러를 썼으니, 시야를 막지 말라며 앞줄에 앉은 여성에게 모자를 벗어달라고 요구했다. 하지만 여성은 자기 모자를 자랑하기 위해 남성의 요청을 무시했다. 여성은 공연을 보기 위해서가 아니라 모자를 자랑하기 위해 200달러를 썼다고 말한다. 한마디로 말해서 논증의 초점과 아무런 관련이 없으므로 충족 이유율의 조건 중 하나, 논제와 이유 사이에 필연적인 연계 관계가 있어야 한다는 내용을 어겼다.

논증 과정에서 충족 이유율 외에도 다음의 규칙을 준수해야 한다.

1. 논제는 반드시 명료하고 정확해야 한다. 먼저 논증의 당사자는 논제를 명료하고 정확하게 다뤄야 한다. 쉽게 말해서 자신이 어떤 문제를 논증하려 하는지, 어떤 명제를 참으로 판단할 것인지 스스로 정확히 파악하고 있어야 한다. 둘째 논증의 당사자는 논제를 명료하고 정확하게 표현하며, 정확하고 적절한 어휘를 선택해야 한다. 오해를 불러올 수 있는 소지가 있는 단어는 최대한 피한다. 논제에 등장하는 개념 역시 내용과 외연을 정확히 보여줄 수 있어야 한다.

2. 논제는 반드시 일관성을 유지해야 한다. 하나의 논증에는 하나

의 논제만 등장해야 하고 논증 전체에 걸쳐 일관성을 지켜야 한다. 해당 규칙을 어기면 '개념 왜곡'의 오류를 범할 수 있다.

잭슨의 아버지가 씩씩거리며 문을 벌컥 열었다.

"잭슨, 이 녀석! 감히 내 뒤에서 몰래 담배를 피워? 다음부터 내 앞에서도 피워 보거라!"

"때리지 마세요. 이제 약속할게요. 꼭 아빠 앞에서 담배를 피우겠다고……."

담배를 피우지 말라며 비꼬는 아버지의 꾸중을 잭슨은 엉뚱하게도 '아버지의 뒤가 아닌 앞이라면 피워도 된다'라는 뜻으로 오해했다.

3. 논거는 반드시 참인 명제를 다뤄야 한다. 거짓 명제를 논거로 사용하면 '거짓 논거'의 오류를 저지르게 된다. 명제가 거짓이라는 사실을 알고도 논거로 활용하는 것은, 궤변론자가 흔히 쓰는 수법이다.

버스에 오른 한 남성은 하이힐을 신은 여성에게 세게 발을 밟히자 버럭 화를 냈다.

"으악, 아파 죽겠네. 이봐요, 내 발이 안 보입니까?"

"안 보여요. 당신의 발이 신발 속에 있는데 제가 어떻게 볼 수 있겠어요?"

여성의 황당한 대답에 남성의 얼굴이 시뻘겋게 달아올랐다.

외출할 일이 있으면 사람들은 으레 양말과 신발을 신는다. 그래서 '발'이 양말과 신발을 신은 '발'을 의미한다는 것은 이미 하나의 공감대로 자리 잡았다. 실수로 다른 사람의 발을 밟아서 진심으로 사과하면 대부분 상대의 이해를 얻는다. 하지만 위의 사례에 등장하는 여인은 사과는커녕 말도 안 되는 핑계를 꺼내며 말꼬리를 잡고 늘어졌다. 발이 신발 속에 있다는 것을 모르는 사람이 어디 있으랴? 그 밖에도 진실성이 인정받지 못한 명제를 논거로 사용하면 마찬가지로 황당하고 비논리적으로 비칠 수밖에 없다.

4. 논거의 진실성은 논제의 진실성에 결코 의존해서는 안 된다. 구체적인 논증에서 논제의 진실성은 논거의 진실성에 근거해 논증된다. 논거의 진실성이 논제의 진실성에도 근거한다면 해당 논제의 진실성이 논제 자체의 진실성에서 비롯되었다는 뜻에 어긋난다. 그러므로 이는 곧 논증하지 않은 것과 다를 바 없다. 해당 규칙을 어겨서 생겨나는 논리적 오류를 우리는 순환논증이라고 부른다.

말라깽이가 뚱보를 찾아가 뚱뚱하게 된 이유를 물었다.

"그야 내가 많이 먹으니까!"

"어떻게 그렇게 많이 먹을 수 있는 거야?"

"왜냐면 난 뚱뚱하니까!"

뚱보의 대답은 어이없는 답변이다. 말라깽이의 첫 질문에 많이 먹어서 뚱뚱하다고 대답한 뚱보, 두 번째 질문에도 뚱뚱하기 때문이라고 대답했다. 하지만 결과적으로 뚱보의 대답은 말라깽이의 궁금증을 해결할 수 없다. 순환논증의 오류가 해결되지 않는 한 어떤 문제도 설명될 수 없다.

예상치 못한 역설

　다음 주 중에 교수형을 처한다는 판결을 받은 죄수에게 판사는 집
행일은 누구도 예상하지 못하는 날이 될 것이라고 특별히 알려줬다.
논리학을 배운 적 있었던 죄수는 자신은 금요일에는 죽지 않을 것으
로 추측했다. 금요일에 형벌을 집행할 때 앞의 나흘이 지나면 금요일
에 죽게 될 것이라는 걸 알 수 있으니 예상치 못한 순간에 죽을 것이
라는 판사의 말과 맞지 않았다. 이러한 논리에 따르면 월요일부터 수
요일 동안 교수형이 집행되지 않을 경우, 이번 주가 아닌 다음 주 목
요일에 형벌이 집행될 가능성이 가장 높았다. 하지만 이 역시 사람들
이 충분히 예상할 수 있는 결과이므로 그날에도 형벌이 집행되지 않
을 터였다. 이런 식으로 따져보니 형벌이 집행되는 날이 단 하루도
남지 않았다. 추리 끝에 죄수는 자신이 교수형 당하는 일은 절대 없

　　　　　　　　　　　　　　하버드 논리학 강의

을 거라는 결론에 도달했다. 기쁨도 잠시, 화요일 아침이 되자 판사는 교수형을 집행하라는 명령을 내렸다. 이로써 판사는 모두의 예상을 뛰어넘겠다는 약속을 지켰다.

위의 이야기에서 죄수의 추리는 합리적인 것처럼 보이지만 결과적으로는 잘못된 판단이었다는 역설을 보여준다. 해당 역설에서 '모두의 예상을 뛰어넘는 형벌'이 5일 동안의 업무일에 집행되리라는 것 외에 '5'라는 숫자는 역설을 인지하는 데 아무런 도움도 되지 못한다. '5'를 '1'로 바꿔도 이야기의 기본 추리 구조는 아무런 영향도 받지 않는다. 다음 사례를 통해 역설에 관해 좀 더 자세히 알아보자.

사랑하는 딸에게 용감하고 지혜로운 사위를 찾아주고 싶은 나머지 국왕은 방 5칸을 세운 뒤 전국에 포고문을 내렸다. "이들 중 어느 한 곳에 호랑이 한 마리를 넣어두었다. 공주를 아내로 맞이하고 싶다면 호랑이를 찾을 때까지 차례로 방문을 열어라. 방 안에 있는 호랑이를 쓰러뜨린 자를 내 사위로 맞이하겠노라!" 그리고 그 아래에는 호랑이를 전혀 예상하지 못한 곳에 숨겨두었다는 설명을 덧붙였다. 그러자 공주를 아내로 맞이하겠다며 나서는 청년들의 발길이 뚝 하고 끊어졌다. 그러던 어느 날, 앞의 일화에 등장한 죄수처럼 똑똑하다며 자부하던 한 청년이 과감히 도전장을 내밀었다. '호랑이는 첫 번째 방에 절대로 들어있지 않을 거야. 앞의 방 네 곳을 모두 열었는데 호랑이를 발견하지 못했다면 '예상치 못한 곳에 숨겨두었다'라는 국왕의 말은 거짓말이 될 테니까 말이야.' 이런 식으로 다섯 개의 방을 일일이 추리 대상에서 제외한 끝에 청년은 국왕이 다섯 개의 방 어디에도 호랑이가 숨겨져 있지 않다는 결론에 도달했다. 안심한 청년이 첫 번째 방문을 연 순간, 방 안에 앉아있던 호랑이가 달려 나와 청년의 목을 물어뜯었다.

이번 에피소드에 사용된 추리는 국왕이 발표한 두 가지 성명을 토대로 하고 있다. 첫째, 방 안에 호랑이가 들어있다. 둘째, 호랑이는 누구도 예상하지 못한 상황에서 등장할 것이다. 국왕의 성명이 모순적이라고 주장할 수도 있겠지만 이야기의 결말을 살펴볼 때 두 성명은 동시에 성립될 수 있다.

일상생활에서 사람들이 흔히 사용하는 수많은 어휘는 다양한 해석을 담고 있다. 이를테면 위의 일화에서 등장한 국왕의 성명이 그러하다. 사윗감을 구한다는 국왕의 소집령에 응한 청년이 첫 번째 성명을 포기해야 국왕의 두 번째 성명이 성립될 수 있다. 하지만 여기서 우리가 주목해야 할 것은 국왕의 두 가지 성명이 전혀 다른 성질을 지녔다는 것이다. 첫 번째 성명의 사실 여부(즉 방 안에 호랑이가 들어있다)는 객관적으로 검증될 수 있지만 두 번째 성명은 그렇지 않다. 왜냐면 두 번째 성명에서 언급한 '사람들의 예상을 완전히 벗어났다'라는 것은 청년에게만 상대적인 개념이기 때문이다. 청년의 판단이 틀렸다면 두 번째 성명 역시 성립될 수 있었다.

좀 더 심도 있는 분석을 통해 청년의 추리에 흠집이 없다는 것을 발견할 수 있다. 결론적으로 말해서 그는 호랑이와 만나게 되는 상황 자체를 피할 수 있었다. 자신의 판단에 따라 청년은 국왕의 두 번째 성명이 100% 성립될 것으로 생각했다. 그래야 국왕은 거짓말을 하지 않는다는 주장이 입증되기 때문이다. 하지만 청년은 정작 첫 번째 성명이 성립되지 않으면 국왕이 거짓말을 하고 있다는 사실을 까맣게 잊고 말았다. 방 5곳의 상황은 그저 청년의 추리 과정을 좀 더 길게 연장했을 뿐이다. 청년이 첫 번째 방 안에 호랑이가 있을 것이라는 가능성을 배제했을 때 비로소 첫 번째 성명과 모순된다. 하지만 국왕이 거짓말하지 않을 것이라는 걸 이유로 첫 번째 성명을 부정할 이유가 없다는 사실을 청년이 깨달았을 때는, 국왕이 두 번째로 발표한 성명이 거짓말이라고 비난할 수 없다. 왜냐면 국왕은 앞의 방 네 곳 중 어느 한 곳에 호랑이를 넣어두었다면 청년은 이를 입증할 수 없으므로 이 역시 예상을 벗어난 것이라 하겠다.

하버드대학교 교수 홉스테이더(Geert Hofstede)는 역설을 가리켜 '자아'와 관련된 '악순환'이라고 지적했다. 이러한 '악순환'은 수학과 사유에 존재할 뿐만 아니라, 회화와 음악에도 존재한다. 역설의 탄생과 인류의 인식 수준은 밀접한 관련을 맺고 있다. 철학적 관점에서 봤을 때 역설이 생겨난 기원은 객관적 세계에 존재하는 고유한 모순에서 비롯된다. 인간의 인지 수준은 언제나 제한적이므로 세상을 인식할 때는 상당한 제한과 분리 효과를 경험하게 된다. 그러므로 분리된 인식을 하나로 조합할 때 역설이 발생할 수도 있다. 독일의 철학자 칸트는 인간의 인지가 감성, 지성 단계에서 이성 단계로 진입할 때 반드시 역설에 빠지게 된다고 주장했다.

역설을 해결하려면 창조적인 사고가 필요하다. 역설의 해결은 종종 전혀 새로운 관념과 인지를 가져다주므로, 새로운 지식의 탄생에 중요한 주관적인 토대를 제공한다. 그래서 우리는 역설을 무슨 괴물 다루듯 멀리할 이유가 전혀 없다. 오히려 역설의 방법론이 지닌 뜻에 관한 연구를 강조하고 해당 방법을 적극적으로 사용할 수 있도록 스스로 독려해야 한다. 자연과학의 비약적인 발전을 촉진하기 위해 끊임없이 새로운 역설을 발견하고 제시해야 한다.

유유상종

"지혜로운 사람과 함께 하면 지혜를 얻게 될 것이요, 어리석은 자와 함께 하면 손해를 볼 것이다."《성경》의 가르침은 우리에게 지혜로운 현자와 함께 할 때 얻게 되는 인맥이 얼마나 소중한지 알려준다. 반대로 어리석은 사람을 자신의 인맥에 포함하는 것은 무척 어리석은 일이라 하겠다.

한때 아이비는 순진하고 귀여운 소녀였다. 다른 사람을 돕는 일에도 앞장섰던 그녀를 사람들은 천사처럼 착한 아이라며 칭찬을 아끼지 않았다. 가는 곳마다 친구를 여럿 사귀는 아이비였지만 사람을 제대로 볼 줄 모르는 데 문제가 있었다. 어느 날, 친구와 함께 호기심에 찾은 술집에서 아이비는 자신과는 전혀 다른 소녀 줄리아를 만나게 된다. 반항적인 말투, 자유분방한 모습에 호기심을 느낀 아이비는 줄리아와 그녀의 친구들과 스스럼없이 어울리기 시작했다. 주변의 충고에도 불구하고 아이비는 줄리아 일행과 연락을 주고받으며 사람들의 눈을 피해 종종 만남을 시도했다.

사실 아이비는 줄리아에 대해 아무런 편견도 없었다. 자신과 다른 삶을 살고 있는 반항적인 줄리아와 어울린다고 해도 자신은 나쁜 짓을 하지 않겠다는 믿음이 있었기 때문이다. 가장 기본적인 도덕적인 문제에 관해선 자신만의 원칙이나 마지노선이 있으니, 그것만 잘 지키면 아무것도 문제 될 것 없다고 생각했다.

그 후 아이비는 줄리아 일행과 함께 술을 마시거나 밤새워 놀러 다니기 일쑤였다. 친구들의 욕설과 불규칙한 생활도 아이비에게는 호기심 그 자체였다. 어울리는 시간이 늘어날수록 아이비는 자신도 모르게 줄리아 일행의 모습을 닮아가기 시작했다.

주변의 충고를 계속해서 무시하던 어느 날, 파티를 찾은 아이비에게 줄리아 일행 중에서 누군가가 '약'을 권했다. 약물의 위험성을 잘 아는 아이비였지만 주변의 친구들이 하나둘씩 약에 취해 행복한 표정을 짓는 것을 보며 망설이기 시작했다. 고민 끝에 아이비는 이번 한 번뿐이라며 잠깐의 '일탈'을 선택했다. 하지만 이 일을 계기로 약에 빠져든 아이비는 계속해서 약을 찾아다니기 시작했다. 경찰한테 꼬리를 밟혀 청소년 약물중독 방지센터로 강제 이송된 아이비를 보며 누구도 그녀가 한때 사랑스러운 소녀였다는 사실을 떠올리지 못했다.

인터넷 바이러스가 인터넷을 파괴하는 것처럼, 당신의 주변에 문

290

하버드 논리학 강의

제가 있는 인물이 있다면 당신의 삶은 복구 불가능한 상태가 될 수 있다. 그러므로 우리는 '치명적인 바이러스'로부터의 공격을 피하고자 강력한 '방화벽'을 설치해야 한다.

이를 위해 우리는 인맥을 핵심, 보통, 위험등급으로 나눈다. 보통 등급은 특별한 것 없는 인맥이지만 위험등급에 속하는 인맥은 당신의 성공에 걸림돌이 될 수 있다. 이에 반해 핵심 등급에 속한 인맥은 당신의 성공에 큰 도움이 될 자산이다. 현명한 지혜의 소유자, 활달한 성격, 뛰어난 인품, 높은 사회적 지위, 출중한 성과 등 이들은 전체적으로 남보다 더 우수한 역량을 지녔다. 수준 높은 사람들과 인맥을 쌓아두면 자신의 역량 역시 크게 향상된다. 당신을 도울 수 있는 사람, 또는 당신을 변화시킬 수 있는 사람을 사귀면 가치 있는 인맥을 세울 수 있다.

미국의 오바마 전 대통령은 평범한 흑인 청년으로, 든든한 정치적 배경이나 거액의 자산을 지닌 명문가 출신도 아니다. 하지만 그는 뛰어난 인맥을 바탕으로 쟁쟁한 후보들을 따돌리며 미국의 대통령으로 당선됐다.

하버드대학교 비즈니스 스쿨에서 법학박사로 공부하던 오바마는 학교에서 훌륭한 친구를 여럿 사귀었는데 그중에는 미첼 프롬안(Mitchell Froman), 산드라 버터스(Sandra Butters)가 있었다. 두 사람은 훗날 오바마의 대통령 선거캠프에 합류하며 상대 후보인 존 매케인(John McCain)의 약점을 파고들었다. 역대 미국 대선에서 경제문제는 승패를 좌우하는 화두였기에 두 사람은 오바마에게 매케인을 물리칠 수 있는 대책을 들려줬다. 오바마는 두 사람의 도움에 힘입어 미국 유권자들 앞에서 과감하게 매케인을 공격함으로써 대선에서 승리했다.

미국 대선에 참여하려면 거액의 후원금이 필요하기 마련이다. 평범한 가정에서 태어난 오바마로서는 부유한 가문 출신의 매케인에 비해 후원금을 마련하기가 쉽지 않았다. 하지만 시카고에서 교편을 잡으며 오바마는 수많은 기업인과 인맥을 쌓으며 돈독한 관계를 유지했다. 훗날 이들은 오바마를 대통령으로 만들기 위해 경선에 필요한 자금을 적극적으로 제공했을 뿐만 아니라, 자신의 인맥을 동원해 오바마를 지원 사격했다. 그 덕분에 든든한 뒷배경 하나 없던 오바마는 뛰어난 인맥을 십분 활용해 미국의 44대 대통령으로 당선됐다.

하버드의 지혜

하버드대학교의 교수들은 일류인 사람과 사귀면 자신도 일류가 될 가능성이 높다고 가르친다. 인맥은 양질의 자원과 역량을 지녔을 뿐만 아니라, 탁월한 관계망을 보유하고 있다. 그래서 성공은 인맥, 특히 양질의 인맥을 통해 손에 넣을 수 있다. 양질의 인맥은 우리를 성공으로 이끄는 가장 이상적인 보조제라 하겠다.

다른 사람이 꿈을
이룰 수 있도록 도와라

　사람과의 사귐에서 가장 중요한 첫 번째 조건은 바로 상대를 이해하는 것이다. 모든 사람은 저만의 꿈과 목표가 있다. 누군가에게 신뢰받는 사람이 되려면 상대가 필요로 하는 것이 무엇인지, 그 선택을 이해하고 존중해야 한다. 다른 사람이 행복을 이룰 수 있도록 도울 때 비로소 상대의 감정에 100% 이입되어 상대와의 거리를 좁힐 수 있다. 그래서 사람을 사귀는 데 능숙한 사람은 다른 사람의 행복과 바람을 어떻게 이뤄야 하는지 잘 아는 사람이라고도 하겠다.

　1969년 7월 21일, 비행선에 몸을 싣고 우주로 날아간 닐 암스트롱(Neil Armstrong)이 달에 먼저 착륙한 뒤, 19분 뒤에 동료인 버즈 올드린(Edwin E. Aldrin)은 달에 첫발을 내디뎠다. 달에 처음 착륙했다는 것으로도 개인의 영광일 뿐만 아니라, 지구에 복귀한 뒤 엄청난 부와 명예가 따를 것이 분명했지만 올드린은 암스트롱에게 그 기회를 양보했다. 암스트롱 역시 자신과 비슷한 생각일 것으로 판단한 올드린은 기꺼이 자기 동료에게 기회를 넘겼다.

그 후 두 사람의 무사 귀환을 축하하는 파티에서 누군가가 올드린에게 달에 첫발을 내디딘 사람으로 기록되지 못해 아쉽지 않으냐고 물었다. "하지만 지구로 돌아올 때 비행선에서 첫발을 내디딘 건 저랍니다. 그러니까 전 다른 별에서 지구를 방문한 최초의 인간이지요." 올드린의 남다른 인품에 동료인 암스트롱은 물론, 전 세계인이 진심으로 존경의 박수를 보냈다.

하버드대학교 심리학자들은 인간을 움직이게 만드는 원동력은 욕구라고 말한다. 욕구를 만족시키는 행동은 정상적인 삶의 일부분으로, 욕구가 채워지면 우리의 삶은 그에 따른 행복을 얻게 된다. 하지만 행복이 반드시 자기 손으로 만들어지는 것은 아니다. 때로는 생각지도 못한 상대가 우리에게 행복을 선사하기도 한다. 당신이 다른 누군가에게 도움의 손길을 내밀면, 당신에 대한 상대의 신뢰감이 형성되거나 보답을 받을 수도 있다.

제2차 세계대전 당시, 독일은 마케도니아의 방어선을 돌아 프랑스를 향해 대대적인 공격에 나섰다. 독일군의 갑작스러운 공격으로 공황에 빠진 프랑스 병사들은 이렇다 할 만한 저항 한 번 하지 못하고 속속 무너져 내렸다. 대규모 병력의 빠른 이동과 훗날 전시에 대비한 병력을 유지하기 위해 프랑스 군대는 독일군의 공격으로 조금이라도 지연시킬 수 있는 저격부대를 창설했다.

군사학교를 막 졸업한 마르셀은 자신의 소규모 부대를 이끌고 주력부대의 후퇴를 지원하는 임무를 담당하게 됐다. 독일군의 폭격 속에서 도망 중이던 청년 로리를 구한 마르셀. 로리는 보답의 뜻으로 마르셀과 함께 독일군에 맞서겠다고 나섰지만, 마르셀은 로리가 어리다는 이유로 그의 호의를 거절했다. 실의에 빠진 로리는 마르셀에게 앞을 볼 수 없는 어머니가 있다는 이야기를 우연히 듣게 된다. 전쟁의 포화가 마르셀의 고향까지 번졌지만, 마르셀이 자신의 임무를 수행하기 위해 전쟁터를 떠날 수 없다는 이야기에 로리는 마음의 결단을 내렸다.

그날 저녁 로리는 마르셀의 고향집을 향해 나섰다. 이틀 뒤 마르셀의 어머니를 찾은 로리는 그녀를 지하실로 피신시킨 뒤 자상하게 돌봐줬다. 한편 프랑스와 영국 군대가 케르크(Dunkerque)에서 철수한 뒤 마르셀과 동료들은 무사히 임무를 마치고 서둘러 고향으로 달려갔다. 폐허가 된 고향 집을 바라보며 뜨거운 눈물을 흘리던 마르셀은 자신의 어머니를 모시고 나타난 로리의 모습을 발견했다. 그 후 두 사람은 생사고비를 함께 넘긴 절친한 친구가 되어 평생 소중한 우정을 간직했다.

다른 사람이 무엇을 바라는지 이해하고 행복을 선사하는 주는 사람은 누구에게나 환영받는다. 가는 말이 고와야 오는 말이 곱다는 말처럼, 서로를 이해하고 진심으로 위하는 감정의 교류를 통해 우리는 더 큰 선물을 받기도 한다.

일본에서 명성 자자한 헤드헌터 오카지마 에쓰코는 모두가 좋아하는 것을 이해하고 뜻을 함께할 때 비로소 소통과 교류의 계기가 마련된다고 지적했다. 다른 사람이 원치 않는 것을 상대에게 강요하지 말라는 말은, 바꿔 말하면 상대가 원하는 것을 최대한 만족시켜 주라는 뜻으로 이해할 수 있다. 하지만 여기에는 반드시 지켜야 할 한 가지 조건이 있다. 친구를 도울 때는 단순히 의리, 우정만 보고 덤빌 것이 아니라 도덕과 법률이 허용하는 범위 내에서 도와야 한다. 공자는 '군자는 사람의 아름다움을 이룩해 주고 사람의 악한 것을 이룩해 주지 않는다'라고 주장했다. 도덕과 법률이 허용하는 범위에서 벗어나면 당신의 행위는 본래 의도와 상관없이 변질되고 왜곡될 수 있다.

하버드 논리학 강의

'울타리'를 세워라

　고대 그리스의 유물주의 철학자 데모크리토스(Demokritos)는 가족이 모두 친구는 아니라며, 공동의 이익 관계를 지닌 사람만 친구가 될 수 있다고 지적했다. 친구를 이익의 집합체와 동일시한 그의 주장에 사람들은 천박하고 속물적이라고 비난했지만, 공동의 이익이 강력한 응집력, 단결력을 지니고 있다는 것은 누구도 의심할 수 없는 사실이다. 공동의 이익은 우정을 쌓는 기반이자, 더 나은 관계로 발전을 이끄는 촉진제이기 때문이다.

　때로 서로의 공동이익을 이용해 서로의 우정을 유지하고 더욱 공고히 하는 작업은 필요하다. 공동의 이익 역시 친구 사이의 공통점을 통해 구체화 될 수 있다. 이러한 공동의 이익을 기반으로 친구끼리 서로의 다름을 이해하고 그 속에서 공통점을 찾으며 우정을 단단히 다질 수 있다. 서로의 공통점, 교차점을 찾으려는 노력은 우정을 쌓는 데 오히려 큰 도움이 되기도 한다.

이제 막 마흔아홉 살 생일을 보낸 버니 마커스는 지난 20여 년 동안 달려온 삶을 되돌아봤다. 직장 생활에서 줄곧 성실한 태도를 잃지 않은 덕분에 그는 총괄 매니저의 자리에 올랐다. 그리고 그 자리를 11년만 더 지키고 있으면 집에서 놀고먹어도 될 만큼 거액의 퇴직금을 손에 쥘 수도 있을 터였다. 하지만 불행은 예고 없이 찾아온다.

어느 날, 평소와 다름없이 일찍 출근한 버니를 인사팀 담당자가 무표정한 얼굴로 해고되었다는 소식을 통보했다.

"대체 이유가 뭡니까? 제가 무슨 실수라도 저질렀나요?" 갑작스러운 소식에 버니는 무척 당황했다.

"아니요. 당신은 어떤 잘못도, 실수도 저지르지 않았소. 회사 사정이 좋지 않다며 이사회에서 내린 결정이오."

회사가 버니를 일방적으로 해고한 이유는 딱히 없었다. 대부분 실업자와 마찬가지로 버니 역시 생활비를 마련하기 위해 일자리를 새로 알아봐야 했다. 일자리를 찾는 동안 버니는 시간 날 때마다 LA 근처 길가의 한 커피숍에 가서 몇 시간 동안 멍하니 앉아 있곤 했다. 해고의 충격을 미처 수습할 새도 없이 새로운 일자리를 찾기 위해 나서면서 겪은 좌절감, 박탈감과 고통을 누구에게도 털어놓을 수 없었지만, 버니는 새로운 일자리를 찾을 수 있다고 확신했다. 간절한 바람과 절박한 현실은 그가 결코 포기할 수 없는 강력한 원동력이었다.

그러던 어느 날, 버니는 항상 가던 카페에서 우연히 옛 친구, 자신과 똑같이 해고된 아서 블랭크를 만났다. 두 사람은 서로의 상처를 위로하며 함께 고난을 헤쳐가자고 약속했다.

"우리가 회사를 차리면 어떨까?" 두 사람은 삶의 전환점을 찾은 듯 새로운 사업계획을 세우는 데 매진하기 시작했다. 평범한 카페에 모여 두 사람은 새로운 형태의 가구회사를 세우기로 뜻을 모으고 '최저 가격, 최고의 선택, 최상의 서비스'라는 회사 이념을 정했다. 그 후 두 사람은 구체적인 관리계획, 제도를 마련하며 본격적으로 사업에 착수했다.

그 후 20년이 지난 뒤, 별 볼 일 없는 영세기업으로 출발한 홈데포(The Home Depot)는 직원 16만 명, 지점 800곳, 연 매출액 300억 달러가 넘는 세계 500대 기업으로 발돋움했다. 미국의 가정용 건축자재 제조 및 판매업체로 성장한 홈데포는 세계 소매시장에서 또 하나의 기적을 써 내려가며 승승장구하고 있다.

성공적인 인맥을 쌓으려면 결과 자체에 집중하는 것도 중요하지만 그보다는 결과를 얻기 위해 사용한 구체적인 방법에 좀 더 신경을 써야 한다. 사람과의 사귐에 있어서 교제의 주체는 교제라는 과정을 경영하는 주체로서, 저마다의 역할을 발휘한다. 해당 과정에서 서로가 상대로부터 영향을 받기 때문에 든든한 인맥을 찾는 방법을 고민하는 동시에 자신의 성공을 도울 수 있는 든든한 '울타리'를 세우는 방법에 좀 더 집중할 필요가 있다.

이익의 공동화를 통해 우정을 돈독히 쌓으려면 먼저 상대의 관심

사를 파악하고 이를 발판 삼아 공동의 이익, 협력 가능성을 모색해야
한다. 물론 이러한 행위는 선의에서 비롯되어야 한다. 공동의 이익을
찾아 이를 토대로 우정을 공고히 다지는 것은 무척 현명한 선택이다.
기존의 관계 위에 공동의 이익이 추가되면서 더 큰 시너지를 발휘하
기 때문이다.

평소에도 함께 할 수 있는 친구를 찾는 노력을 게을리해서는 안
된다. 또한 적극적으로 협력해야만 서로에 대한 이해, 믿음을 바탕
으로 더욱 효과적으로 목표를 달성할 수 있고 비용과 위험을 낮출 수
있다. 이와 함께 두 사람 사이의 감정을 더욱 공고히 함으로써 더 큰
발전의 기회를 마련할 수도 있다.

하버드의 지혜

하버드대학교의 학장은 치열한 경쟁을 통과한 학생만 하버드대학교에 들어올 자
격이 있다고 공개적으로 이야기하며 다음과 같은 말을 덧붙였다. "일단 입학하고
나면 캠퍼스 안에서 계속해서 치열하게 경쟁하지 않아도 됩니다. 그 대신 4년 동
안 하버드에서의 생활을 만끽하십시오. 하버드에서는 학생 간의 상호교류, 도움,
관심, 우정과 협력을 강조합니다. 하버드에서의 삶이 얼마나 다채롭고 아름다울지
상상해 보십시오."

하버드 논리학 강의

다른 사람을 감동하게 하면
내 자신이 행복해진다

미국의 추수감사절은 미국의 탄생에서 비롯된 미국인의 기념일이
다.

1620년 종교의 자유를 찾아 영국에서 한 무리의 청교도인들이 메
이플라워호를 타고 신대륙으로 향했다. 2개월 동안 바다 위에서 죽
음의 공포에 시달린 사람들은 칼바람이 부는 11월에 미국 땅에 첫발
을 내디뎠다. 지금의 매사추세츠주 플리머스에 정착한 이들은 살아
남았다는 기쁨도 잠시, 이주 첫해에 혹독한 추위와 질병과 싸워야 했
다. 많은 이들이 목숨을 잃는 시련을 겪은 후 이들은 이듬해인 1621
년 정착지에서 첫 추수를 마친 것을 기념해 신에게 감사기도를 올리
고 잔치를 열었다.

사람들은 눈물을 흘리며 이날을 영원히 기념하기로 약속하면서

미국의 추수감사절이 탄생했다. 이날이 되면 다양한 종교와 신분을 지닌 미국인들은 함께 모여 신의 자비에 감사드리며 경건한 마음으로 신의 은총이 계속되기를 기도한다.

이처럼 감사에 보답하는 행위는 자신의 처지를 이해하는 데서부터 출발한다. 자신에게 주어진 은혜에 감사할 줄 아는 사람은 따뜻한 심성을 지녔을 뿐만 아니라, 자신이 가진 것을 귀하게 여길 줄 안다. 하지만 우리 주변에는 주어진 것에 감사하기보다는 자신의 운명을 원망하며 자신이 남보다 부족한 것에만 집착하는 사람이 더 많다. 자신이 가진 것에 감사할 줄 모르면 더 많은 것을 얻을 수 없다. 아무리 많은 것을 손에 넣어도 만족할 줄도, 행복할 줄도 모르기 때문이다. 물질적으로 제아무리 풍요롭다고 해도 그의 마음은 항상 가난하고, 행복 역시 채워지지 않는다.

어느 날, 미국의 전 대통령 프랭클린 루스벨트(Franklin Roosevelt)의 집에 도둑이 들었다. 그 소식을 들은 한 친구가 이미 잃어버린 물건에 크게 신경 쓰지 말라며 위로의 편지를 보냈다. 그 이야기에 루스벨트는 친구에게 즉시 답장을 썼다. "걱정해 주는 편지를 보내줘 고맙네. 다행히도 난 괜찮다네. 화가 나기는커녕 오히려 하나님께 감사하고 싶군. 도둑이 내 목숨이 아니라 내 물건만 훔쳐 갔으니 말일세. 그리고 그 도둑이 훔쳐 간 물건이 내가 가진 전부가 아니라 일부라는 사실도 고마울 따름이네. 그리고 무엇보다도 내가 가장 기쁜 건, 물건을 훔친 사람이 다른 사람이지, 내가 아니라는 사실이네."

루스벨트처럼 관대한 도량을 가진 사람이 우리 주변에는 그리 흔

하버드 논리학 강의

치 않다. 자신의 물건을 도둑맞았다는 건 불행한 일이지만 루스벨트는 불행 속에서도 행복한 면을 보려 노력했기 때문이다. 남다른 배포를 가진 덕분에 루스벨트는 남을 용서하고 자신에게 주어진 것에 대하여 감사할 줄 알았다.

　하버드대학교 교수와 딸의 대화에는 다음과 같은 에피소드가 등장한다. 고맙다는 말이 왜 그리 중요하냐는 딸의 물음에 교수는 이렇게 말한다.

　"항상 감사할 줄 아는 사람은 착하고 자신 있게, 그리고 즐겁게 변할 수 있기 때문이란다."

　선함, 자신감, 즐거움은 우리가 모두 추구하는 목표다. 이를 통해 우리는 행복을 경험할 수 있기 때문이다. 항상 감사할 수 있다는 것은 당신의 인성을 보여준다. 주변의 도움에 감사할 줄 아는 당신, 은혜에 보답할 줄 아는 당신, 타인에 관심과 사랑이 넘치는 당신, 남다른 배포를 지닌 당신은 타인, 삶을 팍팍하게 바라보기보다는 따뜻하고 여유롭게 바라볼 줄 알 것이다. 삶과 사람에 대한 긍정에너지는 당신에게 생각지도 못한 선물을 선사할 수 있다. 혹자는 항상 감사하는 건 굴욕적이라고 이야기할지도 모르겠다. 하지만 상대의 마음을 이해하는 당신의 마음은 세상 그 무엇보다도 고귀하다. 고귀한 마음을 가지고 있는 한, 행복은 언제나 당신의 손을 들어줄 것이다.

"항상 감사하는 마음을 지녀야만 만물이 신의 자비가 만든 놀라운 선물이라는 걸 알게 될 수 있다." 하버드대학교의 교수들은 학생들에게 은혜에 감사하고 세상을 넓게 품을 수 있는 사람이 되어야 한다고 말한다. 감사할 줄 아는 사람은 그에 따른 보답을 받을 수 있을 뿐만 아니라, 언제나 행복을 만끽할 수 있기 때문이다. 다른 사람의 베풂에 감사할 줄 아는 것은, 자신을 구제하는 일이기도 하다. 당신의 마음이 항상 사랑과 희망으로 가득 차 있다면 당신은 이미 행복한 사람이다.

자신의 이용 가치를 높여라

　《성경》에는 달란트와 세 명의 종에 관한 이야기가 등장한다. 먼 길을 나서게 된 주인이 세 명의 종을 불러 각각 5달란트, 3달란트, 1달란트를 주고 떠났다. 오랜 시간이 지난 뒤 집으로 돌아온 주인에게 첫 번째 종과 두 번째 종은 주인에게서 받은 돈으로 장사를 해 각각 2달란트, 1달란트를 벌었다고 이야기했다. 이들과 달리 세 번째 종은 주인에게 받았던 1달란트를 건네며 입을 열었다. "저는 주인님이 주신 달란트를 잃어버릴 것 같아서 땅속에 묻어두었습니다." 앞의 두 종을 칭찬했던 주인이 자신도 칭찬할 것이라는 기대와 달리 찬밥 취급을 당했다. 앞의 두 종은 자신의 힘으로 자신의 가치를 높이는 법을 이해했지만, 세 번째 종은 그 사실을 전혀 깨닫지 못했기 때문이다.

하버드대학교의 심리학자에 따르면 인간의 행위는 모두 욕망으로부터 지배당한다고 한다. 사람과의 사귐 역시 이와 마찬가지다. 아무 목적 없는 인간관계는 찾아보기 어렵다. 감정적인 교류나 이익의 추구라는 목표가 존재해야 하기 때문이다. 그래서 사람과의 만남에서 공리적인 요소를 배제할 수 없다. 다시 말해서 상대의 이용 가치를 실현하고 나아가 서로를 이용함으로써 서로 원하는 것을 얻기 위해 우리는 사람을 사귄다.

더 많은 것을 얻으려면 자신의 가치를 파는 개념을 반드시 이해해야 한다. 자신의 매력을 계속해서 끌어올려야만 상대가 비로소 당신의 존재를 깨닫고 관심을 보일 수 있다. 누군가는 사람에게 이용당하는 것은 두렵지 않지만, 누군가에게 이용당할 수 있는 가치가 자신에게 없다는 사실이 두렵다고 말한다. 일리 있는 지적이다. 모든 사람의 존재 가치는 대부분 다른 사람을 통해 입증되기 때문이다. 당신이 매력적이지 않다는 것은 다시 말해서 당신의 가치가 사라졌다는 뜻이기도 하다.

성공적인 사귐을 위해 먼저 자신의 이용 가치부터 높여야 한다. 자신의 이용 가치는 상대와 나와의 거리를 좁힐 수 있을 뿐만 아니라 감정적인 유대감을 강화한다. 친밀도는 이용하고 이용되는 가치의 크기에 따라 결정된다. 즉 이용할 수 있는 가치가 클수록 상대의 매력은 커지지만, 주변 사람으로부터 받은 자기 관심의 크기는 줄어든다. 반대로 이용당할 수 있는 가치가 클수록 관심과 이익을 받을 가능성은 커진다.

하버드대학교에서 진행되는 모든 커리큘럼은 모두 해당하는 사례에 관한 연구를 중심으로 이루어진다. 학생들은 수업 전에 반드시 하나의 사례에 관한 자료를 읽은 뒤 사례를 분석하고 해결책을 제시한다. 수업에서 적극적인 모습을 보여주지 못했다면 성적 미달로 퇴학당할 수도 있다.

그래서 수업 전에 준비 효율을 높이기 위해 학생들끼리 소그룹을 만들어 수업을 준비하기도 한다. 스터디 그룹을 꾸리기 위해 학급 전체의 학생들(보통 800명이 넘는다)이 대강당에 모여 먼저 100명 단위의 그룹을 만든다. 모든 학생은 30초 동안 자신을 소개해야 하는데 이때 다른 사람에게 깊은 인상을 심어줘야 우수한 그룹에 들어갈 수 있다.

스터디 그룹에 들어간 뒤에도 팀원들에게 자신이 얼마나 열정적으로 그룹에 참가하고 성과를 내는 데 도움이 되는지 끊임없이 어필해야 한다. 그룹 내에서는 똑같이 공헌하고도 걸맞지 않은 성과를 챙기는 사람이 있는지 자주 토론한다. 불공정한 결과가 발생했다고 판단되면, '무임승차' 한 사람은 팀원들로부터 비난을 받게 된다.

또한 많은 학생은 스터디 그룹을 일종의 운명공동체처럼 여기고, 그룹 내에서 자신과 가장 뜻이 맞는 팀원, 자신과 비슷한 능력을 지닌 팀원을 찾는다. 그들은 종종 향후 성장 과정에서 중요한 파트너로 활약하기도 한다. 그래서 팀원들은 상대에게 어떤 능력이 있는지, 어떤 가능성이 잠재되어 있는지 날카롭게 살펴본다.

학기가 막 시작되면 학생 대부분이 신통치 않은 성적을 거두기 때문에 팀원을 선택할 때는 실질적인 토론과 비즈니스 관련 대화를 통해 자신에게 보탬이 될 만한 능력과 경험이 상대에게 있는지 살핀다. 이러한 상황에서 개인의 입장, 독창성이 중요하게 작용한다. 팀원에게 자신이 중요한 공헌을 한 사람이라는 사실을 적극적으로 표현한다면 더 많은 관심과 격려를 받을 수 있다.

하버드의 지혜

하버드대학교에는 능력 없는 사람은 수단과 방법을 가리지 않고 다른 사람을 이용하려 하지만, 능력 있는 사람은 오히려 다른 사람에게 어떻게 해서든 이용당하려 한다는 말이 널리 퍼져 있다. 다른 사람을 이용하려는 것은 욕망과 야심에서 비롯된 것이지만, 누군가에게 이용되려는 것은 치밀한 계획과 전략에서 비롯된다. 자신의 가치를 진정으로 실현할 수 있는 사람은 누군가에게 이용당하는 것을 현명한 투자라고 생각한다. 그래서 자신의 가치를 다른 사람이 발견하고 이용할 수 있도록 자신의 가치를 높이는 데 집중한다.

하버드 논리학 강의

당신이 원치 않은 것을
남에게 억지로 미루지 마라

　2,500년 전에 중국의 유학자 공자는 자기가 하기 싫은 일을 남에게 미루지 말라고 했다. 사람과의 사귐에서 가장 기본이 되는 원칙으로서, 자기 생각을 남에게 강요하거나 자신이 원하는 것을 남에게 억지로 권하지 않는다는 뜻이다. 누군가가 자신에게 강요하는 것을 원치 않는다면, 자신도 다른 사람에게 강요해서는 안 된다. 사회에서 안정적인 기반을 쌓고 싶다면 다른 사람도 기반을 잡을 수 있도록 도와야 한다. 한마디로 말해서 자신의 마음에서 다른 사람의 입장을 따져보고 이해함으로써, 타인은 물론 자신도 도울 줄 알아야 비로소 사람 노릇을 할 수 있다.

　하버드대학교의 철학자들은 영국의 철학자 이사야 벌린(Isaiah Berlin)의 사상에 동의한다. 그들은 인간의 자유를 자신이 원하는 일을 마음대로 하는 적극적인 자유와, 자신이 하기 싫은 일을 피할 수 있는 소극적인 자유로 구분했다. 둘 중 무엇이 더 중요하냐는 질문에 그들은 주저 없이 소극적인 자유를 선택했다. "자신이 하찮게 생각하는 가치를 타인에게 부여할 때 '타인을 행복하게 만든다'라는 명분으로 타인의 자유를 착취할 수 있다." 이와는 상대적으로 자기가 하기 싫은 일을 남에게 미루지 말라는 공자의 주장은 자유의 진정한 의미에 좀 더 가깝지만, 현실적인 인간관계에서 실현될 가능성이 상대적으로 크지 않다.

흑인이 차지하는 비중이 압도적인 아프리카 국가가 있다. 하지만 해당 정부는 소수의 백인에 의해 운영되고 있었기에 백인들은 자신들의 피부색만 인정하고 백인만 지도자가 될 수 있다는 '백인 권리'를 제정했다. 그러면서 흑인은 백인 전용 공공장소에 출입하면 안 된다는 규정을 세웠다. 해당 규정이 생긴 뒤 현지의 백인들은 흑인을 무시하며 그들의 존재를 철저히 배척했다. 심지어 흑인을 세계에서 가장 더럽고 하등한 종족이라며 마주치는 것조차 혐오하기에 이르렀다.

어느 날, 아리따운 금발의 백인 여인이 해변에 놀러 와 일광욕을 즐겼다. 따뜻한 햇살과 부드러운 백사장, 모든 게 완벽했지만, 이곳에 흑인이 출입한다는 사실이 꽤 마음에 들지 않았다. 고된 여정이 힘들었던 여인은 자외선 차단제를 바르지 않고 잠이 들었다. 한숨 푹 자고 일어나자 해는 이미 저만치 기울어 있었다. 허기를 느낀 여인은 해변 근처의 식당을 찾았다.

그녀가 가게 문을 열자마자 가게 종업원이 '어서 오세요'라는 인사도 없이 쓱 하고 지나갔다. 여인은 뭔가 이상하다고 여겼지만, 대수로이 생각하지 않고 창가 근처의 의자에 앉아 종업원이 메뉴판을 가져다주기를 기다렸다. 15분이 지나도록 가게 종업원이 메뉴판을 가져오지 않자, 여인은 슬슬 화가 나기 시작했다. 게다가 자신보다 늦게 온 손님은 벌써 식사하는 것이 아닌가! 여인이 주인에게 항의하기 위해 막 걸음을 뗀 순간, 거울에 비친 자기 모습이 한눈에 들어왔다. 흑인처럼 새까맣게 탄 자기 모습에 놀란 여인은 그제야 흑인들이 사회로부터 어떤 차별과 냉대를 받는지 깨달을 수 있었다.

모든 사람은 공정하고 공평한 환경에서 자신이 원하는 삶을 살며 타인으로부터 존중받기를 원한다. 하지만 현실에서 우리는 종종 자기 생각을 타인에게 강요하고 그것이 상대를 위한 것이라고 말한다. 하지만 그로 인해 타인의 삶과 생각에 어둠의 그림자가 드리워진다는 사실을 알지 못한다. 타인에게 의견을 제시하거나 무언가를 강요할 때 누군가가 자신에게 똑같은 짓을 했다면 내 기분이 어떨지 먼저 반문해 보자. 자신의 물음에 '아니오'라고 답한다면 부디 당신의 생각과 의견을 조용히 보류해 두라.

루스벨트 대통령은 젊은 시절 해군 보좌관으로 활약했다. 어느 날, 면회 온 친구를 만난 루스벨트는 허심탄회 이야기를 나누며 즐겁게 지냈다. 그러던 중 친구가 우연히 다른 사람에게서 들은 군사기밀이 생각났다며 은밀하게 입을 열었다. "미국 해군이 카리브 해안의 섬에 군사기지를 짓는다고 하던데 그게 정말인가?"

친구의 말에 루스벨트는 눈살을 찌푸렸다. 친구가 궁금해하는 이야기는 군사기밀이었기에 외부로 새어 나가서는 안 되었기 때문이다. 자신의 본분을 지키면서 친구의 기분을 상하게 하지 않을 방도가 무엇인지 고민하던 루스벨트가 갑자기 주변을 둘러보더니 목소리를 낮추며 입을 열었다.

"다른 사람에게 군사비밀을 말하지 않겠다고 약속해 줄 수 있겠나?"

"당연하지, 반드시 비밀을 지키겠네!"

"좋아. 그럼 나도 비밀을 지키지!"

하버드의 지혜

사람과 사람이 사귀는 과정에서는 서로의 관념, 이익, 개성이 모두 다르기에 충돌과 갈등을 피할 수 없다. 이를 막을 수 있는 가장 효과적인 방법은 자신이 원하지 않는 일, 받아들이지 않으려는 생각, 자신이 인정하지 못하는 주장과 개념을 상대에게 일방적으로 강요할 것이 아니라 상대의 입장, 눈높이에서 바라보는 것이다.

하버드 논리학 강의

논리 규칙과 투자, 게임이론

논리적 규칙은 사유형식 사이에 존재하는 필연적 연계 관계를 반영한 규칙이다. 일반논리학의 기본 규칙은 추상적인 사유 중 논리 형식의 기본 규칙으로서, 동일률, 모순율, 배중률이 여기에 포함된다. 기본적인 논리 규칙은 사람 사이의 약속을 통해 형성되는 것이 아니며, 어떠한 의지의 규정을 구체화한 것도 아니다. 과학적 규칙으로서, 인간의 오랜 실천 활동을 통해 사유 활동에 대한 일반적인 규칙을 하나로 합치고 인지한 결과물이 바로 기본적인 논리 규칙이다. 정확한 사유 활동과 변론은 반드시 기본적인 규칙에 부합되어야 하며, 기본적인 논리 규칙에 어긋나는 사유와 변론은 결코 정확할 수 없다.

하버드대학교 박사이자 저명한 경제학자인 폴 새뮤얼슨(Paul Samuelson)은 현대사회에서 교양 있는 사람이 되고 싶다면 게임이론을 이해해야 한다고 지적했다. 게임이론은 이성적인 행동을 하는 대상의 상호작용적인 관계를 연구하는 이론으로서, 경제학, 정치학, 사회학 등 다양한 영역에서 응용된다. 최신 경제학의 국제관계 이론에 이르기까지 게임이론은 광범위하면서도 지대한 영향력을 자랑한다. 일부 하버드대학교 경제학자들은 '게임이론으로 경제학을 다시 쓸 수 있다'라고 표현하기도 했다. 사람이 있는 곳이라면 게임이 존재하고 게임이 펼쳐지는 곳에는 게임이론이 필요하다. 게임의 규칙을 많이 알수록 치열한 경쟁사회에서 좀 더 쉽게 출구를 찾을 수 있고 업무의 효율을 최대화함으로써 성공할 가능성을 높일 수 있다.

개념의 혼동으로
생겨나는 오해

상쾌한 햇살을 맞으며 가게 문을 여는 이발사. 기쁜 마음도 잠시 최근 마을 동네에 나타난 건달만 생각하면 명치끝이 쿡쿡 쑤시는 것 같았다. 그도 그럴 것이 매일 머리를 손질해 달라고 드나드는 주제에 한 번도 돈을 낸 적 없었기 때문이다. 돈을 내라고 할 때마다 건달은 말도 안 되는 핑계를 잔뜩 늘어놓거나 짐짓 화난 척하며 이발사를 위협하기 일쑤였다. 괜히 성질이라도 건드려서 장사를 방해할 것 같아 걱정된 이발사는 그동안 꾹 참아왔지만 더는 당할 수 없다는 생각에 호시탐탐 기회를 엿봤다.

그러던 어느 날, 건달은 평소와 다름없이 건들거리며 가게 문을 열고는 머리를 **빡빡** 밀어달라고 하더니 수염도 깎아달라고 능청스레 이야기했다.

"눈썹도 미시겠습니까?"

"두말하면 잔소리! 말도 안 되는 얘기를 귀찮게 뭐 하러 일일이 물어본단 말이오?"

"알겠습니다. 눈썹도 밀죠." 면도칼이 몇 번 오고 가고 하더니 건달의 얼굴에서 눈썹이 사라졌다. 손에 떨어진 눈썹을 발견한 건달의 얼굴이 붉으락푸르락하더니 가게 안이 떠내려갈 만큼 커다란 괴성을 질러댔다.

"대체 이게 어떻게 된 거야? 내, 내 눈썹을 왜? 도대체 이게 무슨 짓이야?"

"방금 제가 묻지 않았습니까? 그러자 손님께서 눈썹도 깎으라고 하셨잖아요." 꿀 먹은 벙어리가 된 건달에게 이발사는 턱수염을 어떻게 할 건지 물었다.

"필요 없어!"

"예, 필요 없다고 하셨군요." 또다시 이발사의 면도칼이 건달의 얼굴을 몇 번 스치더니 덥수룩한 수염이 몽땅 사라지고 말았다. 수염이 바닥에 떨어지는 것을 확인한 이발사가 건달에게 거울을 건넸다. 머리는 물론 얼굴에서 털이 몽땅 사라진 모습에 건달은 아무 말도 할 수 없었다.

이 이야기에서 이발사는 '원하다/필요하다'라는 개념을 왜곡하는 방식을 사용해서 자신을 괴롭힌 건달을 골탕 먹였다. 이발사가 논리를 전혀 알지 못하는 건달을 혼내주기 위해, 일부러 벌인 짓이지만 실제로 그는 논리학의 동일률을 위반하고 말았다.

동일률은 형식논리의 기본 규칙 중 하나로서, 동일한 사유 과정 중 반드시 동일한 개념과 판단에서 사용하되 서로 다른 개념, 판단과 혼동하지 않아야 한다. 동일한 사유 과정에서 모든 사유는 항상 사유 그 자체와 같다는 것은 의심할 여지가 없는 사실이다. 사람의 주관적 의식에 의존하지 않는 것은 물론, 특정 개인의 주관적 의식 변화에 따라 변화하는 것도 아니다. 이러한 필연성과 객관성은 사람이 인지한 객관적 존재다. 그러므로 정확한 사유 활동은 반드시 동일률을 따라야 하며, 동일률의 법칙을 위반하면 논리적 오류를 범하게 된다.

개념적인 측면에서 동일률은 동일한 사유 과정에서 운용하는 모든 개념의 내포와 외연 모두 확정되어야 한다고 요구한다. 서로 다른 개념을 같은 개념으로 간주할 때 무의식적으로 논리 오류를 저지를 수 있는데, 우리는 이를 개념의 혼동이라고 부른다. 구체적인 사유에서 개념의 혼동 또는 개념의 왜곡은 동일한 낱말을 사용해 의미를 바꾸거나 이질적인 낱말을 사용해 의미를 바꾸는 형태로 종종 나타난다.

판단이라는 측면에서 동일률은 동일한 사유 과정에서 발생하는 모든 판단의 함의가 반드시 명료하고 같으며 전후 관계가 일치할 것을 주문한다. 서로 다른 논제(판단 또는 명제)를 동일 논제로 간주해서 무의식적으로 저지르는 논리 오류를 '논제 전이'라고 부른다. 그리고 일부러 특정 논제를 사용해서 기존 논제를 은근슬쩍 바꾸는 것을 '논제 왜곡'이라고 부른다.

톰: "딕, 다른 사람을 비평할 때 너무 거칠어. 앞으로는 좀 더 조심하는 게 좋겠어."

딕: "모든 국민은 비평할 권리가 있어. 내겐 그런 권리가 없다는 거냐? 위대한 인
　　물들은 비평은 물론 자아비판을 긍정적으로 평가했는데, 넌 그렇지 않나 보
　　구나."

누가 봐도 딕의 대답은 억지 논리로서 전형적인 '논제 왜곡' 현상
에 속한다.

논제 전이 또는 논제 왜곡의 논리적 오류는 실제 사유에서 핵심에
서 벗어나 제목과 본문이 서로 매칭되지 않는 경우, 질문에 대한 엉
뚱한 대답, 심지어 독선적인 주장, 삼천포로 빠지는 등의 현상으로
쉽게 나타날 수 있다.

사유의 대상은
명확해야 한다

한 신문사에서 다음과 같은 글을 게재했다. "삶에 미술이 없어서는 안 된다. 대자연은 캠퍼스처럼 화려하고 장엄하다. 인간의 아름다운 외모, 아름다운 마음, 아름다운 삶, 아름다운 세계 역시 그림처럼 사람의 마음을 따뜻하게 달래 그 아름다운 분위기 속에 취하게 만든다."

'삶에 미술이 없어서는 안 된다'라는 첫 구절은 당연히 미술에 대한 작가의 감상을 드러낸 것으로, 이러한 감상을 얻게 된 구체적인 경위나 설명이 뒤따라야 한다. 하지만 글쓴이는 갑자기 대자연의 아름다움을 비롯해 인간의 아름다운 외모, 아름다운 마음, 아름다운 삶, 아름다운 세계에 관한 이야기를 늘어놓는다. 아름다움과 미술이 밀접한 관계를 맺고 있지만 그렇다고 해서 같은 존재는 아니다. 쉽게 말해서 온갖 아름다움을 늘어놓는다고 해서 '삶에 미술이 없어서는 안 된다'라는 이유를 정확히 설명할 수 없다. 이 에피소드는 본문과 제목이 서로 불 일치하는 상황을 한눈에 보여준다.

논리적으로 봤을 때, 이는 사유의 대상이 부정확해서 발생하는 현상이자 동일률을 위반한 상황이라 하겠다. 사유의 대상이 명확해야 한다는 것은 형식논리의 동일률에서 가장 기본적으로 요구하는 조건이다. 그중에서도 사람들이 사유 활동을 할 때 자신이 생각하는 문제가 무엇인지부터 정확히 파악하는 것이 무엇보다도 중요하다. 이 문제 저 문제 왔다 갔다 번갈아 가며 고민해서는 안 된다. 자기 생각을 드러낼 때도 마찬가지다. 위의 사례에서 글쓴이의 사유 활동은 예정된 대상을 중심으로 전개되지 않았다. '미술'이라는 대상을 언급한 후 곧바로 '아름다움'이라는 또 다른 대상을 언급하는 바람에 예정된 사유의 대상은 빈껍데기로 전락하고 말았다.

글은 반드시 그 '주제'에 맞아야 한다고 말한다. 여기서 말하는 '주제'란 예정된 사유의 대상을 가리킨다. '사유의 대상은 명확해야 한다'라는 규칙을 지키지 않으면 주제에 맞지 않는 말 때문에 문장 전체가 주제에서 벗어날 수 있다. 예를 들어 한 병원의 주사실에 '주사실 소독 제도에 관한 10가지 주의 사항'이 게시됐다. 그중 일곱 개의 조항은 소독과 관련된 내용이었지만 나머지 세 개 조항은 소독과는 아무런 관련도 없는 내용이다.

'의사가 발급한 처방에 따라 주사해야 한다.',

'환자의 증세를 확인한 후 치료와 관련된 설명을 제공함으로써 환자의 궁금증을 해소한다.',

'주사 전에 반드시 약명, 용량을 확인한 뒤 주사제의 혼탁 여부, 유통기한 등을 확인한다.'.

해당 규정은 자체적으로는 아무런 문제도 없지만 '주사실 소독 제도에 관한 10가지 주의 사항'에 포함되기에는 주제와 맞지 않는 부분이 많다.

'주사실 소독 제도에 관한 10가지 주의 사항'에 불필요한 내용이 포함된 까닭은 무엇일까? 논리적으로 봤을 때, 주의 사항을 규정한 당사자는 소독 제도를 다루는 과정에서 사유의 대상은 반드시 명확해야 한다는 규칙을 위반했기 때문이다. 이러한 걸 우리는 '사족', 또는 '생각의 곁가지'라고 부른다. 주제에 전혀 맞지 않은 것이 아니라, 사유 대상을 제시한 후에 해당 대상에 대한 설명 없이 다른 대상을 다루는 것을 가리킨다.

일반적으로 주제와 아무런 관련도 없는 내용을 갑자기 떠올릴 수는 없다. 본질을 벗어난 곁가지는 대개 주제와 모종의 관련을 맺고 있기 마련으로, 주의 사항과 소독 모두 주사실의 업무 범위에 포함되는 바람에 주제에 맞지 않는 내용을 끌어들이고 말았다. 이러한 사례는 우리 주변에서 심심치 않게 찾아볼 수 있다. 아프리카 부족을 설명하는 자료에서 아프리카 원주민이 외지에서 온 손님을 성대히 맞이한다는 이야기를 소개하면서 갑자기 아메리카 대륙에서 가장 오랜 역사를 자랑하는 인디언에 대한 설명이 등장한다. 인디언 역시 외부의 손님을 정성껏 접대한다는 설명에 이어 이번에는 러시아인, 유대인, 심지어 에스키모인의 풍습을 소개하는 내용이 이어진다.

세상에 존재하는 모든 사물은 서로 얽히고설킨 채 살아간다. 문제에 대해 고민할 때 문제의 대상과 적당한 관계를 맺고 있는, 해당 문제를 해결하는 데 도움이 되는 또 다른 문제가 반드시 존재하는데 이를 '곁가지'라고 부를 수 없다. 문제의 핵심과 관련된 문제의 경계를 명확히 파악하려면 원래 사유의 대상부터 명확히 인식해야 한다.

첫째로 항상 해당 문제를 출발점 삼아 사유의 영역을 확대하고 사고의 구체적인 내용을 적용해야 한다. 둘째 관련된 내용이 기존의 사유 대상과 밀접한 관련이 있는지 판단해야 해당 대상을 파악하고 설명하는 데 도움이 된다. 셋째 사유의 대상과 적당한 수준의 연관성을 유지해야 한다. 지나치게 확대해석해서는 아니 된다.

하버드 논리학 강의

자아 모순의 궁지

　고대 초나라에 창과 방패를 파는 장사꾼이 살았다. 마을 장터가 열리던 날, 무기상은 방패를 꺼내 들며 큰 소리로 외쳤다. "이 방패로 말할 것 같으면 제아무리 날카로운 창으로도 뚫을 수 없을 만큼 견고하답니다." 그런 뒤에 이내 창을 휘두르며 입을 열었다. "이 창이 뚫을 수 없는 건 이 세상에 없답니다. 어떤 방패도 단번에 꿰뚫어 버리죠." 그러자 지나가던 구경꾼이 창과 방패를 가리키며 물었다. "당신 창으로 방패를 뚫어보면 어떻게 될 것 같소?" 그 말에 장사꾼은 일순간 꿀 먹은 벙어리가 되고 말았다.

　창과 방패는 고대 전쟁에서 가장 흔히 사용하던 병기로, 창은 적을 공격하는데 방패는 날카로운 창의 공격에서 자신을 보호하는 데 사용된다. '어떤 창으로도 뚫을 수 없는 방패'와 '어떤 것도 꿰뚫을 수 있는 창'은 동시에 존재할 수 없다. 창과 방패를 파는 장사꾼의 상호 부정적인 태도는 두 가지 중 하나는 분명 거짓이라는 뜻이다. 논리적인 측면에서 장사꾼은 모순율을 위반했기 때문에 구경꾼의 질문에 입을 꾹 다물 수밖에 없었다.

모순율은 동일한 사유 또는 변론 과정에서 상호부정적인 두 개의 사상이 동시에 존재할 수 없음을 참으로 인정하는 데서부터 출발한다. 다시 말해서 동일 대상에 대한 긍정과 부정이 동시에 존재할 수 없으며, 둘 중 하나는 반드시 거짓이라는 뜻이다. 모순율이 지닌 필연성과 객관성은 객관적 세계의 규율성에 대한 사람들의 인식과 반응을 의미한다.

모순율의 내용에서 우리는 하나의 결론을 얻을 수 있다. 모순율은 동일한 사유 과정 또는 변론 과정에서 상호부정적인 두 개의 명제가 동시에 모두 참은 아니라고 주장한다. 다시 말해서, 같은 시간과 관계에 있는 같은 대상이 동일한 측면에 대해 모순관계 또는 반대 관계를 지닌 두 가지 명제를 갖고 있다면 두 명제가 동시에 모두 참일 수 없다. 해당 조건을 위반하면 '자아 모순'의 논리적 오류에 빠질 수 있다. 예를 들어 우리는 동일한 인물에 대해 '현지인'과 '외지인'이라는 표현을 쓸 수 없다. 특정인의 죽음에 대해 '자살'과 '타살'이라는 표현도 동시에 사용할 수 없다. 이러한 논리적 모순은 실제 사유에서 쉽게 피할 수 있지만 일상생활에서 쉽게 느낄 수 없는 모순도 종종 등장하므로 실제 사유 시 특별히 주의해야 한다. 이를테면 '일란성 세쌍둥이'라는 말에서 '난성(卵性)'이라는 단어 자체는 쌍둥이를 가리키므로 '세 자매'와는 의미가 상충한다.

모순율은 사유에 모순이 존재하지 않도록, 즉 처음부터 끝까지 일관성을 유지하도록 돕는다. 사상이 정확해지려면 사유에 모순이 없어야 하는 것은 기본 중의 기본이다. 언제 어디서든, 어떤 문제에 맞닥뜨리게 되든지 동일한 사유 과정에서 모순이 없는 사유 상태를 유지할 수 없다면 현실을 오롯이 마주할 수 없다.

과학 체계를 구축이라는 측면에서 논리적 모순이 포함된 과학이론이 존재한다면 해당 이론은 성립될 수 없다. 논리적 모순이 포함되면 과학적이라든가 신뢰할 만큼 엄격하다고 이야기할 수 없다. 모순율 역시 오류를 밝히고 궤변에 반격을 가하는 효과적인 무기다. 오류와 궤변은 잘못된 생각과 모호한 표현을 옳은 것처럼 보이도록 허상을 교묘히 뒤집어쓰고 있다. 잘못된 생각과 효과적이지 못한 표현은 논리적 모순을 담고 있다. 특히 궤변론자는 사실을 적극적으로 외면하는 한편, 사실을 전혀 살피지 못하기에 같은 사실에 대해서 이랬다저랬다 하는 경향을 보인다. 또는 같은 사실을 인정하는 것처럼 굴면서 실제로는 이를 부정함으로써 자아 모순의 함정에 빠지게 된다. 이러한 상황에서 모순율을 이용해 일관성을 잃은 부분을 찾아냄으로써, 오류를 밝히고 궤변을 반박하는 중요한 도구로 사용할 수 있다.

모순율은 정확한 사유와 효과적인 표현을 위한 필수 조건이지만 동일률과 마찬가지로 사유 영역에서만 작용한다. 그러므로 모순율을 사용할 때 다음 두 가지 내용에 주의해야 한다.

첫째, 논리적 모순과 변증법적 모순을 엄격하게 구분해야 한다.

변증법적 모순은 상반되는 두 개의 내용을 하나로 간주하는 오류를 가리킨다. 자연계와 사회의 모든 사물과 사람의 사유에 존재하는 변증법적 모순은 사물이 발전하는 데 필요한 동력이자 원천이다. 변증법적 모순은 현실에 실존하는 모순과 사상 체계 간에 존재하는 모순으로 대략 구분할 수 있다. 그중에서 실존하는 모순은 객관적 사물이 자체적으로 가지고 있는 모순, 다시 말해서 사물이 태생적으로 간직하고 있는 대립 면의 투쟁과 통합을 가리킨다. 변증법적 모순의 두 가지 모순 모두 객관적으로 존재하므로 회피할 수 없다. 그래서 변증법적 모순은 논리적 모순과 달리 인위적으로 배제할 수 없다. 이에 반해 논리적 모순은 사유 과정에서 인간이 모순율을 위반했을 때 발생한다. 논리적 모순은 반드시 회피하고 배제해야 한다. 이런 점 때문에 논리적 모순과 변증법적 모순을 한데 놓고 이야기해선 안 된다.

둘째, 모순율이 조건을 따진 점에 주의해야 한다. 모순율은 객관적 사물의 내재적 모순을 부정하지 않을 뿐만 아니라, 객관적 사물의 사상적 인식에 존재하는 모순을 반영한다는 것을 부정하지 않는다. 모순율은 같은 시간, 같은 관계에서 동일한 사물에 대해 두 가지 상반된 판단을 내릴 수 없다는 조건을 반드시 수반한다. 예를 들어 같은 설비 또는 같은 관념을 몇 년 전까지만 해도 앞선 문물이라고 이야기했지만, 이제는 시대에 뒤떨어졌다는 평가를 받기도 한다. 이러한 두 가지 상호부정적인 판단은 모두 참일 수 있다.

'모호한' 논리적 모순

셰익스피어의 작품 《베니스의 상인》에는 다음과 같은 이야기가 등장한다.

아리따운 외모와 뛰어난 재주를 지닌 소녀 포시아. 게다가 부자 아버지를 둔 그녀에게 많은 젊은이가 청혼했지만 모조리 거절당했다. 좀 더 정확히 말해서 그녀에게는 사랑하는 남편을 고를 수 있는 자격이 없었다. 왜냐면 자신이 낸 문제를 푼 사람에게 딸을 주겠다는 아버지의 유언 때문이었다. "제게는 황금, 백은, 구리로 만든 상자가 세 개 있습니다. 이 중 하나의 상자에 제 초상화가 들어있습니다. 상자에 새겨져 있는 문구를 보고 초상화가 어느 상자에 들어 있는지 맞힌 사람에게 시집가겠습니다."

황금 상자: 초상화는 이 상자에 들어있지 않다.

백은 상자: 초상화는 황금 상자에 들어있다.

구리 상자: 초상화는 이 상자에 들어있지 않다.

그리고 옆에 있던 종이에는 '세 마디 말 중 하나만 진실이다'라는 글이 적혀 있었다.

수많은 젊은이가 도전했지만, 누구도 정답을 맞히지 못했다. 그러던 중 바사니오라는 이름의 청년이 포시아에게 한눈에 반해 문제를 풀겠다고 찾아왔다. 먼저 각각의 상자에 새겨진 글귀와 종이에 적힌 글을 본 바사니오는 잠시 생각에 잠기더니 포시아에게 조용히 입을 열었다. "그대의 초상화는 구리 상자에 들어 있습니다." 그 말에 포시아가 정답이라고 고개를 끄덕이며 어떻게 맞혔는지 이유를 들려달라고 했다. "황금 상자에 새겨진 말과 백은 상자에 새겨진 말은 서로 모순되니 두 내용 모두 거짓일 리 없다고 생각했습니다. 그렇다면 둘 중 하나는 참이라는 말인데 마침 종이에도 세 가지 문구 중에서 진실은 오직 하나라고 적혀 있었죠. 그렇다면 황금 상자와 백은 상자 중 한 곳에 새겨진 내용이 참이라는 뜻이 되겠죠. 그렇게 되면 정황상 구리 상자가 거짓일 수밖에 없는데 '초상화가 이 상자에 들어있지 않다'라는 명제가 거짓이라고 했으니, 초상화는 당연히 이 안에 들어있다는 뜻이라고 생각했습니다."

단순히 정답을 맞힌 것뿐만 아니라 정확한 근거까지 제시한 바사니오에게 마음을 뺏긴 포시아는 약속대로 그의 아내가 되겠다며 수줍게 고백했다. 위의 이야기에서 바사니오는 논리학에서 '배중률'이라고 부르는 규칙을 인용해 문제를 풀었다. 배중률은 동일한 사유 과정에서 두 가지 상호 모순적인 사상은 모두 거짓일 수 없으며 반드시 참이 존재한다는 내용을 기본원칙으로 삼는다. 다시 말해서 동일한 대상에 대한 긍정과 부정 모두 동시에 '거짓'일 수 없다는 뜻이다. 예를 들어 '안나는 하버드대학교에서 공부한다'와 '안나는 하버드대학교에서 공부하지 않는다'라는 두 가지 명제는 상호 모순이므로 두 명제가 동시에 모두 거짓일 리 없다. 둘 중 하나의 명제는 반드시 참이어야 한다. 다시 말해서 이 중 하나를 부정하면 나머지 하나의 명제는 반드시 긍정해야 한다. 하나의 명제가 참이라고 인정하면 나머지 명제는 거짓이라고 인정할 수밖에 없다. 그렇지 않으면 '모호한' 논리적 오류를 범하게 된다.

'모호함'이란 두 가지 상호 모순적인 사상에 대해 분명하게 긍정 또는 부정하지 않는 것을 가리킨다. 쉽게 말해서 참과 거짓 사이에서 절대 존재하지 않는 제3의 가능성을 찾으려 한다는 오류를 보여준다. 예를 들어 "이번 사건의 양형에 대해 적당하다는 사람이 있는가하면, 양형이 너무 무겁다, 또는 너무 가볍다고 이야기하는 사람도 있다. 나는 이들의 견해가 모두 옳지 않다고 생각한다." 이 문장에서는 양형이 무겁다거나 또는 가볍다는 평가 모두 양형이 적당하지 않다고 말한다. 동일한 사유 과정에서 '양형이 적당하다'라는 내용을 부정했을 뿐만 아니라 '양형이 적당하지 않다'라는 평가를 모두 부정하는 오류를 범했다.

배중률 역시 논리적 사유의 규칙 중 하나로서, 동일한 사유 과정에서 두 가지 상호 모순된 사상에 대해 이도 아니고 저도 아닌 부정확한 선택을 내리는 것을 뜻한다. 그러므로 배중률을 인용할 때는 '동일한 사유 과정' 하에서 적용 범위를 모색하는 데 있어 다음과 같은 내용을 주의해야 한다.

첫째, 모순관계가 아닌 사물을 동시에 부정한다고 해서 배중률을 위반하는 것은 아니다. '경기 결과, 우리 팀은 이기지 않았지만 지지도 않았다.', '이 꽃의 색상은 붉은색도 아니고 흰색도 아니다.'. 객관적 사물에는 두 가지 이상의 상황이 존재할 수도 있고 중간상태를 보일 수도 있다. 대립적인 상황만 부정한다고 해서 배중률을 위반하는 것은 아니다.

둘째, 아직 확인되지 않았거나 확인하기 어려운 사물에 대해 불명확한 상황을 취한다고 해서 배중률을 위반하는 것은 아니다. '외계인의 존재 여부에 대해 나는 단정할 수 없다.', '곧 실시된 새로운 정책에 대해 성공 여부를 단정할 수 없다.'. 할 수 없다는 이유, 하고 싶지 않다는 이유 또는 하기 어렵다는 여러 가지 원인 중에서 사람들은 결단을 내려야 할 때, 즉 확인해 줄 수 없거나 가부를 명확히 밝힐 수 없다고 해서 배중률을 위반했다고 볼 수 없다. 그뿐만 아니라 논리적인 측면에서도 비난할 수 없다.

셋째, 복잡한 물음에 정확히 답할 수 없다고 해서 배중률을 위반한 것은 아니다. 이른바 '복잡한 물음'이란 상대가 가지고 있지 않거나 받아들일 수 없는 답을 미리 가정한, 부적절한 물음을 가리킨다.

예를 들자면 하버드대학교를 다닌 적 없는 사람에게 지금 하버드대학교에 재학 중이냐고 묻는 것과 같은 논리다. 이 물음에 대해 상대는 부정도 긍정도 할 수 없다. '하버드대학교에서 공부한 적 있다.'라는 판단을 전제로 한 '복잡한 물음'이기 때문이다. 이에 '예' 또는 '아니요'로 대답하는 것은 질문자의 가정을 인정하지 않는 것과 같다. 그래서 '복잡한 질문'은 모순적 관계를 지닌 생각에 해당하므로 이것 아니면 저것이라는 명확한 답변을 들려줄 수 없다.

보편적 논리
규칙 간의 관계

　동일률, 모순율과 배중률 모두 사람의 생각에 명확한 규칙이 있다고 주장한다. 사고의 형식이 동일하다는 관점에서 출발하는 동일률은 동일한 사유 과정에서 사상의 일관성을 강조한다. 한편 모순율은 '사고의 형식은 서로 호환될 수 없다'라는 관점에서 출발한다. 그래서 동일한 사유 과정에서 사고의 전후 맥락이 일관성을 유지해야 한다고 주장한다. 마지막으로 배중률은 사고의 형식 사이에서 반드시 취사선택해야 한다는 관점에서 비롯되며 동일한 사유 과정에서 사고의 명확성을 유지해야 한다고 말한다. 위의 세 가지 규칙은 서로 연계되어 있으면서도 보완적인 관계를 유지한다는 점에서, 전체적인 역할과 목적이 100% 일치한다.

동일률, 모순율과 배중률은 다음과 같이 구분될 수 있다.

첫째, 각자의 기본 내역이 다르다. 동일률은 사고의 동일성을 유지함으로써 사유의 정확성을 드러내야 한다고 주장한다. 사유의 방향이 참이 참으로 이어지거나, 또는 거짓이 거짓으로 이어지는 방식으로 전개된다. 모순율은 사유 중에서 논리적 모순을 제거함으로써 사유의 정확성을 표현해야 하며, 사유가 참에서 거짓으로 이어지는 방향으로 전개된다. 마지막으로 배중률은 상호 모순적인 사유형식 중에 반드시 하나는 참이라는 내용을 토대로 사유의 정확성을 추구한다. 그래서 사유 역시 거짓에서 참으로 이어지는 방향으로 전개된다.

둘째, 각자의 적용 범위가 다르다. 동일률은 모든 사고에 적용되어 참은 참, 거짓은 거짓이라며 명확히 강조한다. 상호 모순적인 사상은 물론 상호대립적인 사상에도 적용될 수 있는 모순율은 두 가지 명제 모두 동시에 참일 수 없다고 주장한다. 다시 말해서 두 가지 명제 중 하나는 반드시 거짓이다. 이에 반해 배중률은 상호 모순적인 사고에만 적용되며 상호대립되는 사고에는 적용되지 않는다. 두 가지 명제가 동시에 모두 거짓일 수 없으며 둘 중 하나는 반드시 참이라고 강조한다.

셋째, 논리적 요구에 따르지 않아 생기는 논리의 오류가 다르다. 동일률의 요구를 위반하면 개념의 혼동 및 논제의 왜곡이라는 오류를 범하게 된다. 모순율의 요구를 따르지 않으면 자아 모순의 함정에 빠지게 되고, 배중률의 요구를 무시하면 이도 저도 아닌 모호한 처지에 내몰리게 된다.

동일률, 모순율, 배중률처럼 밀접한 관계를 맺고 있는 규율을 우리는 충족 이유율이라고 부른다. 충족 이유율은 추리 또는 논증 과정에서 참이라고 여겨지는 판단은 충분한 이유를 내포하고 있음을 가리킨다. 이유로서의 판단은 진실해야 할 뿐만 아니라 참이라고 단정할 수 있는 판단을 반드시 도출해야 한다. '모든 청년이 모두 대학생은 아니다. 왜냐면 일부 청년이 대학생이 아니기 때문이다'는 문장을 예로 들어 살펴보자. 이 문장에서 '모든 청년이 모두 대학생은 아니다'라는 부분을 참으로 단정할 수 있다. '일부 청년은 대학생이 아니기 때문이다'는 부분은 이유로서의 판단에 속한다. 이 이유는 진실한 판단이며, 여기서 생겨나는 '참'은 대당관계(Opposition)에 따라 전반부 판단의 참을 반드시 도출하고 충족 이유율에 부합되어야 한다.

　　생각을 구체화하기 위해 우리는 표현해야 하고 논증해야 한다. 동일률, 모순율과 배중률은 모두 사고의 정확성을 강조하는 규율로서, 충족 이유율은 사유의 논증성을 강조하는 규율이다. 사유의 정확성을 유지하는 것은, 사유의 논증성을 위한 필수 조건이라 하겠다. 그래서 사고가 올바로 서지 않으면 어떠한 논증도 전개될 수 없다. 그러므로 논증 과정에서 동일률, 모순율과 배중률을 위반했다면 효과적인 논증이 결코 이뤄질 수 없다. 반대로 충족 이유율은 정확한 사유를 위한 기본 규칙으로서, 일상적인 사유에 대한 표현과 논술에서도 충족 이유율은 반드시 존재해야 한다.

　　충족 이유율의 기본 내역에 따르면 논리적 요구는 간단명료하다.

논증 과정에서 참으로 여겨지는 판단은 반드시 충분한 근거를 지녀야 한다는 것이다. 다시 말해서 진실해야 한다는 것이 첫 번째, 이유와 추론 사이에 필연적으로 논리 관계를 맺고 있어야 참으로 확신할 수 있는 판단을 이유에서 끌어낼 수 있다는 것이 두 번째 조건이 된다. 첫 번째 조건을 위반하면 거짓 이유라는 논리적 오류를 범하게 되고, 두 번째 조건을 무시하면 올바른 판단을 끌어낼 수 없다는 오류를 저지르게 된다. '그는 반드시 인재가 분명하다. 왜냐면 해외 유학 경험이 있기 때문이다'라는 문장에서 '그는 반드시 인재가 분명하다'와 '해외 유학 경험이 있으면 모두 인재다'라는 내용은 이유에 속한다. 하지만 그 이유가 거짓이므로 충족 이유가 될 수 없다.

'풍요로움'과 '경제학'의
논리적 관계

    풍요로움은 물질과 정신적 풍요로움으로 나뉜다. 그중에서도 우리의 관심을 사로잡는 것은 여전히 물질적 풍요로움이다. 재화를 획득하는 방법에 관해 이야기하기 전에, 물질적 풍요로움과 경제학의 관계를 이론적으로 탐색하는 작업이 선행되어야 한다. 경제학을 배운다고 해서 지금 당장 빌 게이츠나 워런 버핏처럼 부자가 되는 것은 아니지만, 그들이 맨손에서 세계 최고 갑부의 반열에 오르게 된 이유를 깨달을 수 있을 것이다. 하버드대학교의 한 경제학 교수는 이 시대 청년들에게 '서른 살 이전에는 체력으로, 서른 살 이후에는 머리로 돈을 벌어야 한다'라고 조언했다. '경제학 원리'에 대한 교수의 남다른 해석과 깊이를 단박에 느낄 수 있는 대목이다.

경제학 연구는 사회가 희소한 자원을 이용해 가치를 지닌 물건과 노동을 생산하는 방법, 또 이를 여러 사람에게 합리적으로 분배하는 방법을 연구한다. '경제학의 아버지'라 불리는 애덤 스미스의《국부론》은 근대 경제학의 대표작으로 평가된다. 그런 점에서 '경제'는 우리의 현실적인 삶과는 다소 거리가 먼 것처럼 느껴지지만 막상 그렇지 않다. 개인의 부와 국가의 부 사이에 유사한 점이 상당히 많기 때문이다. 애덤 스미스가 설명한 국민의 재화를 낳는 두 가지 결정적인 요소를 개인의 재화에 적용했을 때 돈을 벌어다 주는 기술, 기교와 판단력, 그리고 유능한 인재의 양성이라는 결론에 도달할 수 있다. 좀 더 직설적으로 이야기해 보자. 만일 당신이 외국기업에서 근무하는 화이트칼라라면, 당신이 돈을 버는 기술, 기교와 판단력이 청소부보다 조금이라도 낫다면 아마도 더 많은 돈을 벌 것이다. 당신과 당신의 아내 또는 남편 모두 화이트칼라라면 미혼인 화이트칼라 혹은 부부 두 사람 중 한 명만 화이트칼라인 가정보다 더 많은 소득을 올릴 것이다.

이렇듯 개인의 '풍요로움'과 '경제학'이 긴밀히 연결되어 있다는 점에서 경제학은 '세상을 다스리고 백성을 구한다'라는 학문이라 불린다. 국가의 발전을 촉진할 뿐만 아니라 개인에게 물질적 풍요를 가져다준다는 점에서 무척 매력적이다! 무언가를 배우기 전에 배움의 목표를 명확히 확립하는 작업은 반드시 선행되어야 한다. 무턱대고 이론부터 공부해 봤자 아무런 효율도 없기 때문이다. 확실한 명분, 또는 동기가 있어야 학습의 효과도 높아지는 법이다.

먼저 '풍요로움'의 뜻에 대해 알아보자. 당신 앞에 재벌가 출신의 A와 대기업 직원 B가 서 있다. A는 거액의 유산을 물려받았지만, 그 돈으로 사업 규모를 확장하기는커녕 투자조차 꺼릴 정도로 손이 작다. A씨에 미치지 못하지만, B 역시 모두가 부러워하는 고액 연봉의 주인공이다. 하지만 그는 지금의 성과에 만족하지 못하고 인터넷에서 친구와 함께 쇼핑몰을 열고 디지털 관련 제품을 판매했다. 두 사람 중 누가 더 부유한가?

보수적인 사람은 거액의 재산을 허투루 쓰지 않고 잘 간수하고 있는 편이 물질적인 것은 물론, 심리적으로도 훨씬 안정적이라고 생각한다. 하지만 장기적인 관점에서 보자면 B는 경력, 쇼핑몰 사업의 수익이 증대할수록 더 큰 돈을 벌 수 있다. 게다가 부업인 쇼핑몰을 운영하면서도 큰 어려움 없이 회사 생활도 척척 해낼 정도라면 인맥 관리 능력도 뛰어날 것이다. 젊은 소비자를 공략한 쇼핑몰을 개설할 만큼 시대의 흐름을 읽는 안목도 뛰어나고 손익 계산에 능할 만큼 머리 회전도 빠를 것이 분명하다. 이와 대조적으로 A는 구두쇠처럼 제 손에 쥔 돈을 지키는 데 급급한 나머지 멀리 내다보지 못하고 그저 손에 쥔 돈이 한푼 두푼 줄어드는 걸 무력하게 바라볼 뿐이다. 손에 쥔 돈이 모두 사라지고 나면 대체 어떻게 된 일인지 A는 전혀 알지 못할 것이다. 이렇듯 장기적으로 볼 때 B가 A보다 부유하다는 결론을 얻을 수 있다. 설사 B가 회사를 그만두거나 쇼핑몰 사업이 망한다고 해도 그에게는 '재도전'할 수 있는 충분한 능력이 있다.

애덤 스미스의 또 다른 경제학 관점, 즉 돈이 저절로 굴러가는 자유경제에 관한 사례를 살펴보도록 하자.

애덤 스미스가 세상에 이름을 알리기 전에, 황금은 당시 사회에서 통용되는 부의 상징이었다. 더 많은 황금을 지닌 개인 또는 국가가 사회적, 국제적으로 힘을 과시할 수 있었기에 금광을 찾아나서는 '골드러시'가 전 세계적으로 크게 유행했다. 당시에는 달러, 유로화 등의 화폐가 존재하지 않아 사람들은 각종 거래에 황금을 사용했다. 황금의 유실을 막기 위해 정부는 수입을 최대한 제한하는 반면, 황금이 자국으로 대량 유입될 수 있도록 수출을 확대하는 데 갖은 방법을 동원했다.

하지만 애덤 스미스는 황금을 제아무리 많이 갖고 있어도 부자가 될 수 없다며 당시의 정부 정책을 반대했다. "황금은 먹을 수도 없고 입을 수도 없다. 배를 채울 먹거리가 없고, 비바람과 추위로부터 우리를 지켜줄 옷이 없다면 황금이 아무리 많아도 소용없다."

애덤 스미스는 한 국가의 재화는 보유한 황금의 양이 아니라 먹을거리, 의복 등 얼마나 많은 필수품을 보유하고 있느냐에 달려있다고 주장했다. 그 밖에도 그는 국가가 부유해지려면 해당 국가의 정부가 수출에 더 이상 관여하거나 제한해서는 안 된다고 지적했다. 국가가 부유해지는데 정부가 할 수 있는 일은 없으니, 치안 유지나 범죄 관리와 같은 일에만 집중해야 한다고 설명했다. "가능하다면 정부는 그저 조용히 구석에 처박혀 아무것도 하지 않는 것이 최선입니다. 그게 정부가 국가 발전을 위해 할 수 있는 일입니다." 애덤 스미스의 이론에 힘입어 자유주의 경제는 급속히 발전하며 100여 년 동안 자본주의 사회에 번영을 선사했다.

애덤 스미스는 정부를 위한 경제 계획을 마련하는 한편, 일반 대중을 위한 경제학 수업도 진행했다. 국가가 부유하려면 수익을 창출하는 것 외에도 소비가 수반되어야 한다고 그는 주장했다. 생필품을 사거나 다른 이유로 재화를 소비해야 수익과 소비 사이에 선순환이 일어난다고 설명했다. 개인도 마찬가지다. 돈을 벌고 저축하는 것 외에도 돈을 쓸 줄 알아야 한다. 기본적인 생존을 위한 소비 외에도 다양한 수요를 만족시킬 수 있는 소비를 할 줄 알아야 진정으로 부유해질 수 있다.

위기 뒤에 숨은 기회

월스트리트 증권거래소에서 거래금액이 가장 큰 편에 속하는 톰 볼드윈(Tom Baldwin)이 '단기 투자의 달인'으로 불릴 수 있는 것은, 위험한 리스크를 과감하게 감내할 수 있었던 도전정신 덕분이었다. 유능한 거래 중개인에게 많은 훈련이 필요 없다고 말하는 톰은 많이 알면 알수록 오히려 겁을 먹고 과감하게 투자할 수 없다고 지적한다.

"성공한 거래 중개인 또는 주식 투자자는 거래 도중에 손해를 보면 절대로 당황하거나 위축되지 않습니다. 냉정한 태도로 현재의 문제를 분석하고 실행할 수 있는 최선의 해결책을 찾는 데 집중합니다. 리스크를 감당하지 못하고 섣불리 문제를 판단하고 해결책을 내놔봤자 오히려 더 큰 손해만 불러올 뿐이죠. 리스크에 대처할 줄 알아야 해결책을 찾아내고 적재적소에 써먹을 수 있습니다."

'간 큰 놈은 배 터져 죽고, 간 작은 놈은 배고파 죽는다'라는 옛말을 논리학의 관점에서 풀어보자. 간이 크다는 건 리스크가 있을 수도 있고 없을 수도 있지만 괄목할 만한 이익을 거둘 수 있다는 뜻이다. 설사 리스크가 존재한다고 해도 자신이 심리적으로 충분히 감당할 수 있다는 의미로 풀이될 수 있기 때문이다. 이에 반해 간이 작다는 것은, 리스크가 없는 대신 수익도 없다는 의미다. 한마디로 말해서 간이 큰 사람은 죽으러 제 발로 걸어간다. 운이 좋으면 목숨을 건지고 기회를 잡을 수 있다. 하지만 간이 작다는 것은 그저 멍하니 앉아 죽기를 기다린다는 뜻으로, 죽음에서 결코 달아날 수 없다.

간이 큰 쪽과 작은 쪽 중에서 가장 논리에 맞는 선택은 무엇일까? 당연히 간이 큰 쪽이다. 어쩌면 당신은 간이 작은 쪽일지도 모르겠다. 그렇다고 해서 가만히 앉아 있다가 굶어 죽지는 않겠지만 한평생 먹고 살기 급급해 주변의 기회를 돌아볼 여유를 가질 가능성은 그리 크지 않다.

1984년 서른여섯 살의 베르나르 아르노(Bernard Arnault)는 당시 파산 직전의 위기에 처한 디오르(Dior) 그룹을 인수하기로 했다. 그의 계획이 외부에 알려지면서 일반 대중은 물론 패션계조차 회의적인 시선을 보냈다. 한때 세계 패션계를 선도하던 디오르는 과거의 영광이 무색하게 더 이상 회생 가능성이 느껴지지 않을 정도로 몰락했기 때문이다. 그런 상황에서 아르노가 가문 대대로 경영하던 회사를 담보로 시가보다 2배나 높은 가격을 주고 디오르를 인수했으니, 누가 봐도 거액의 적자가 예상됐다.

디오르를 인수한 후 얼마 지나지 않아 아르노는 다시 한번 수상한 행보에 나섰다. 디오르의 기존 수석 디자이너를 해고한 아르노는 그 자리에 잘 알려지지 않은 영국인 존 갈리아노(John Galliano)를 앉혔다. 이 소식에 일반 대중은 물론 식구들마저 아르노의 결정을 비난하면서 디오르 사태는 악화 일로를 걷기 시작했다.

가족의 반대와 불만, 우려 속에서 아르노는 디오르 인수안을 비롯한 대규모 인사 조처에 대한 자기 생각을 구체적으로 밝혔다. "제 결정을 놓고 무의미한 모험이라는 일반 대중의 우려와 비난을 잘 알고 있습니다. 현재 디오르의 저조한 실적을 보고 어리석은 결정이라고 말하는 사람도 적지 않죠. 하지만 전 현재의 성과보다는 그동안 디오르가 세계적인 고급 브랜드로서 세계 패션계에서 쌓아온 명성과 가치에 주목하고 있습니다. 사람들은 대부분 '서서' 상대를 바라보는 데 익숙하기에 현재에만 집중합니다. 하지만 저는 '누워서' 바라보는 편이죠. 그러면 상대의 과거와 미래를 좀 더 세밀하게 들여다볼 수 있거든요."

주변의 우려와 반대에도 불구하고 무명의 디자이너를 고용한 아르노는 디오르의 이미지를 좀 더 젊고 활력 넘치게 디자인함으로써 세계 고급 시장에서 사람들의 시선을 끌기 시작했다. 이를 기반으로 아로노는 패션 브랜드로서의 입지를 단단히 굳히며 빠르게 성장했다.

그 후 26년 동안 아르노는 멈추지 않고 '모험'에 도전했다. 이미 내리막길을 걷기 시작했다는 루이 비통을 비롯해 지방시 등 세계적인 고급 브랜드를 연달아 인수하며 아르노는 고급 패션브랜드를 비롯해

화장품, 향수, 꼬냑, 쥬얼리 등을 선보이는 명품 제국의 수장으로 떠올랐다.

리스크가 클수록 사람들은 쉽게 겁에 질리고 주저앉는다. 시련에 부딪히면 이와 관련된 경험과 노하우가 없기에 어떻게 해야 할지 모른 채 그저 발만 동동 구른다. 당신이 모험을 두려워하고 시련에 직면하는 상황을 회피한다면 앞으로 성공할 방법은 아마도 없을 것이다.

성공한 사람은 대부분 과감히 모험에 도전하는 공통점을 가지고 있다. 그들은 모험에 과감히 뛰어들어야 풍요로운 삶을 살 수 있는 첫 발걸음이 된다고 말한다. 사실 여기서 말하는 리스크, 위험은 우리의 상상과 달리 그렇게 무섭거나 대단한 것이 아닐 수도 있다. 하지만 선택의 갈림길에 섰을 때 이미 어려운 길을 선택한 것만으로도 삶에서 쉽지 않은 결정을 내린 셈이다. 미국의 작가 수잔 제이브스(Susen Jeeves)는 자신을 끊임없이 세상에 내던지거나 자기 능력을 부지런히 끌어올리면, 또는 새로운 경험에 계속 도전해서 자신의 꿈을 현실로 만들 수 있다면 기꺼이 위험을 감수하겠다고 말했다. 모험을 두려워하는 사람은 위험을 피하는 동시에 그 뒤에 숨은 기회마저 피하게 된다. 그래서 실패를 두려워하는 사람은 종종 실패의 고배를 들이키곤 한다.

가장 가치 있는 삶은 함부로 들어갈 수 없는 위험지대에 있다는 한 철학가의 말처럼 군사 대결은 물론, 비즈니스 전쟁, 나아가 삶의 경쟁에 이르기까지 배수진을 칠 각오를 했는지, 새로운 길을 개척할 용기를 지녔는가에 따라 개인의 성과가 결정된다. 성공하려면, 더 아름다운 미래를 감상하고 싶다면 모험을 피해선 안 된다. 그렇다고 해서 도박은 모험이 될 수 없다. 고된 어려움에도 꿋꿋이 버티며 기회를 만들고 기반을 닦는 것은, 개인적인 능력과 노력을 통해 이뤄야한다. 그래야 비로소 위기 속에서 당신만의 몫을 찾을 수 있다.

하버드의 지혜

하버드대학교를 졸업한 뒤 성공한 사람들에게서 위기 없이 기회도 없고, 기회 없이 성공도 없다는 공통점을 발견할 수 있을 것이다. 미국의 제2대 대통령이자 하버드대학교 명예 회원인 존 애덤스(John Adams)는 세계에서 풀 수 없는 문제는 존재하지 않는다며 지적했다. "당신이 열심히 머리를 굴린다면, 용감히 모험에 뛰어든다면, 모든 문제가 손쉽게 해결될 것이다." 모험을 즐긴다는 것은 모험을 통해 해결할 수 있는 문제를 이성적으로 판단하는 것에서부터 시작된다. 우리가 현실에서 끊임없이 단련해야 할 능력 중 하나다.

제때 '멈추는 것' 또한 이익이다

우리는 '끝까지 버티라'라는 교훈을 배우며 자라왔다. '승리는 최후의 5분에 달렸다', '끝까지 버티는 자가 승리한다.', '중간에 도망치지 마라.'……. 하지만 때로는 끝까지 버틴다고 해서 승리하기는커녕 오히려 실패할 수도 있다. 그래서 상황을 정확히 파악하고 재빨리 판단할 수 있다면 더 큰 손해를 보기 전에 중도에 발을 빼는 것은 현명한 선택이 될 수 있다.

경제학에서 말하는 '침몰 원가(Sinking Cost)'는 계획을 완성하는 데이미 발생한, 회수 불가능한 지출을 가리킨다. 주로 시간, 돈, 에너지 등이 여기에 포함된다. 무언가를 계속할지 판단할 때는 그 대상을 통해 얻게 되는 장점을 따져보는 동시에 그 무언가를 위해 내가 투자하는 비용을 계산해야 한다. 얻는 것에 비해 더 큰 비용을 지불한다면

하버드 논리학 강의

일단 그 계획은 현실화할 수 없고 그동안 투자했던 모든 비용은 물거품이 될 수 있다. 예를 들어 당신이 영화표를 구매했다고 가정해 보자. 표를 살 때 매표원이 표를 반환할 수 없다는 사실을 알려줬지만, 막상 영화를 절반 정도 보고 나니 형편없는 영화라는 사실을 깨달았다. 영화를 더 이상 볼 필요 없다고 판단했을 때 구매한 푯값은 돌려받을 수 없다. 이때의 푯값은 '침몰 원가'가 된다. 하버드대학교의 경제학자들은 당신이 이성적이라면 결단을 내릴 때 '침몰 원가'를 고민하지 말라고 말한다.

위와 같은 상황에 부닥쳤다면 당신에게는 두 가지 선택권이 주어진다. 돈이 아까워서 재미없는 영화를 끝까지 다 보거나 아니면 당장 영화관에서 나와 다른 일을 하는 것이다. 당신은 이미 푯값을 치렀고 그 돈을 돌려받을 수 없으니 더 이상 '침몰 원가'에 미련을 가질 필요가 없다. 영화표를 구매한 일을 후회한다면 지금의 선택은 이 영화를 보기 위해 돈을 냈다는 사실이 아니라, 이 영화를 계속해서 볼 것인가를 고민한 결과여야 한다. 하버드대학교의 경제학자들은 후자를 선택하라고 권장한다. 아까운 돈을 쓴 것도 모자라 전자를 선택했다면, 즉 재미도 없다고 생각하는 영화를 억지로 계속 봐야 한다면 당신의 돈은 물론, 귀중한 시간과 에너지 모두 버리는 일이기 때문이다.

뭔가를 결정할 때 '침몰 원가'에 지나치게 미련을 가질 경우, 기존의 실수를 계속 되풀이함으로써 더 큰 손해를 보게 된다는 교훈을 얻을 수 있다. 이와 달리 중간에 영화관을 나오는 쪽을 선택한다면 '침몰 원가'를 포기해 마치 손해를 본 것 같지만 실제로는 더 이상의 손실을 막는 유일한 해결책이 될 수 있다.

배를 타고 바다에 나간 노인이 갑자기 불어닥친 바람에 모자를 잃고 말았다. 모자가 바닷물 위에 떨어졌지만, 노인은 마치 아무 일도 없었다는 듯 머리를 숙인 채 신문을 읽었다. 그 모습에 누군가가 이 사실을 알려줬지만, 노인은 자신도 알고 있다고 대답한 뒤 계속해서 신문을 들여다봤다.

"저 모자 비싼 거 아닙니까? 수십 달러는 족히 될 것 같은데 왜 건지러 가지 않는 거죠? 아깝지 않습니까?"

"당연히 아깝죠. 하지만 그렇게 생각해 봤자 뭐가 달라집니까? 그럴 바에야 돈을 모아서 새로운 모자를 사는 방법을 생각하는 편이 더 생산적이지 않겠습니까? 모자를 잃어버린 덕분에 새로운 모자를 살 수 있으니 이게 더 기쁜 일이죠."

노인은 더 이상의 손해를 키우지 않는 지혜를 잘 알고 있었다. 모자를 이미 잃어버린 마당에 자신의 부주의함을 탓해봤자 손실은 해결되지 않고 계속 커질 뿐이다. 기분을 망칠 수 있을 뿐만 아니라, 언짢은 상태에서 한 일 때문에 실수를 저지를 수도 있다. 바다 위로 떨어진 모자를 되찾겠다며 차가운 바닷물 속에 뛰어든다면 목숨을 잃을 수도 있다.

손실을 멈출 줄 아는 지혜는 투자자에게 더욱 중요하게 다가온다. 전망이 밝다고 생각한 주식을 주당 30달러를 주고 1만 주 구매한 A 씨, 하지만 얼마 지나지 않아 주가가 20달러로 떨어지자, 다급한 마음에 하버드대학교 교수를 찾아와 도움을 청했다. 분석을 통해 교수는 A씨에게 지금이라도 팔면 '침몰 원가'만 잃게 되는 셈이라며 매도를 권했지만, A씨는 결코 받아들일 수 없었다. "주식을 팔고 나면 내 피 같은 돈이 사라지는 것 아닙니까!" 주가가 10달러 밑까지 떨어지고 나서야 A씨는 울며 겨자 먹기로 주식을 팔고 큰 손해를 입었다.

달걀을 한 바구니에
담지 마라

　　워런 버핏은 증시의 이단아로 불린다. 언제나 남과 다른 행보를 걷는 과감함에 그는 한 치 앞도 내다볼 수 없다는 증시에서 승승장구했다. 일부 투자자로부터 '투자의 귀재'라고 불리게 된 비결에 대해 그는 이렇게 이야기했다. "분산투자로는 아무것도 얻을 수 없습니다. 차라리 '화력'을 집중시키는 편이 이익의 최대화에 훨씬 유리하죠." 실제로 워런 버핏은 자신에게 막대한 이익을 가져다줬다며 대량의 코카콜라 주식을 보유했다. 주변에서는 달걀을 한 바구니에 담아두는 것은 위험하다며 그에게 분산투자를 권했다. 달걀을 한 바구니에 담아두면 실패할 기회는 단 한 번에 그치지만 반대로 성공할 기회도 단 한 번밖에 없다는 뜻이다.

우리는 모두가 우러러보는 주식의 신, 워런 버핏이 될 수 없다. 그러니 그의 성공 역시 함부로 흉내 낼 수 없다. 좀 더 정확히 이야기해서 그를 흉내 낼 필요도 없다. 우리 중 상당수는 어떻게 해도 워런 버핏처럼 입에서 단내가 날 정도로 무거운 압박감과 초조함, 불안함을 감당할 능력이 없기 때문이다. 자본의 집중화는 자원의 효율적 이용이라는 장점을 가지고 있다. 하지만 리스크가 자본의 집중화에 따라 무섭게 몸집을 키우면서 리스크를 피할 기회와 능력은 크게 줄어든다. 자본을 분산하며 리스크를 좀 더 유연하게 받아들이고 실패에 대한 압박감을 낮출 수 있다. 요컨대 투자는 단순한 도박도 아니고, 단판에 승부를 가리는 게임도 아니다. 제아무리 모험을 즐기는 사람이라고 해도 자신의 모든 걸 카드 한 장에 걸 수는 없다. 그래서 치밀한 계획과 은밀한 전략을 마련해야 한다. 대부분 위기의식을 가지고 신중히 생각하고 행동해야 한다. 앞으로 어떤 상황이 펼쳐질 것인지 누구도 예상할 수 없지만 적어도 보다 적극적으로 위험에 대비할 수는 있다. 투자는 당연히 이익의 최대화를 실천할 방법이지만 그 속에 잠재된 리스크, 특히 마땅히 얻을 수 있는 수익에 대한 확신이 없는 상태에서 맹목적으로 덤벼들거나 달걀을 한 바구니에 담는 실수를 저질러서는 안 된다. 더욱 냉정하고, 보다 이성적으로 상황을 살필 수 있는 태도를 가져야 한다.

"이보시오, 당신이 행운아라면 욕심부리지 말고 덕을 갖추시오. 그러면 삶이 훨씬 쉬워질 테니……." 우리가 처한 현실은 니체의 충고와는 정반대의 상황으로 등장한다. 도덕, 양심, 체면 모두 던져놓고 솔직히 말해보자. 남보다 더 많은 것을 얻을 기회를 거절할 수 있는 사람이 과연 존재할까? 남보다 더 얻기는커녕 더 많은 것, 최악의 경우 자신의 모든 걸 잃어버릴 가능성이 더 크다는 문제의 소지가 있다. 판돈이 커질수록 당신이 감당해야 할 리스크가 커진다.

달걀을 여러 바구니에 나눠 담을 줄 모른다면 달걀을 온전한 상태로 보관하기는 어려울 것이다. 110m 허들 부문에서 새로운 스타로 떠오른 중국의 육상선수 류샹은 국내외 기업으로부터 홍보모델이 되어달라는 러브콜을 받았다. 뛰어난 경기성적과 경기력, 밝고 긍정적인 이미지, 거대한 중국 시장을 등에 업고 류샹은 큰 인기를 끌기 시작했다. 류샹에 대한 사람들의 관심과 호감이 폭증한다는 사실을 포착한 일부 기업에서 그를 광고모델로 기용하기 위해 치열하게 물밑 싸움을 벌였다는 이야기도 있다. 기업으로서는 손해 볼 장사가 아니었다. 2008년 베이징올림픽에서 류샹은 개최국을 대표하는 선수로 많은 관심을 받았다. 중국에서 개최된 최초의 올림픽에서 자국 선수가 금메달을 목에 걸기를 희망하는 중국인의 열망까지 더해지면서 류샹은 그해 가장 두드러진 모습을 보여준 스포츠 선수 중 한 명으로 뽑히기도 했다. 류샹과 광고 계약을 체결한 나이키는 오랜 마케팅 경험을 통해 류샹과 베이징올림픽이라는 기회를 발판 삼아 중국 내에서 인지도를 높일 수 있다고 확신했다.

하지만 작은 차이로 메달의 색깔이 바뀌는 올림픽 경기에서 누가 금메달을 목에 걸 것인지 함부로 예측할 수 없기 마련이다. 이러한 점을 고려해 나이키는 두 가지 대책을 세웠다. 하나는 류샹이 메달을 따지 못한 상황에 대비해 즉시 마케팅 전략을 수정할 수 있도록 준비했다. 그리고 다른 한쪽에서는 미국 남자농구 대표 '드림팀'을 이용한 홍보에 열을 올렸다. 세계 최고 수준의 프로농구선수가 대거 포진하고 있어 중국 소비자에게 어필할 가능성이 무척 높았다. 특히 이번 드림팀은 역대 최강이라고 불릴 만큼 금메달을 목에 걸 확률이 가장 높다는 평가를 받고 있었다. 유명한 스포츠 스타 외에도 무명의 선수들도 나이키로부터 협찬을 받고 경기에 임했다. 소비시장에서 높은 인지도를 자랑하는 나이키지만 그들은 잠재적인 위험을 분산하고 통제하는 법을 잘 알고 있다는 뜻으로 풀이할 수 있다. 류샹의 도전 성공과 실패에 대한 사람들의 전망이 분분한 가운데 트랙 위에서는 전혀 예상치 못한 상황이 펼쳐졌다. 류샹이 컨디션 난조를 호소하며 경기 직전에 기권한 것이다. 이 일은 베이징올림픽에서 가장 큰 센세이션을 일으켰을 뿐만 아니라 중국은 물론 전 세계에 커다란 충격을 가져다주었다. 그중에서도 가장 큰 충격을 받은 것은 류샹을 광고모델로 내세운 기업이었다. 별다른 대책 없이 오로지 류샹에게 '올인'한 업체들이 심각한 피해를 본 것과는 대조적으로 나이키는 충격을 피할 수 있었다. 류샹의 기권 소식이 발표된 지 12시간 뒤에 '스포츠를 사랑한다, 그 때문에 가슴이 아프더라도……'라는 메시지를 담은 나이키의 새로운 광고가 전파를 탔다. 신속한 대응, 적절한 대책 수립 덕분에 류샹의 기권 소식에서 나이키는 피해를 모면할 수 있었다. 게다가 미국 드림팀이 예상대로 금메달을 목에 걸면서 나이키는 커다란 수익을 올리는 데 성공했다. 예상할 수 없는 리스크에 대비하기 위해 나이키는 풍부한 경험을 바탕으로 잠재적인 위협을 효과적으로 분산하고 회피할 수 있었다.

자신이 하루아침에 모든 걸 잃게 될 것인지, 아니면 투자로 돈방석에 오를지 누구도 예상할 수 없다. 하지만 이처럼 우리가 예상할수 없는 리스크는 객관적으로 존재한다. 그 가능성이 0.1%에 불과하다고 대수롭지 않게 생각해서는 큰코다칠 수 있다. 승패라는 관점에서 볼 때 가능성은 각각 50:50이기 때문이다. 투자는 용기가 필요하다. 그리고 치밀하면서도 냉정한 머리도 필요로 한다. 두 가지를 모두 갖췄다면 질 리 없으니 '올인'하는 실수를 저질러서도 안 되고, 저지를 필요도 없을 것이다. 우리는 더 멀리 내다보고, 강력한 위기의식으로 무장함으로써 자신에게 넉넉한 선택의 여지를 마련해 줘야한다. 달리 표현하자면 빠져나갈 구멍을 여러 개 만드는 것이다. 분산으로 각 자본의 이용 가치는 감소하지만 반대로 리스크가 분산되어 리스크에 대한 면역력을 높이고 자신의 자산을 안전하게 지킬 수있다. 예를 들어 재테크 전문가들은 자신의 전 재산을 은행에 넣어두거나 전액 투자에 쏟아부으라고 권유하지 않는다. 두 방법 모두 위험하기 때문이다. 모든 처리 방식에는 예상할 수 없는 리스크가 잠들어있다는 건 재테크의 기본원칙이자 주의 사항이 된다. 재산은 합리적으로 계획·관리해야 한다. 투자용, 지출용, 보험 구매 등에 일부 자금을 투자함으로써 단일한 지배 방식에서 벗어나 자산을 상대적으로 안정적인 상태로 분산할 수 있다. 달걀을 전부 한 바구니에 넣어두면 '모 아니면 도'라는 극단적인 상황에 부닥칠 수밖에 없다. 다행히 결과가 좋으면 최대의 이익을 거두겠지만 객관적으로 이익의 최대화를 달성할 가능성은 무척 낮다. 그래서 예상 밖의 상황이 펼쳐지면 최악의 결과를 맞이해야 한다.

현명한 투자 논리는 일반적으로 균형 속에서 이익을 취할 수 있는 선택을 가리킨다. 예측할 수 없는 리스크가 객관적으로 존재하는 상황에서 이상적인 이익의 최대화는 사실상 거의 달성할 수 없기 때문이다. 불확실한 요소에 직면했을 때 다양한 가능성을 열어두어야 한다. 최대 엔트로피 분포라는 수학 모델은 모든 상황에서 우리의 예상은 이미 알고 있는 모든 조건을 응당 만족해야 하지만, 미지의 상황에서 주관적인 가설을 제시하거나 낮은 확률의 사건을 무시해도 된다고 주관적으로 판단하지 말라고 충고한다. 이러한 행동은 리스크를 피하는 데 불리하며, 확률, 시간이 가장 고르게 분포했을 때의 리스크가 가장 낮다고 주장한다. 다시 말해서 모든 가능성을 고려하고 염두에 둘 때, 짊어져야 할 리스크가 최소치까지 떨어진다.

하버드의 지혜

하버드대학교 경제학 교수 조지 맨크(George Manke)는 학생들에게 다음과 같은 충고를 들려줬다. "여러분은 자신에게 더 많은 여지를 남겨주고, 충격을 완화할 수 있는 더 넓은 완충지역을 남겨줘야 합니다. 다양한 정보를 분석하고 예측하되 제아무리 낮은 확률의 일도 함부로 무시하면 안 됩니다. 확률이 제아무리 낮다고 해도 언제든지 일어날 수 있기 때문이죠." 리스크를 피할 수 있는 능력을 강화해야 안정적으로 더욱 큰 이익을 차지할 수 있다는 점에서 투자 논리의 현실적 의미를 찾을 수 있다.

워런 버핏의 투자 비결

　우리는 앞에서 '과감하게 모험에 도전'하고 '리스크를 피하라'라고 이야기했다. 논리적 모순처럼 들리는 이 이야기의 문제점은 '모험'과 '리스크'를 같은 시간, 같은 상황에 놓았을 때 비롯된다. 그렇다면 언제 '모험'에 나서야 하고, 또 언제 리스크를 '회피'해야 하는가? 투자의 귀재 워런 버핏에게서 그 답을 찾을 수 있다.

　'주식의 대부'로 불리는 워런 버핏은 남다른 인생의 소유자다. 열한 살 때부터 주식에 투자한 그는 여든을 넘긴 나이에도 혈기 왕성한 청년처럼 세계 경제 무대를 누비고 있다. 오랫동안 세계 경제의 거센 물결 속에서도 그는 세계 3대 부호라는 타이틀을 단 한 번도 놓친 적 없었다.

　주식투자로 돈을 벌 수 있는 비결을 알려달라는 한 기자의 요청에 워런 버핏은 가벼운 미소를 지었다. "제 주식투자의 비결은 무척 단순합니다. 다른 사람이 욕심을 부릴 때 두려워하고, 다른 사람이 두려워할 때 욕심을 부리는 겁니다."

괴상하게 들리는 그의 비결을 논리학의 관점에서 분석해 보면 지극히 정상적이라는 결론에 도달할 수 있다. 우리는 이를 '역설의 논리'라고 부른다.

인류는 지금의 모습으로 진화하면서 강력한 사회성을 지니기 시작했다. 사회를 떠난 인간은 혼자서는 살아갈 수 없다. 쉽게 말해서 사회성은 인류사회가 지닌 가장 큰 특징이라 하겠다. 하지만 이러한 사회성은 인간에게 상당히 부정적으로 작용하기도 한다. 예를 들어 상황, 흐름에 따른 사유의 습관은 때로 문제를 일으키기도 하는데, 이는 우리가 젖 먹던 힘까지 쏟아 극복해야 할 문제다. 주식시장에서 대박을 터뜨린 사람보다 쪽박을 찬 사람이 더 많은 이유는 무엇인가? 장사로 돈을 번 사람보다 돈을 날린 사람이 많은 이유는 무엇인가? 왜 몇몇 소수의 사람만 성공을 독식하는가? 이는 흐름을 의식한 우리의 사고방식과 밀접한 관련이 있다. 주변의 상황, 변화의 흐름을 살피는 한 '소수파 전략'을 사용할 수 없다.

리처드 데니스(Richard Dennis)는 미국 증시에서 '마법사'로 불리는 인물로 단돈 400달러로 2억 달러를 거두며 선물시장에서 새로운 역사를 썼다는 평가를 받는다. 데니스는 자신의 성공 비결로 증시의 동향과 정반대로 움직일 줄 아는 반발심을 꼽았다. "선물시장에는 '시장의 심리지표'라는 것이 존재합니다. 즉 80%의 투자자가 매입에 나서면 머지않아 증시가 고점을 찍을 것이므로 주가가 하락하게 됩니다. 반대로 80%의 투자자가 매도에 나서면 저점을 찍는다는 뜻이니 주가가 폭등합니다. 진리는 소수의 사람에게만 허락됩니다. 그러니 대다수 투자자의 관점이 다를 수밖에요. 그래서 전 보편적인 투자 이념과 투자 방법을 버리고 저만의 투자 이념에 따라 투자계획을 세웁니다."

1973년 미국 시장에서 대두 가격이 오르더니 급기야 4달러를 넘어섰다는 소식이 전해졌다. 그 전해 미국 시장에서 대두 가격이 50센트 선까지 오른 탓에 더 이상 가격 인상의 가능성은 없는 것처럼 보였다. 대다수 투자자는 무의식적으로 대두 가격이 지속해서 상승할 가능성이 없다며 1972년 수준까지 폭락할 것이라고 예상했다.

가격 폭락에 따른 손실을 두려워한 대부분 투자자가 대두에 대한 투자를 속속 포기하는 가운데, 데니스는 가격 인상의 여지가 크다고 판단했다. 자신의 판단에 따라 대두 선물을 대량 매입한 결과, 대두 선물이 무려 30배 이상 뛴 1,297달러를 기록하면서 데니스는 돈방석에 올랐다.

주류에 편승하는 것을 거부하고 묵묵히 자기 생각을 고수한 데니스는 시장의 약점을 파고든 끝에 거액의 수익을 올렸다.

이처럼 성공한 사람들은 '주류'를 따르기보다는 자신만의 '길'을 찾아 목표를 이뤘다는 공통점을 보여준다. 그들은 자본은 모두 제한적이라는 사실을 잘 알고 있기 때문이다. 주류로 통하는 길은 '외길'이지만 모두가 찾지 않는 자신만의 길은 '갈래 길'이다. 모든 사람이 제한된 몇몇 자원에 집중하다 보면 과열 현상이 일어나기 마련이다. 대학교를 졸업한 학생들이 대기업, 정부 기관, 외국기업에 집중적으로 몰려들면서 치열한 입사 경쟁을 펼친다. 이에 반해 일부 학생들은 졸업 후 푸드트럭을 운영하거나 양식업, 농업에 뛰어들어 큰 성공을 거둔다. '소수파 전략'이 지닌 현실적인 교훈을 효과적으로 보여주는 사례라 하겠다.

하버드의 지혜

프랑스의 작가 구스타브 르 봉(Gustave Le Bon)은 《군중심리》에서 군중이 한데 모이는 건 타고 난 지혜 때문 아니라 우매함 때문이라고 지적했다. 하버드대학교의 게임이론 교수 역시 그의 관점에 동의한다. 삶에는 여러 사람이 미처 발견하지 못한 '갈래 길'이 여기 저기 존재한다. 자칫 발을 헛디디면 천 길 낭떠러지 아래로 굴러떨어질 수도 있고, 성공으로 통하는 자신만의 '왕도'를 찾을 수도 있다.

융자, 돈벼락이라는 속임수

'융자'라는 단어는 다소 형이상학적인데 쉽게 이야기하면 최대한 많은 자본을 '통합'하는 행위라고 풀이할 수 있다. 협의적인 의미에서 융자는 기업이 자금을 모집하는 행위와 과정으로 정의할 수 있다. 회사가 자신의 생산경영 상태, 자금 보유 현황, 향후 발전 가능성에 따른 수요를 파악해 과학적인 예측과 전략을 토대로 일정한 방식, 일정한 루트를 거쳐 투자자와 채권자에게서 자금을 모집하고 공급하는 것이다. 이를 통해 회사의 정상적인 생산 수요, 경영관리 활동의 수요를 안정적으로 소화하는 재테크라고 할 수 있다. 예를 들어 빵집을 차리는 데 드는 돈이 10만 달러를 든다고 가정해 보자. 그런데 수중에 2만 달러밖에 없어 가족과 친구들에게 돈을 빌리며 나중에 이자까지 쳐서 갚겠다고 약속했다면 이 역시 융자 행위에 속한다.

광의적인 의미에서 융자는 화폐 자금의 융통을 가리키는 '금융'으로 해석할 수 있다. 즉 당사자가 다양한 방법을 통해 금융시장에서 자금을 빌리거나 대출하는 행위다. 현대 경제학의 발전이라는 측면에서 현대 기업은 그 어느 때보다도 금융 지식, 금융 기관, 금융 시장을 정확히 파악하고 있다. 기업이 성장하려면 금융의 지원 없이 불가능하다는 것을 기업 스스로 알고 있기 때문이다.

융자는 크게 내부 융자와 외부 융자로 구분된다. 내부 융자는 말 그대로 기업 내부에서 자금을 모집하는 행위를 가리킨다. 기업이 사업을 통해 창출한 이윤은 직원의 임금, 채무 상환에 사용된다. 그러고도 남는 이윤은 회사의 비밀금고에 들어가는 것이 아니라 향후 상황에 대비해 은행 금고로 들어간다. 이렇듯 기업이 자신이 벌어들인 돈을 비축해 투자자금으로 활용하는 것을 가리켜 내부 융자라고 한다.

이와 대조적으로 외부 융자는 기업이 자체적으로 보유한 자금이 부족해서 은행에 대출받거나 회사 주식, 채권을 발행함으로써 가능한 모든 사람에게서 돈을 빌리는 것을 가리킨다.

슈퍼마켓을 차린 톰은 밀려드는 손님을 맞느라 눈코 뜰 새 없이 바쁜 시간을 보내고 있었다. 외부 융자가 필요 없을 만큼 돈도 넉넉히 손에 쥐었지만 가게 규모를 확장하기에는 부족했다. 톰은 주변 사람들을 찾아가 자신의 가게에 투자하라고 권했다. "내 가게에 투자하면 주식을 내주겠네. 여러 사람이 투자하게 되면, 투자한 만큼 배당금도 나눠주지."

톰의 말에 주변 사람들은 긍정적인 반응을 보였다. 장사가 잘되는 톰의 슈퍼마켓에 투자하는 편이 예금, 주식, 연금보다 더 높은 이자를 받을 수 있다는 생각에 사람들은 적극적으로 투자에 나섰다.

이러한 상황에서 두 가지 가능성이 나타난다. 하나는 톰이 약속대로 투자금으로 가게 규모를 늘리면서 번 돈을 투자자에게 골고루 나눠주는 것이다. 그리고 나머지 하나는, 갑자기 생긴 돈을 보고 다른 마음이 생긴 톰이 가게를 내팽개치고 엉뚱한 짓을 벌이는 바람에 빌린 돈을 몽땅 날려버렸다.

후자의 가능성을 투자 분야에서는 흔히 '폰지 사기(Ponzi Scheme)'라고 부른다. '폰지 사기'는 찰스 폰지(Charles Ponzi)라는 사기꾼 때문에 생겨난 금융용어다. 이탈리아 출신인 그는 1903년 미국으로 건너간 뒤 페인트공으로 출발해 변변치 않은 직업을 연연했다. 비참한 현실 속에서도 한몫 단단히 쥐고 말겠다고 결심한 찰스 폰지는 위조, 밀수, 인신매매에도 손을 대며 몇 차례 철창신세를 지기도 했다. 차가운 감옥에서도 폰지는 자기 잘못을 반성하기는커녕 돈을 벌 수 있는 기가 막힌 아이디어를 떠올렸다. 출옥한 그는 자신의 과거를 숨긴 채 보스턴으로 근거지를 옮긴 뒤 사람들에게 자신의 투자계획을 들려주기 시작했다.

고액의 이자를 미끼로 내세운 사업계획은 무척 단순했지만, 폰지는 사람들이 쉽게 이해 못 하도록 일부러 복잡하게 설명했다. 1919년 제1차 세계대전이 종식되면서 세계 경제는 큰 혼란에 빠졌다. 폰지는 그 기회를 이용해 유럽의 우표를 미국에서 팔면 쉽게 돈을 벌 수 있다는 소식을 퍼뜨렸다. 일반인은 국제무역 정책과 환율정책에 어둡다는 사실을 이용해 폰지는 거액의 수익을 보장한다며 여러 사람으로부터 투자를 받기 시작했다. '45일 안에 50%의 이자를 벌 수 있다'라는 그의 약속대로 최초의 '투자자'들이 약속한 이자를 손에 쥐자, 제2, 제3의 투자자가 제 발로 폰지를 찾아왔다.

그로부터 1년이 지난 후 약 4만 명의 보스턴 시민들이 폰지에게 투자했다. 그중에는 인생 역전을 노리는 빈민들도 있었다. 이들은 평균 수백 달러를 '투자'했는데 그 총액이 무려 1,500만 달러에 달했다. 심지어 어떤 사람은 그를 콜럼버스, 마르코니와 어깨를 나란히 하는 이탈리아의 자랑이라고 치켜세우기도 했다. 신대륙을 발견한 콜럼버스, 라디오를 발명한 마르코니에 이어 폰지는 '돈'을 발명했다고 평가했다.

폰지는 모금한 돈으로 수억 장의 유럽 우표를 살 수도 있었지만, 달랑 우표 2장만 산 채 나머지 돈으로 호화생활을 즐기기에 바빴다. 고급 저택에서 지내며 고가의 양복과 맞춤 구두를 신은 폰지는 온갖 보석으로 장식된 지팡이를 짚고 다녔다. 자기 연인들에게 셀 수도 없이 많은 보석과 값비싼 선물을 안기기도 했다. 한 금융전문가가 폰지의 투자계획을 사기라고 주장하자, 폰지는 금융전문가 주제에 아무것도 알지 못한다며 그의 주장을 조목조목 반박하는 기사를 신문에 내보내기도 했다.

1920년 8월, 파산한 폰지는 사기죄로 5년 감옥형에 처했다. 출옥한 그는 또다시 사기행각을 벌이다가 장기 복형을 받은 뒤 1934년에 이탈리아로 송환되었다. 무솔리니를 속이려던 계획이 무산된 폰지는 1949년에 브라질의 자선복지시설에서 숨을 거뒀다. 한때 미국을 발칵 뒤집은 희대의 사기꾼이 세상을 떠났을 때, 땡전 한 푼도 없었다고 전해진다.

그 후 '폰지 사기'는 신규 '투자자'의 돈으로 기존 '투자자'에게 수익을 돌려주는 사기행각을 가리키는 전문용어로 사용되었다. 폰지가 죽은 후 100년도 채 지나지 않은 시간 동안 온갖 종류의 '폰지 사기'가 세계 곳곳으로 퍼져나갔다. 이러한 수법의 사기행각이 발생할 때마다 경찰에 의해 범죄 사실이 밝혀지는 동시에 일부 '투자자'가 피해를 보는 사례가 매번 반복된다. 사기 수법이 단순한 양상으로 전개되는데다 피해자가 주로 일반대중을 겨냥하고 있어 사회적으로 미치는 파장이 비교적 큰 편이다.

나스닥(NASDAQ)의 전 부회장 버나드 메이도프(Bernard Madoff) 역시 오래된 사기 수법을 현대 금융 수단으로 포장해 재기를 노렸다. FBI에 의해 메이도프가 체포되면서 그의 사기행각은 일단락됐지만 비슷한 유형의 사건이 미국은 물론 세계 곳곳에서 끊임없이 재발하고 있다. 범죄의 재발을 방지할 수 있는 유일한 방법은 사람들의 경각심을 높이는 것뿐이다. 그러기 위해서는 세상에 공짜 점심은 없으며, 교묘한 말에 속아 거액의 이익을 취하려는 욕심부터 버려야 한다.

하버드의 지혜

돈의 유혹에 빠진 현대사회에서는 돈을 벌 수 있다는 비상식적인 이야기가 쉬지 않고 등장한다. 그리고 사람들 역시 너무나 쉽게 말도 안 되는 이야기를 신봉한다. 한 번의 실수로 소중한 교훈을 얻지 못하는 사람에게 전철을 밟지 말라는 충고가 통할 리 만무하다. 폰지 사기의 오리지널 버전에서도 소수의 '투자자'만 일부 손해를 만회했을 뿐이다. '조삼모사', '돌려막기', '손 안 대고 코를 푸는' 사기에 걸리지 않으려면 투자하기에 앞서 자기 눈에 콩깍지가 씌었는지 잘 살펴봐야 할 것이다.

하버드 논리학 강의

뛰는 놈 위에 나는 놈

　골동품을 찾기 위해 시골을 찾은 골동품 상인이 농부의 마당에서 무척 귀한 골동품을 발견했다. 하지만 농부는 그 가치를 알지 못하는 지 골동품을 고양이 밥그릇으로 사용하는 것이 아닌가! 그래서 상인은 고양이를 무척 좋아한다며 농부가 키우는 고양이를 사고 싶다고 제의했다. 하지만 농부는 그동안 정든 고양이를 팔 생각이 없다고 상인의 제의를 거절했다. 상인은 시가보다 몇 배나 비싼 돈을 낸 끝에야 간신히 농부의 마음을 돌릴 수 있었다. 고양이를 품에 안은 상인이 이제 집으로 돌아가겠다며 운을 떼더니, 갑자기 생각이 난 듯 농부에게 고양이가 평소 쓰던 밥그릇을 달라고 했다. 그 말에 농부는 슬며시 웃음 지으며 대답했다. "어림도 없는 소리 마시오! 그 밥그릇 덕분에 내가 그동안 판 고양이가 몇 마리인 줄 아시오?"

골동품 상인과 농부 모두 고양이 밥그릇이 귀한 골동품이라는 사실을 알고 있었다. 골동품 상인은 농부가 이를 알 리 없다고 생각했지만, 현실은 정반대였다. 오히려 농부는 자신이 골동품을 전혀 알아보지 못할 것이라는 상인의 반응을 이용해 큰돈을 벌었다. 농부와 골동품 상인의 게임에서 두 사람이 보유한 정보가 비대칭이라는 사실을 알 수 있다. 다시 말해서 골동품 상인은 불완전한 정보를 보유했지만, 농부는 완벽한 정보를 손에 넣고 있었다.

물건을 사려는 사람보다 물건을 파는 사람이 똑똑해야 한다는 속담이 있다. 물건을 파는 사람은 물건을 사는 데 얼마나 많은 돈이 들었는지 이야기하지만, 물건을 사는 사람은 그의 말이 사실인지 거짓인지 알 수 없다. 최고급 소가죽으로 만든 신발이라고 하지만 실제로는 싸구려 인조가죽인지도 모른다. 백화점에서 인기를 끌고 있는 최고급 브랜드라고 자랑하지만, 시장에서 '땡처리'로 판매하는 모조품일 수도 있다. 이처럼 물건을 파는 사람은 물건을 사려는 사람보다 더 많은 정보를 보유하고 있다. 정보가 비대칭적인 상태에서 물건을 사려는 사람이 손해를 볼 확률은 높다. 제품 가격이 터무니없이 비싸다는 걸 뻔히 알지만 대체 어디까지가 정가이고, 또 어디까지가 바가지인지 알지 못하기 때문이다. 물건값을 깎는 데 도통했다고 해도, 가격흥정 솜씨가 제아무리 뛰어나다고 해도 제품의 실제 정보를 보유한 상인의 수완에 넘어갈 수밖에 없다.

주변에서 물건값 좀 깎을 줄 안다는 사람들은 대개 최저가를 제시한 후 자신이 생각하는 마지노선까지 서서히 가격을 올린다. 이러한 방법은 시간이 오래 걸릴 뿐만 아니라, 상인과 미묘한 신경전을 벌여야 한다. 게다가 실패할 가능성도 있다. 그 외에도 여러 집을 돌아다니며 품질과 가격을 비교하는 방법도 있다. 발품을 팔며 자신이 구매하려는 물건에 관한 실제 정보를 최대한 많이 수집한 후 원하는 것을 구매하면 된다. 하지만 이들 가게가 동일시장에 속한다면 이들 사이에 일종의 '가격동맹'이 구축되어 있을 소지가 크다. 그렇다면 제아무리 여러 상점을 돌아다닌다고 해도 쓸 만한 정보를 얻을 수 없다. 만일 다른 시장을 찾아 공략한다고 하더라도 더 많은 시간과 에너지를 들여야 한다는 점에서 궁극적으로는 당신의 거래 비용이 증가한다.

대다수의 상점이 실제 가격보다 훨씬 비싼 가격으로 소비자에게 물건을 선보인다면 시장에 대한 사람들의 신뢰성을 떨어뜨린다. 경제학적으로 이를 정보의 비대칭이라고 부른다. 정보의 비대칭은 물건을 판매하는 상인에게 유리한 것처럼 보이지만 1960년대 미국의 경제학자 조지 애컬로프(George A. Akerlof)의 연구 결과는 뜻밖의 결론을 보여준다. 그는 판매자와 구매자의 장기적인 이익을 분석한 결과, 정보의 비대칭으로 양쪽 모두 손해를 본다는 사실을 밝혀냈다.

1970년 조지 애컬로프는 자신의 논문 '레몬시장(제품 품질의 부정확성과 시장 메커니즘)'에서 중고차 시장의 사례를 들어 정보의 비대칭에 따른 문제를 지적했다. '레몬'은 과일의 한 종류를 가리킬 뿐만 아니라, 비속어로 '쓸모없는 물건', '불량품'을 가리킨다. 중고 시장을 연구한 그의 논문은 지나치게 가볍고 수학과 관련된 내용이 적다는 이유로 경제지 《미국 경제포럼》, 《경제연구 평론》 등에서 퇴짜를 맞았다. 우

여곡절 끝에 '역선택(Adverse Selection)'이라는 이론을 제시해 인정받은
후에야 경제전문잡지에 게재되며 2001년 노벨 경제학상을 받았다.

논문에서 애컬로프는 중고차 거래 시장에서 판매자는 구매자보
다 더 많은 정보를 보유하고 있다는 사실에 주목하며 양측 사이의 정
보가 대칭하지 않는다고 지적했다. 판매자가 제아무리 사탕발림으로
구매자를 유혹하려고 해도 구매자는 판매자의 말을 절대 신뢰하지
않는다. 이러한 상황에서 구매자가 취할 수 있는 유일한 방법은 정
보의 비대칭에 의한 손실을 최대한 낮출 수 있도록 가격을 깎는 것이
다. 그런 경우 판매자가 좋은 품질의 중고차를 제공할 가능성이 작으
므로 저가의 상품이 시장을 점령하는 동시에 고가의 제품이 시장에
서 퇴출당한다. 궁극적으로 이러한 현상은 중고차 시장의 전체적인
침체를 가져온다.

'악화가 양화를 구축한다'라는 경제학의 유명한 법칙은 레몬시장
에도 통용된다. 은화가 주요 통화로 사용되던 시대에 법정 중량보다
가볍거나 색이나 모양에서 볼품없는 통화, 즉 '악화'가 유통영역에서
대거 투입되면서 사람들은 가치는 물론, 모양과 색 모두 뛰어난 통
화, 즉 '양화'를 수집하기 시작했다. 그로 말미암아 양화가 모습을 감
추면서 시장에는 악화만 남고 말았다.

당사자가 보유한 정보가 대칭을 이루지 않는 상황은 악화가 양화
를 구축하는 현상의 토대가 된다. 거래 양측이 통화의 중량, 색, 모양
을 충분히 이해하고 있다면 악화를 지닌 쪽은 시장에 악화를 내놓지
못할 것이다. 설사 악화를 시장에 내놓는다고 해도 악화의 '실제 가치',

즉 '불법 통화'로서의 가치에 따라 거래될 것이다. 이러한 사실을 통해 우리는 한 가지 상황을 추론할 수 있다. 시장 내부의 잘못된 관행, 불법적인 거래가 계속 이어질 때 정품에 대한 수요가 줄어들면서 시장의 안정성을 유지하려는 사람들의 노력 역시 점차 빛을 잃게 된다.

하버드의 지혜

시장경제에서 레몬시장 이론은 널리 활용된다. 애컬로프 교수는 하버드대학교 계간지 《이코노미스트》에서 이렇게 이야기했다. "정보의 비대칭이 존재하는 한, 불량품 시장이 형성되고 불량품이 정품을 시장에서 퇴출해 시장 전체의 품질이 떨어진다." 이러한 이유로 많은 국가에서 정보의 비대칭을 막고자 다양한 입법 조치를 했다. 예를 들어 '증권법'은 상장사의 정보를 공개하도록 규정하고 있으며, '소비자 권리 보호법'은 소비자의 알 권리를 보장한다.

공원의 잔디가
죽어가는 이유

미국 매사추세츠주 애머스트에는 사교모임, 벼룩시장, 주말 무료 음악회 등 다양한 활동이 열리는 널따란 목초지가 자리 잡고 있다. 평일이 되면 사람들은 이곳에 삼삼오오 모여 따뜻한 햇살 아래서 산책하거나 공놀이를 즐기기도 했다.

사실 잔디밭 주변은 주차장, 상점, 레스토랑, 주택에 일찌감치 점령된 상태라서 자연을 가까이서 느낄 수 없다는 사실에 그동안 많은 사람이 무척 안타깝게 생각했었다. 이러한 상황에서 공원의 잔디밭은 어떻게 오랫동안 잘 유지될 수 있었던 것일까? 평범해 보이는 이곳은 사실 유명한 '공유지의 비극(Tragedy of the Commons)'이 펼쳐진 곳이다.

오래전 이곳은 지금과 전혀 다른 모습을 하고 있었다. 시에서 관리하는 잔디밭이라며 사람들은 이곳에서 닭이나 오리를 기르기도 했고 심지어 양을 기르는 사람도 있었다. 항상 가축의 분뇨와 사람들의 발길에 노출된 탓에 공원의 잔디가 제대로 자랄 리 만무했다. 그러던 중 1968년 가렛 하딘이라는 사람이 나타나 문제의 원인을 밝혀냈다. 여기저기 뿌리째 뽑혀 나뒹구는 잔디, 깊게 파헤쳐진 토사를 한참 쳐다보던 하딘은 한 가지 중요한 사실을 깨달았다. 자기 생각을 담은 '공유지의 비극'을 논문으로 작성한 그는 과학전문지 《사이언스》에 발표하며 전 세계적으로 큰 센세이션을 불러일으켰다.

"양을 기를 만한 커다란 목초지가 있다고 가정해 보자. 이곳에서 기를 수 있는 양의 수를 제한하면 양도 토실토실 키울 수 있을 뿐만 아니라 양이 먹을 수 있는 풀도 사시사철 푸르게 가꿀 수 있다. 다시 말해서 양 수가 늘어날수록 목초지에서 기르는 양의 가치는 점차 감소하게 된다. 목초지에 양 두 마리를 기를 때 양 한 마리당 수익을 200달러라고 가정해 보자. 양 세 마리를 기를 때의 수익이 두당 150달러, 네 마리를 기를 때는 두당 80달러를 얻게 된다. 목동 A와 목동 B가 목초지에서 양 한 마리 또는 두 마리를 각각 기르기로 했다면 어떤 상황이 펼쳐질까? 목동 A가 양 한 마리, 목동 B가 양 두 마리를 기른다면 목동 A는 150달러, 목동 B는 300달러를 벌게 된다. 반대로 목동 A가 양 두 마리, 목동 B가 양 한 마리를 기른다면 목동 A의 수익은 300달러, 목동 B는 150달러가 된다. 만일 두 사람 모두 양 두 마리를 기른다면 이때 각자의 수익은 160달러에 그친다. …… 그러므로 목초지에서 양을 기를 수 있는 가장 효과적인 방법은 한 사람당 양 한 마리를 기르는 것이다. 하지만 두 사람이 모두 '이성적인 경제인'이라면 그들은 분명 양 두 마리를 기르려 할 것이다. 왜냐면 두 사람 모두 '죄수의 딜레마(Prisoner's Dilemma)'에 빠졌기 때문이다. 상대가 양 한 마리를 기르는 상황에서 두 마리를 길러야 자신에게 더 큰 수익이 돌아올 수 있다. 반대로 상대가 양 두 마리를 기르는 상황에서 자신만 양한 마리를 기르면 손해를 볼 수 있으니, 상대가 몇 마리를 기르던지 자신은 양 두 마리를 기르는 쪽을 선택할 것이다."

하딘은 공유지의 잔디가 결코 잘 자라지 못한다고 주장하며 소유의 대상에 주목했다. 다시 말해서 목초지는 공공재에 속하지만, 그 위에서 자라는 양은 개인의 소유로서, 양을 팔았을 때의 수익은 전부양 주인의 몫이 된다. 목초지 위에서 기를 수 있는 양의 수를 제한하지 않으면 목초지가 황폐하게 변할 것이다. 그리고 그로 인한 피해는고스란히 마을 사람 전체의 몫이 된다. 마을의 인구수가 많으면 개인이 부담해야 할 손해가 그리 크지 않을 수도 있지만 이와 상관없이양을 기르는 사람의 수익이 발생하면 마을에서 양을 기르는 사람은점점 늘어나게 될 것이다. 목초지에서 양을 기르지 않는다고 해도 마을 공동의 재산이므로 일부 사람들은 자신의 의지와 아무런 상관없이 손해를 부담해야 한다.

이러한 상황이 펼쳐지면 양을 기르려는 사람이 점점 늘면서 목초지는 점차 엉망으로 변하고 만다. 이처럼 개인의 이익을 위해 공공재를 사용하는 경우, '공유지의 비극'을 피할 수 없다. 위의 이야기에 등장하는 '죄수의 딜레마'를 훗날 경제학자들은 '하딘의 비극', 또는 '공유지의 비극'이라고 불렀다. 하딘의 이론은 인구의 폭발적인 증가, 환경오염, 과도한 남획, 재생 불가능한 자원에 대한 소비에 강력한 현실적인 경고를 던진다.

일부 개발도상국에서는 '하딘의 비극'이 항상 상연된다. 인구문제를 가지고 좀 더 구체적으로 이야기해 보겠다. 이들 국가에서는 노동력이 곧 수익이라고 생각하는 사람이 많기에 아이를 많이 낳으려는 경향이 있다. 아이들이 일해서 번 돈은 고스란히 가정으로 들어오지만, 이들을 가르치고 치료하는 비용, 취업 문제는 가정이 아닌 정부의 몫이 된다. 즉 아이를 많이 낳으면 낳을수록 무임 승차하는 사람은 늘어나고 정부의 부담은 커져만 간다. 환경오염의 경우 역시 이와 비슷하다. 소규모 제지공장에서 발생하는 이윤은 모두 개인의 소유로 돌아가지만, 종이를 만들면서 생기는 폐수는 하천으로 고스란히 흘러들면서 심각한 환경오염을 유발한다. 하지만 환경오염으로 인한 피해는 하천 인근에 사는 사람들의 몫이다. 이에 대해 하딘은 공공재에 대한 무분별한 소비를 지적했다.

"공공재를 공유하는 사회에서 개인, 즉 모든 사람은 자신의 이익을 최대화하는 욕망을 지니고 있다는 데서 비극이 시작된다. 모든 사람은 제한된 범위 안에서 목축을 무제한 기를 수 있는 제도에 묶여 있지만 그로 인해 모든 사람이 함께 추구해야 할 대상, 목적이 파괴된다. 공유재의 자유를 신봉하는 사회에서 모든 사람은 자신의 이익 최대화를 추구하기 때문이다."

1960년대는 서양의 환경보호 운동이 본격적으로 전개된 시기로서, 일반 대중의 환경 의식이 빠르게 제고됐다. 그래서 하딘의 '공유지의 비극' 이론이 등장했을 때 여러 사람으로부터 호응을 끌어낼 수 있었다.

'벌거벗은 임금님'의
옷을 벗겨라

    안데르센은 덴마크의 유명한 동화 작가로 《벌거벗은 임금님》은 그의 대표작 중 하나다. 동화에서 우리의 삶에 도움이 될 만한 교훈이 있는지 함께 천천히 살펴보자.

    옛날 어느 나라에 욕심 많은 임금이 있었다. 하루는 거짓말쟁이 재봉사와 그의 친구가 임금을 찾아와 세상에서 가장 멋진 옷을 만들어 주겠다고 제안하며, 입을 자격이 없고 어리석은 사람에게는 보이지 않는 특별한 것이라고 이야기한다. 임금은 기뻐하며 작업실을 내주고, 신하들에게 두 사람이 작업하는 것을 살피라고 명령한다.

    두 사람은 하루 종일 작업실에 틀어박혀 열심히 일했다. 앞으로 입게 될 옷이 궁금해진 임금은 충신들을 작업실로 보내 상황을 살피라고 명했다. 아무리 보아도 자신들의 눈에는 아무것도 보이지 않았지만, 어리석음이 탄로 날까 두려웠던 신하들은 모두 멋진 옷이 만들어지고 있다고 둘러대는 것은 물론, 재봉사들이 손짓발짓하며 설명해 준 옷의 색상과 디자인을 고스란히 임금에게 들려줬다. 시간이 지나고 재봉사는 임금에게 옷이 완성되었다며 입어볼 것을 권하였고, 옷이 전혀 보이지 않았지만, 임금 역시 어리석음을 숨기기 위해 옷이 보이는 척한다. "옷이 보이지 않는다는 걸 절대로 누구도 알게 해서는 안 돼. 그렇지 않으면 신하들은 물론 백성들도 내가 어리석다고 생각할 테니……." 임금이 마음에 쏙 드는 옷이라며 칭찬을 아끼지 않자, 신하들도 눈 밖에 날 새라 앞다투어 옷을 칭찬했다.

"새 옷이 임금님께 정말 잘 어울리는군요."

"이야, 디자인이 보면 볼수록 세련됐습니다."

"새 옷을 걸치시니 임금님의 위용이 더욱 눈부시게 빛나는 것 같군요."

결국 임금은 입을 자격이 없고 어리석은 사람에게는 보이지 않는다는 새 옷을 입고 거리 행진에 나섰다. 임금님의 새 옷에 관한 소문이 일찌감치 나라 곳곳에 퍼진 터라 백성들도 너나 할 것 없이 칭찬 세례를 퍼부었다. 그 순간, 한 아이가 임금님이 벌거벗었다고 소리치자, 그제야 모두 속은 것을 알아차리게 되었다.

이야기에 등장하는 모든 사람은 임금이 아무것도 입지 않고 벌거벗었다는 사실을 잘 알고 있지만 다른 사람에게 자신의 부족한 점을 들키고 싶지 않다며 거짓말로 일관했다. 그리고 자신이 말하지 않으면 다른 사람도 자신이 알고 있는 것이 사실인지 거짓인지 알 수 없다는 사실도 얻을 수 있다. 다시 말해서 '임금님이 벌거벗었다'라는 것은 임금, 신하, 백성 사이의 '공공지식'이 아니다.

　여기에는 거짓된 전제가 존재한다. 즉 내 눈에 임금의 새 옷이 보이지 않으면 내가 어리석고 멍청하다는 뜻이기 때문에 자신에게는 임금의 새 옷이 보이지 않는다는 사실을 서로 감추기에 급급했다. 이 때 임금을 포함한 모든 사람이 자기 눈에는 새 옷이 보인다고 거짓말 하는 바람에 모든 사람은 '거짓말의 균형'을 이루게 된다. 하지만 '임금님은 벌거벗었다'라고 소리친 아이의 말이 모든 사람에게 전해지면서 '임금님이 벌거벗었다'라는 이야기는 공공지식으로 바뀐다. '거짓말의 균형'이 아이의 말 한마디에 깨지면서 사람들도 그제야 현실로 돌아온다.

하버드의 지혜

하버드대학교의 게임이론 전문가 에릭 매스킨(Eric maskin)은 지식이 공공지식이 되면 사람들이 거짓말을 알아채고 환상에서 벗어나는 데 도움이 된다고 말한다. 이를 통해서 더욱 객관적으로 자신을 들여다볼 수 있다는 뜻이다. 공공지식의 이론으로 풀이한 '벌거벗은 임금님'은 우리에게 유익한 교훈을 들려준다.

솔로몬의 지혜

　고대 이스라엘에서 한 아이를 둘러싸고 두 여인이 치열하게 싸우기 시작했다. 두 여인 모두 아이가 자신의 아이라고 주장했지만, 누구도 진실을 알지 못했기에 급기야 황궁을 찾아가 솔로몬에게 판결해 달라고 청하기에 이르렀다.

　"폐하, 저와 저 여인은 같은 집에서 살고 있습니다. 제가 아이를 낳은 지 사흘 후에 저 여인도 아이를 낳았습니다. 집에는 저희 두 사람 외에 다른 사람은 살고 있지 않습니다. 그러던 어느 날, 저 여인이 잠결에 자신의 아이를 깔아뭉개 죽이고 말았습니다. 그리고 제가 자는 틈에 제 아이를 훔쳐 가고는 자신의 죽은 아이를 제 품에 던져놓고 유유히 사라졌습니다. 날이 밝아 아이에게 젖을 물리려고 보니 아이는 이미 죽어있었습니다. 자세히 보니 죽은 아이는 제 아기가 아니었습니다."

그러자 또 다른 여인이 눈물을 훔치며 입을 열었다. "아닙니다. 죽은 아이는 저 여인의 아이입니다. 제 아이는 분명히 살아있어요!" 두 사람이 요란스레 싸워대자, 솔로몬은 칼을 가져와 아이를 반으로 잘라 여인들에게 주라고 명했다. 그러자 한 여인은 좋다고 밝혔지만, 다른 여인은 울면서 그것만은 안 된다고 호소했다. "차라리 저 아이를 저 여인에게 주십시오. 제발 목숨만 살려주십시오!" 그 이야기에 솔로몬은 눈물로 호소한 여인이 아이의 생모라고 확신하며 아이를 돌려주라고 판결했다.

위의 이야기에서 솔로몬은 '제도 설계 이론(Mechanism Design Theory)'이라는 게임이론을 동원해 서로 다른 타입의 사람에게 맞는 서로 다른 선택권을 제시했다. 상대의 인성이나 유형은 눈으로 관찰할 수는 없지만 그가 내린 선택은 눈으로 관찰할 수 있기에 관찰자는 상대의 선택을 통해 진짜 모습을 가려낼 수 있다. 이를 정보의 선별적 구조라고 부른다.

시장이라는 구조에서 개인정보가 없는 쪽은 정보의 비대칭으로 인한 불리한 영향을 줄이기 위해 고정적인 계약을 통해 또 다른 상대의 실제 정보를 선별(선택)함으로써, 효과적으로 시장의 균형을 이룰 수 있다. 다시 말해서 게임이론의 일방이 정보의 열세에 처해 있다면 효과적인 구조를 설계함으로써 정보의 우세를 점한 상대에게 진실을 털어놓게 유도할 수 있다.

정보의 선별적 구조를 설계하는 사례는 상업 활동에서 쉽게 찾아볼 수 있다. 예를 들어 상품마다 거래 방식이 다양한데, 자유 시장에서 거래되는 상품에 대해 소비자와 판매자는 가격을 흥정할 수 있다. 하지만 일부 전문 매장, 대형 쇼핑몰에서 판매되는 상품은 정가제를 하여 가격흥정을 철저히 지양한다. 자유 시장에서 거래되는 상품의 정보는 선별되지 않았기 때문이다. 다시 말해서 정보의 비대칭이 여전히 심각하기에, 가격흥정을 통해 정보의 비대칭을 소비자의 불공정함을 상쇄할 수 있다. 하지만 전문 매장 또는 신뢰성이 중요한 매장에서는 이곳에서 거래되는 가격이 정가라는 사실을 소비자가 충분히 인식하고 있다. 자유 시장보다 가격이 다소 높지만, 거품이 없는 정가라는 사실이 보장된다.

그 밖에도 이와 관련해 또 다른 상황이 펼쳐질 수 있다. 반드시 특정 제품을 구매해야 하는 소비자는 가격을 조금이라도 낮추기 위해 자신이 반드시 해당 제품을 구매해야 한다는 사실을 숨긴다. 이러한 상황에서 차별 정가 방식은 제품에 대한 수요의 크기가 다른 손님들을 선별함으로써, 판매자에게 최대한 많은 이익을 가져다줄 수 있다. 비행기의 퍼스트 클래스, 비즈니스 클래스, 이코노미 클래스나 호텔의 성급 모두 이와 같은 맥락이다. 즉 다양한 타입의 고객을 선별함으로써 판매자에게 최대한 많은 이익을 가져다줄 수 있다.

하버드대학교 심리학 연구원 포에르 파스(Foer Páez)는 개인의 심리 활동을 연구하며 바다 위를 떠다니는 빙산처럼 10%만 눈으로 확인할 수 있고 나머지 90%는 눈에 보이지 않는다는 사실을 발견했다. 정보의 진위를 선별하는 것처럼 다른 사람이 당신에게 전달하려는 정보의 10%는 당신이 직접 들을 수 있지만 나머지 90%는 마음을 통해 선별해야 한다. 이를 위해서는 정보의 전달 규칙을 이해하고 일정한 선별 방법을 사용해야 한다. 그래야 정보를 더욱 효과적으로 접수하고 이해할 수 있다.

경쟁보다 공생

비즈니스 세계에서 많은 기업은 '윈윈'과 '승부'라는 갈림길에 서게 된다. 아쉽게도 다수의 기업은 눈앞의 이익을 쥐는 데 급급한 나머지 승부에서 누군가 승리하면 다른 누군가는 그에 따른 대가를 치러야 한다는 사실을 깨닫지 못한다. 멀리 내다볼 줄 모르는 사업가는 장기적인 발전을 고려해 경쟁자와 장기적인 협력을 꾀하기보다는 바로 성과를 내는 일에만 매달린다. 그 결과, 한쪽의 이익과 다른 쪽의 손실을 합했을 때 제로(Zero)가 되는 '제로섬(Zero sum)'에 처하고 만다.

'윈윈'은 상호타협과 협력의 이념으로서, 협상자는 눈앞의 이익은 물론 장기적인 이익을 고려해야 한다. 또한 자신의 이익은 물론, 타인의 이익을 충분히 고려해야 한다. 자신이 이로워야 남도 이로울 수 있다는 신념을 가진 협상자만이 한때 경쟁자였던 상대를 친구로 만들고, 그에게서 성공으로 달려가기 위한 추진력을 얻을 수 있다.

제2차 세계대전이 막을 내린 후 일본 기업들의 경쟁력이 크게 약화 되었다. 가뜩이나 어려운 전후 체제에서 경영 위기에 직면한 일본 기업들은 난관을 극복하기 위해 머리를 맞댔다. 그로 말미암아 1950년대에 이르러, 일본 경제계에서 '대기업 간의 합병, 협력과 산업 구조조정'의 바람이 크게 불기 시작했다. 당시 정치가 사토 에이사쿠는 기업 간 협력을 적극적으로 주문했다. "지금 일본은 가장 위험한 순간에 처해 있습니다. 붕괴 직전의 경제위기에서 벗어날 수 있는 길은, 각 기업이 동종업계의 기업을 돕기 위해 저만의 우위를 적극 발휘하는 것뿐입니다." 국제 경쟁력 약화라는 상황을 개선하기 위해 일본 정부와 경제 연합회는 손을 잡고 본격적인 작업에 착수했다.

1953년을 시작으로 일본 정부는 독점기업 간 상호지원을 독려하며, 현금 흐름, 인력 자원 맞교환, 현금 결제 등에 대한 제한을 철폐하고 현대적인 기업의 탄생과 발전을 적극적으로 지원했다. 그 결과, 미쓰이, 미쓰비시, 스미토모, 후요, 상와, 다이이치간교은행으로 대표되는 '6대 기업대표'와 히타치, 도요타, 신일본제철를 위시한 '독립계열 기업 그룹'이 등장했다.

이들 그룹의 구성원은 경영 정책과 관련된 부문에서는 독립성을 유지하는 한편, '사장단 회의'라는 유대관계를 통해 각 기업회원과 행동을 함께했다. 정기적으로 열리는 사장단 회의에서 각 기업회원은 정보를 교환하며 신뢰 관계를 구축했다. 이와 함께 회의에서는 각 기업에서 제시한 정책의 일괄적 실시, 재벌 그룹의 전략적 발전 도모를 추구하며, 외부 경쟁자에 맞서는 '공동체'를 구성했다.

정기 회의와 서로의 주식을 보유하는 체제를 바탕으로 탄생한 협력체를 구심점으로, 대기업 간 교류가 급물살을 타면서 기업 간 협력, 리소스의 통폐합 역시 빠르게 확대됐다. '개인플레이'를 선호하는 일본 기업들은 강력한 경쟁자가 나타나면 힘을 모으고, 위기에 처한 아군을 적극적으로 돕는 '팀플레이' 시스템으로 전환하기 시작했다. 실제로 이 과정에서 위기에 처한 도시바를 지원하며 기사회생하는 데 큰 힘을 보태기도 했다. '재건축의 왕'이라고 불리는 도시바 전 사장 도코 도시오는 한 때 미쓰이 그룹 산하의 회사를 운영한 적 있었다.

종합상사는 재벌의 또 다른 핵심 조직으로, 재벌이 정보를 획득하는 데 도움을 주는 중요한 기관일 뿐만 아니라 가장 적극적으로 해외시장 개척에 앞장선 '선구자'였다. 업무 특성상 종합상사는 재벌의 전체적인 리소스를 탄력적으로 이용할 수 있는 입지를 차지하고 있다. 그 때문에 낯선 지역 또는 국가에 진출하려는 일본 기업은 종합상사로부터 관련 정보나 지원을 받기 위해 가장 먼저 재벌의 종합상사에서 운영하는 지점으로 달려갔다. 자사에 속하는 종합상사의 역량을 강화하기 위해 각 재벌은 다양한 지원을 아끼지 않으며 많은 정성과 노력을 기울였다.

일본 기업이 제2차 세계대전 이후 눈부신 속도로 성장할 수 있었던 가장 큰 비결은 재벌에서 제공한 다양한 정보와 리소스가 뒷받침된 덕분이었다.

전통적인 경쟁체제에서 기업 간 경쟁은 종종 기업 간 정면 대결 양상으로 펼쳐졌다. 그 때문에 상대의 일거수일투족에 과도하게 집착하고, 상대의 전략에 맞서기 위한 대책을 마련하는 쪽으로만 기업의 많은 에너지가 소모되었다. 이러한 경쟁 분위기로 인해 기업은 자신의 전략적 목표에 대한 구체적인 공략법을 세우는 데 소홀해졌다. 그뿐 아니라 자체적인 창의력을 제한함으로써 '제로섬' 현상에 끊임없이 직면하고 말았다. 사실 경쟁은 영원히 존재한다. 경쟁자에 대한 과도한 적대감은 동종업체 간 협력을 통해 얻을 수 있는 막대한 이익을 찾아내지 못하도록 기업의 시야를 차단할 뿐이다. 재벌의 전략적 연합을 등에 업은 일본 경제는 빠르게 비상하며 세계 경제 무대에서 누구도 무시할 수 없는 지위를 차지하는 데 성공했다. 이러한 사례는 동종업계 사이에 공생관계, 호환 관계가 분명히 존재한다는 사실을 보여준다. 그 덕분에 전략적 연합을 응원하는 업계 내부의 목소리에도 큰 힘이 실릴 수 있었다.

하버드의 지혜

하버드대학교 비즈니스 스쿨의 교수 크리스텐슨은 세계 경제의 단일화가 대세로 떠오르면서 기업의 경영전략도 전 세계를 겨냥하기 시작했다고 지적했다. 세계 무역의 자유화가 주류 현상으로 자리 잡으면서 기업이 직면한 기업은 국내에서 국제무대로 확대되었다. 거대한 경쟁 압박과 전 세계 시장을 차지하려는 욕구가 노골적으로 드러나면서 기업 간 경쟁 역시 더욱 치열해질 전망이다. 이러한 상황에서 더욱 강력한 경쟁력을 지니려면 기업은 다양한 형태의 협력을 통해 공동전선을 구축해야 한다.

가격흥정의
성공 노하우

A와 B 두 사람 앞에 달콤해 보이는 아이스케이크가 하나 놓여 있다. 어떻게 해야 케이크를 완벽하게 이등분할 수 있을까? 시간이 지날수록 녹아내리는 아이스케이크를 보며 두 사람은 서로 힘을 합쳐야 문제를 해결할 수 있다는 사실을 깨달았다. 아이스케이크가 녹기 전에 완벽하게 케이크를 이등분할 수 있는 방법을 찾기 위해 두 사람은 머리를 맞댔다.

가장 단순한 방법은 A, B 중 한 사람이 케이크를 이등분한 뒤 나머지 한 사람이 자신이 원하는 조각을 가져가는 것이었다. 그렇게 해야 케이크를 자르는 사람은 케이크를 최대한 비슷하게 자르도록 노력하기 때문이다. 하지만 현실적으로 누구도 케이크를 완벽하게 이등분할 수는 없다. 케이크의 크기가 다르면 케이크를 자른 쪽은 손해

하버드 논리학 강의

를 보게 된다. 두 사람 모두 사소한 일에 크게 개의치 않는 성격이라면 그나마 다행이지만, 두 사람 모두 깐깐한 성격이라면 누구도 먼저 케이크를 자르려 하지 않을 것이다. 이를 막기 위해 케이크의 총량을 1이라고 가정해 보자. 이때 A와 B 두 사람은 자신이 원하는 케이크의 크기를 동시에 말해야 한다. 두 사람이 말하는 케이크의 크기는 항상 일정하지 않지만 두 사람의 합이 반드시 1이어야 한다. 예를 들어 A가 1/2조각일 때 B도 1/2, A가 2/3면 B는 1/3, A가 5/8이면 B는 3/8을 외쳐야만 아이스크림 케이크를 자를 수 있었다. A의 선택에 따른 결과를 B가 받아들이지 않을 때 두 사람은 아무런 결론도 도달할 수 없다. 이성적인 사람의 관점에서 이러한 상황이 나올 리 없지만, 우리가 처한 현상은 예상과는 다른 방향으로 전개될 수 있다. 나보다 남을 먼저 생각하는 참가자가 게임에 나타날 확률은 거의 0에 가깝다. 다른 목적이 있는 게 아닌 한, 7/8 크기의 케이크를 다른 사람에게 양보하고 자신은 1/8에 불과한 케이크에 만족할 사람은 없다. 정상적인 경우, B는 케이크를 다시 자르라고 요구할 것이다. 이러한 상황이 펼쳐지면 케이크를 자르기 위한 두 사람의 줄다리기가 계속 이어지면서 아이스케이크는 흔적도 없이 사라지고 만다. 그렇기에 두 사람은 최대한 빨리 합의에 도달해야 한다.

케이크를 둘러싼 게임 흥정이 시작되면 게임의 기본적인 구조 역시 최초의 정태적 상태에서 점차 동태적, 탄력적으로 바뀌기 시작한다. 밀고 당기는 흥정은 경제계와 정계의 치열한 눈치싸움에서도 쉽게 찾아볼 수 있다. 관련 당사자는 총수익의 배분을 둘러싸고 종종 갈등을 빚는데, 이때 총수익을 아이스케이크로 이해해도 무방하다.

홍정을 통해 누가 더 큰 조각을 먹을 것인지가 바로 문제의 관건이다. 다음의 사례를 통해 홍정의 노하우를 알아보자.

가족끼리 운영하는 기업의 유일한 후계자인 파울로는 경영 부진으로 거액의 빚을 지면서 생계가 끊기는 처지까지 내몰렸다. 상황이 여의치 않자, 파울로는 가문 대대로 내려오던 명화를 들고 전당포를 찾았다. 유명 화가의 작품이니 못 받아도 최소 5만 달러를 받을 수 있다고 생각한 파울로를 바라보며 전당포 주인이 입을 열었다. "귀한 그림인 것은 분명한데 그 가치를 정확히 따질 수 없구려. 어쨌든 내가 내 줄 수 있는 돈은 8만 달러가 전부요. 더 이상 내어줄 수 없소!"

두 사람 사이의 거래가 성립되려면 명화의 거래가격은 5~8만 달러에서 책정되어야 한다. 그 과정을 다음과 같이 정리해 볼 수 있겠다. 먼저 전당포 주인이 가격을 제시하면 파울로는 동의하거나 본인이 새로운 가격을 제시해야 한다. 파울로가 전당포 주인이 제시한 가격에 동의했다면 거래를 순조롭게 끝나겠지만, 그렇지 않고 전당포 주인의 가격을 거부한 파울로가 새로운 협상 가격을 제시했다면 협상이 재시작된다. 파울로가 제시한 가격을 전당포 주인이 받아들이면 거래를 성립되지만, 그렇지 않은 경우, 거래가 종료되면서 두 사람 모두 아무런 소득도 거두지 못한다.

탄력적으로 변하는 게임 문제를 해결하기 위해 역산법 원리를 사용해서 홍정의 과정을 분석해 보자. 먼저 2차 협상, 즉 마지막 게임을 살펴보자. 전당포 주인의 가격을 받아들일 수 없다며 파울로가 새로운 가격을 제시했다고 해도 최대 8만 달러를 넘을 수 없다. 이 상태에

하버드 논리학 강의

서 전당포 주인은 결국 파울로가 제시한 조건을 받아들이는 쪽을 선택했다.

이제 다시 첫 번째 흥정 과정을 살펴보자. 파울로가 전당포 주인이 제시한, 5만 달러 미만이라는 가격을 받아들이지 않을 것은 분명하다. 전당포 주인이 그림을 6만 달러에 사겠다고 제시했을 때 파울로가 동의한다면 파울로의 손에는 6만 달러가 떨어질 것이다. 만일 파울로가 6만 달러를 거절해서 두 번째 게임의 호가가 7만 달러로 올라간다고 해도 전당포 주인은 7만 달러를 내고 그림을 구매하려 할 것이다. 이러한 상황에서 파울로는 다시 새로운 가격을 제시할 것이 분명하다.

세심한 독자라면 위의 예시에서 전당포 주인이 가격을 먼저 제시했다는 사실을 발견했을 것이다. 그 후 파울로가 이를 거절하고 새로운 가격을 제시하면서 판매자인 파울로는 최대 이익을 거둘 수 있다. 여기서 파울로는 '후발주자 이익(Second-mover advantage)'를 누리게 된다. 아이스케이크를 균등하게 자르는 상황에도 후발주자의 이익 이론을 적용할 수 있다. 즉 마지막에 조건을 제시한 사람이 더 큰 케이크 조각을 얻을 수 있다.

전당포 주인이 게임이론을 이해했다면 전략을 바꿨을 것이다. 먼저 가격을 제시하지 않았거나 설사 가격을 제시했더라도 더 이상의 협상을 없다고 못 박으면 된다. 파울로가 응하면 거래는 성립되고, 응하지 않으면 거래는 성과 없이 끝난다. 이때 전당포 주인이 제시한 가격이 5만 달러보다 높거나 5만 달러보다 조금만 낮아도 파울로는 그림을 팔았을 것이다. 왜냐면 5만 달러는 파울로가 받아들일 수 있는 마지노선이기 때문이다. 거래가 성립되지 않으면 파울로는 1달러로 손에 쥐지 못하고 그림을 들고 집으로 돌아갈 수밖에 없다.

게임이론은 협상 과정이 홀수일 때 가격을 먼저 제시한 쪽이 거래에서 우위를 차지한다는 것을 입증한다. 협상 과정이 짝수인 경우, 나중에 가격을 제시한 쪽이 더 큰 이익을 차지한다.

이러한 장면을 일상생활에서 쉽게 찾아볼 수 있다. 서둘러 협상을 체결하려면 종종 높은 비용을 치러야 한다. 그래서 협상 경험이 풍부한 사람은 물건을 사거나 상점을 둘러볼 때 차분히 주변을 살핀다. 사고 싶은 물건이 있어도 판매직원에게 별다른 내색도 하지 않는다. 노련한 판매직원도 만만치 않다. 가게에 남은 마지막 물건이라며, 손님이 흥정을 벌이기 전에 상황을 깔끔하게 끝내곤 한다.

이지은

중앙대 중국어과를 졸업하고, 중국 요녕사범대학에서 수학하였으며 이화여대 통번역대학원 한중과 석사를 졸업했다. 중국 경제/경영 분야 전문 번역가로서, 역동적으로 성장하고 있는 중국 경제와 관련된 정보와 이론을 소개하는 데 주력하고 있다. 경제를 비롯해 역사, 문화적으로 한국과 떼려야 뗄 수 없는 중국에 대한 사람들의 관심과 달리 정작 현실에서는 구체적인 연구나 소개가 부족하다고 생각한다. 특히 실시간으로 빠르게 변하고 있는 중국 경제, 정세를 깊이 있게 다루는 경우가 흔치 않아 개인적으로 무척 아쉽다. 더욱 정확하게 중국을 이해하고, 독자가 중국에 대해 좀 더 많은 것을 알 수 있도록 최대한 많은 정보를 자연스레 전달하려 노력하고 있다. 일방적인 지식이나 정보의 전달이 아닌, 독자와 함께 공부한다는 마음가짐으로 독자의 눈높이에서 작품을 바라보는 자세야말로 양질의 번역을 위한 기본이라고 생각한다. 현재 번역 에이전시 엔터스코리아에서 출판기획 및 중국어 전문 번역가로 활동하고 있다.

주요 역서로는『10에서 무한으로』,『구독경제』,『하버드 철학수업』,『인생의 함정을 피하는 생각 습관』,『미니소의 비밀 전략』,『대당제국 쇠망사』,『월등하거나 열등하거나』,『지식인, 복잡한 세상을 만나다: 4차 산업혁명 시대의 지식인은 어떻게 달라져야 하는가』,『하버드의 논리 수업』,『사람은 왜 도덕적이어야 하는가』,『중국 역사 속에서 살펴보는 화폐이야기』,『뉴 노멀 중국』,『천년의 지혜: 오천 년 역사 속에서 얻은 선현들의 가르침』,『진시황』,『청소년을 위한 하버드 새벽 4시 반』,『양쯔강의 악어: 마윈의 성공스토리(공역)』,『위기십결: 위기를 기회로 만드는 열 가지 비책』,『샤오미 CEO 레이쥔의 창업신화』,『중국의 미스터리: 부의 대탄생에 얽힌 비밀』,『퍼펙트 워크』,『화웨이의 위대한 늑대문화』,『벼랑 끝에 선 중국경제』,『누가 중국경제를 죽이는가』,『삼국지 여인천하』,『레드 머니: 중국은 어떻게 달러 제국을 잠식하고 있는가』,『왕도: 천하를 얻고 사람을 다스리는 제왕술』,『전략과 혁신: 전략경영의 황금 열쇠를 얻다』,『투자학 콘서트』,『바이두 스토리』,『부자 중국, 가난한 중국인』,『리자청VS왕용칭 경영학』,『영혼을 훔친 황제의 금지문자』,『천추흥망: 원나라』,『중국을 통해 본 생활경제학』,『월왕구천1, 2편』,『성공을 말하는 조조의 12가지 덕목』,『삼국지 인물과 계략을 말하다(공역)』,『삼국지 사실과 허구를 말하다(공역)』,『탐탐: 남다른 삶을 위한 자세』,『의문에 빠진 세계사』,『남자의 남자, 푸틴(공역)』,『세계 최고의 권력을 가진 여성들』,『대국굴기: 위대한 기업을 만드는 강대국의 100년 전략(공역)』,『거침없이 빠져드는 역사이야기: 고대국가편 & 경제학편』등 다수가 있다.

하버드 논리학 강의

초판 1쇄 발행 · 2024년 06월 10일

지은이 · 무천강
펴낸이 · 김승헌
외주 디자인 · 유어텍스트

펴낸곳 · 도서출판 작은우주 | 주소 · 서울특별시 마포구 양화로 73, 6층 MS-8호
출판등록일 · 2014년 7월 15일(제2019-000049호)
전화 · 031-318-5286 | 팩스 · 0303-3445-0808 | 이메일 · book-agit@naver.com
정가 22,000원 | ISBN 979-11-87310-91-4 03170

| 북아지트는 작은우주의 성인단행본 브랜드입니다. |